Ronald J. Sider

DER WEG DURCHS NADELÖHR

Reiche Christen und Welthunger

Es ist leichter für ein Kamel, durch ein Nadelöhr zu kommen, als für einen Reichen in das Reich Gottes! (Luk. 18, 25)

AUSSAAT VERLAG WUPPERTAL

ABCteam

Bücher, die dieses Zeichen tragen, wollen die Botschaft von Jesus Christus in unserer Zeit glaubhaft bezeugen.

Das ABCteam-Programm umfaßt:

- ABCteam-Taschenbücher
- ABCteam-Paperbacks mit den Sonderreihen Glauben und Denken (G + D) und Werkbücher (W)
- ABCteam-Jugendbücher (J)
- ABCteam-Geschenkbände

ABCteam-Bücher erscheinen in folgenden Verlagen:
Aussaat Verlag Wuppertal / R. Brockhaus Verlag Wuppertal
Brunnen Verlag Gießen / Bundes Verlag Witten
Christliches Verlagshaus Stuttgart / Oncken Verlag Wuppertal
Schriftenmissions-Verlag Gladbeck

ABCteam-Bücher kann jede Buchhandlung besorgen.

Originaltitel: Rich Christians In An Age Of Hunger

Aus dem Amerikanischen übersetzt von Ulrich Laepple und Maria Busch, unter Mitarbeit von Dorothee Schad und Ulrike Paetzold.

Auflage 6 5 4 3 / 84 83 82 81
(Die letzten Zahlen bezeichnen die Auflage und das Jahr des Druckes)
Umschlag: Barbara Weidner, Hardegsen
Satz und Druck: Aussaat Druckerei, Wuppertal
ISBN 3 7615 3122 2

INHALT

VORWORT

1. Persönliche Evangelisation und soziales Engagement gehören zusammen. Das haben wir in der missionarisch-evangelistischen Arbeit deutlicher erkannt. Das ganze Evangelium für den ganzen Menschen! Wir wollen das Wort vom Kreuz Jesu mutiger und verständlicher weitersagen, damit Menschen zum persönlichen Glauben an Jesus kommen — und wir wollen seine Barmherzigkeit und Gerechtigkeit in unserer Welt konsequenter weitergeben und ausbreiten, damit Menschen aus Hunger und Unterdrückung herauskommen. Beide Aufgaben scheinen uns zu überfordern. Aber unsere ganze Mission wird eine halbe Sache, wenn wir unserer doppelten Verantwortung ausweichen.

2. Unserer sozialen Verantwortung entziehen wir uns oft, weil wir angeblich nicht wissen, wie wir dem Nächsten wirksam helfen können und damit die Welt ein Stück verändern. Da bietet uns das Buch von Ronald Sider eine wichtige Hilfe. Er schlägt den Bogen von der Analyse der Hungerfront über die biblischen Maßstäbe zu Wohlstand und Armut bis hin zu unserem persönlichen Lebensstil. Weltveränderung fängt hier am Küchentisch an. Wirtschaftliche Analyse und persönliche Betroffenheit sollen nicht zu lähmendem Pessimismus führen, sondern möchten zu konkreter Buße im Umgang mit dem eigenen Geld und Besitz öffnen. Laßt euch nicht mit dem Schema dieser Zeit gleichschalten, sondern prüft anhand der Schrift, was der Wille Gottes ist! Solches Umdenken und Umkehren will Sider einüben.

3. Dabei ist sein Buch mutig geschrieben — von einem Theologieprofessor, der für sich und mit seiner Familie persönliche Konsequenzen gezogen hat. Wer auf dem Boden der Schrift steht, dem wird der Boden an manchen Stellen ziemlich heiß werden. Aber es gilt, sich den Bibelstellen zu stellen und nichts umzudeuten und wegzulassen. Es ist Gottes guter Geist, der sich in den Geboten des Alten Testaments niederschlägt. Wir

haben zu oft einen geistlichen Sinn gefunden, wo unser altes Fleisch getroffen war. Es geht an unser Geld — da hört die Gemütlichkeit auf, da wird die Nachfolge Christi kostspielig.
4. Wer dieses Buch ganz durchliest, der wird reichlich Gelegenheit zu persönlicher Umkehr entdecken, auch wenn er manche Bibelworte anders versteht und manche theologischen Gewichte anders lagern würde. Aber er bleibt nicht unverändert! Deprimierend wäre jedoch, wenn am Ende ein allzu ruhiges Gewissen übrigbliebe, das wieder einmal die Verantwortung auf die großen Strukturen abschiebt und die persönliche Ohnmacht kultiviert. Gott will uns aber reinigen von den toten Werken, zu dienen dem lebendigen und wahren Gott (Hebr. 9, 14). Solchen Dienst haben wir „in Sachen Geld und Gut" kaum begonnen, obwohl es immer wieder Stimmen gegeben hat, die die christliche Gemeinde hier zurechtgewiesen haben. So hat die Evangelische Kirche im Rheinland anläßlich der Währungsreform am 19. 6. 1948 ein Wort an die Gemeinden gerichtet, in dem es heißt: „Nun wird es sich zeigen, ob die, die soviel von Brüderlichkeit und Gerechtigkeit, von sozialer Gesinnung und Rechtsstaat geredet haben, bereit sind, ihren Worten entsprechende Taten folgen zu lassen. Nun wird es sich zeigen, ob sie zu wirklichem, freudigem Opfer bereit sind, ob sie bereit sind, einer des andern Last zu tragen, ob sie wirklich haben, als hätten sie nicht; oder ob das alles nur Schlagworte gewesen sind. Die Fragestellung wird in naher Zukunft überhaupt nicht mehr heißen, was einer abgeben muß, sondern was er vor Gott glaubt behalten zu können ... Wir ermahnen die Gemeinden dringend, die Heilige Schrift sorgfältig daraufhin zu durchforschen, was sie über Besitz und Eigentum sagt, und sich der radikalen biblischen Forderung in diesen Dingen nicht länger zu verschließen."
Das Buch von Sider wird in der deutschen Situation auch zu einem Warnschuß gegen unsere Vergeßlichkeit.

Klaus Teschner

Düsseldorf, im Herbst 1978

Teil I

Der arme Lazarus und die reichen Christen

Ob satte, gut gekleidete und an Luxus gewöhnte Menschen verstehen können, was Armut ist? Ob wir wirklich ermessen können, was es bedeutet, wenn ein neunjähriger Junge vor einer Dorfschule spielt, die er nicht besuchen kann, weil sich sein Vater die nötigen Schulbücher nicht leisten kann? (Diese Bücher würden weniger kosten, als meine Frau und ich bei irgendeiner abendlichen Unternehmung ausgeben.) Können wir wirklich nachempfinden, was es für arme Eltern heißt, hilflos und kummervoll zusehen zu müssen, wie ihre wenige Monate alte Tochter an einer gewöhnlichen Kinderkrankheit stirbt? Der Grund: Sie haben, wie die Hälfte unserer Mitmenschen in unserer heutigen Welt, keinen Zugang zur modernen Medizin.

Nein, wir können es wohl nicht nachempfinden!

Aber eines können wir tun: einen Versuch machen, es zu verstehen. Wir können nach ehrlichen Antworten auf folgende Fragen suchen: Wieviele Menschen leiden heutzutage tatsächlich an Hunger? Wie wirkt sich Armut aus? Und — ohne sentimentale Rhetorik —, wie groß ist der Graben zwischen den reichen und den armen Passagieren im Raumschiff Erde? Wie nimmt sich unser Überfluß aus im Vergleich zu ihrer Armut?

Wenn wir diese Fragen in den Kapiteln eins und zwei beantwortet haben, sind wir gerüstet, in den Kapiteln drei bis sechs die Bibel danach zu befragen, was Gottes Wort zu Besitz und Armut sagt.

1. Eine Milliarde vor dem Hungertod!

Manchmal denke ich: „Wenn ich nur tot wäre, dann müßte ich meine Kinder nicht so leiden sehen." Manchmal habe ich sogar schon daran gedacht, mich umzubringen. So oft sehe ich sie weinen – vor Hunger! Und ich stehe da – ohne einen Pfennig, kann ihnen kein Stück Brot kaufen. Ich sage: „Mein Gott, ich halte es nicht mehr aus; ich muß meinem Leben ein Ende machen; ich möchte es nicht mehr mitansehen müssen!" (Iracema da Silva, Bewohnerin eines Slums in Brasilien.)[1]

Was bedeutet eigentlich Armut im täglichen Leben?
Diese Frage können wir uns vielleicht beantworten, wenn wir einmal aufzählen, was eine für den Westen typische Mittelstandsfamilie aufzugeben hätte, müßte sie in entsprechenden Verhältnissen in einem der armen Länder leben. Der bekannte Volkswirtschaftler Robert Heilbronner hat einmal den „Luxus" angeführt, der aufgegeben werden müßte:
„Fangen wir gleich beim Hereinkommen ins Haus damit an, alles Mobiliar unserer typischen Mittelstandsfamilie hinauszuwerfen. Alles wird ausgeräumt: Betten, Stühle, Tische, Fernseher, Lampen. Wir lassen der Familie ein paar alte Decken, einen Küchentisch, einen Stuhl aus Holz. Mit den Schränken werden auch die Kleider weggeschafft. Jedes Familienmitglied darf von seiner Garderobe seinen ältesten Anzug oder sein ältestes Kleid, ein Hemd oder eine Bluse behalten. Dem Familienoberhaupt gestehen wir ein Paar Schuhe zu, aber keine für die Frau oder die Kinder.
Wir kommen zur Küche. Die Haushaltsgeräte sind schon fortgeschafft, daher wenden wir uns den Küchenschränken zu . . . Die Streichholzschachtel kann bleiben, eine kleine Tüte Mehl, etwas Zucker und Salz. Ein paar schimmelige Kartoffeln werden eilig aus dem Mülleimer gerettet. Sie werden den größten Teil unseres Abendessens ausmachen. Wir lassen eine Handvoll Zwiebeln und eine Schüssel getrockneter Bohnen da.

[1] „Iracema's Story", *Christian Century* vom 12. Nov. 1975, S. 1030

Alles Übrige nehmen wir weg: Fleisch, frisches Gemüse, Eingemachtes, Kekse, Süßigkeiten.
Jetzt haben wir das Haus ausgeräumt. Im Badezimmer sind die Installationen herausgerissen, das Wasser abgedreht, die elektrischen Kabel demontiert. Nun nehmen wir das Haus weg. Die Familie kann in den Werkzeugschuppen ziehen ...
Die Kommunikationsmittel sind als nächstes an der Reihe: keine Zeitungen mehr, keine Zeitschriften und Bücher – sie werden nicht einmal vermißt, denn unsere Familie kann auch nicht lesen und schreiben! Dafür erlauben wir ein Radio in unserer Barackenstadt ...
Jetzt gibt es keine öffentlichen Dienstleistungen mehr. Kein Briefträger, keine Feuerwehr. Es gibt zwar eine Schule, aber die ist ca. 5 km entfernt und besteht aus zwei Klassenzimmern ... Natürlich gibt es keine nahegelegenen Krankenhäuser oder Ärzte ... Die nächste Klinik ist ca. 160 km entfernt und wird von einer Hebamme geleitet. Man kann sie mit dem Fahrrad erreichen, vorausgesetzt, daß die Familie ein Fahrrad hat, was recht unwahrscheinlich ist ...
Schließlich das Geld. Wir gestatten unserer Familie einen Bargeldvorrat von 30 DM. Das sollte unseren Brotverdiener davor bewahren, die Tragödie zu erleben, die einen iranischen Bauern heimsuchte. Dieser Bauer wurde blind, weil er keine 10 DM aufbringen konnte, von denen er irrtümlich glaubte, sie zu benötigen, um in ein Krankenhaus aufgenommen zu werden. Dort hätte er geheilt werden können.[2]"
Wieviele von unseren Mitmenschen haben heute unter einer solch bedrückenden Armut zu leiden? Mindestens eine Milliarde! Eine Studie, die 1977 von der Nationalen Akademie der Wissenschaften der Vereinigten Staaten herausgegeben wurde, gab an, daß 750 Millionen Menschen der ärmsten Nationen in extremer Armut leben und ein Jahreseinkommen von weniger als 170 Mark haben. Sogar was die Entwicklungsländer mittleren Einkommens betrifft, schätzt die Weltbank, daß ungefähr 170 Millionen Menschen an der Schwelle

[2] Robert L. Heilbroner, *The Great Ascent: The Struggle for Economic Development in Our Time* (New York: Harper & Row, 1963), S. 33 bis 36

extremer Armut leben und weitere Hunderte von Millionen von einem Einkommen leben müssen, das bei einem Drittel des nationalen Durchschnitts liegt[3].

Auf der Grundlage von Zahlen, die die Welternährungskonferenz der UNO (Ende 1974) zusammengestellt hat, berichtet das UN *Development Forum:* „In der Tat hungern mindestens 462 Millionen Menschen[4]!" Das heißt nicht, daß sie morgen tot sein werden. Aber es heißt, daß sie weniger als das Minimum der täglich notwendigen Kalorien bekommen. Geschieht dies, dann wird man abgestumpft, und der Körper fängt an, sein eigenes Fett, Muskeln und Eiweiße zur Energieerzeugung zu verbrennen.

Zu den Hunderten von Millionen, die tatsächlich hungern, kommen zusätzlich Hunderte von Millionen Menschen, die schwer unterernährt sind, obwohl sie den Mindestbedarf an Kalorien haben. Experten schätzen, daß ungefähr ein Viertel bis ein Drittel der gesamten Weltbevölkerung an Unterernährung leidet[5]. Wir sind in unseren Schätzungen zurückhaltend und gehen im folgenden davon aus, daß eine Milliarde unserer Mitmenschen in dieser Welt hungert oder unterernährt ist.

[3] National Research Council, World Food and Nutrition Study: The Potential Contributions of Research (Washington: National Academy of Sciences, 1977), S. 34

[4] Aus einer speziellen Beilage zum UN *Development Forum* (Nr. 4) mit dem Titel: „Facts on Food" (Nov. 1974). Die Untersuchung des National Research Council von 1977 (s. Anm. 3) sagt: „Ungefähr 450 Millionen und möglicherweise eine ganze Milliarde Menschen hat nicht genügend zu essen" (World Food and Nutrition Study, S. 26).

[5] Die erwähnte Beilage des *Development Forums* sagt: „Die Hälfte der Weltbevölkerung, also 2 000 Millionen, ist ernstlich unterernährt." Georg Borgstrom meint, daß 1,5 Millionen nicht ausreichend Eiweiß haben. Vgl. Borgstrom „The Dual Challenge of Health and Hunger — A Global Crisis", Population Reference Bureau, *Selection,* Nr. 31, Jan. 1970

Fast alle Hungernden der Erde leben in der Dritten und Vierten Welt. Bis vor kurzem faßte man alle Länder, die noch nicht den sogenannten Industrieländern angehörten, seien sie kapitalistisch oder kommunistisch, unter dem Begriff „Dritte Welt" zusammen. Aber in den letzten zehn Jahren haben sich gravierende Veränderungen ergeben. Besonders seit der Verdreifachung des Ölpreises 1973 ist man genötigt, eine neue Einteilung in Länder der Dritten bzw. Vierten Welt vorzunehmen.

In Indien, Bangladesch und Pakistan leben drei Viertel der 981 Millionen Menschen, die der Vierten Welt zugerechnet werden. Auch viele afrikanische Staaten wie Äthiopien, Ghana, Tansania und Kenia gehören zur Vierten Welt. Bezeichnend ist, daß nicht einmal eine von fünf Personen lesen und schreiben kann. Kindersterblichkeit und Bevölkerungswachstum sind sehr hoch. Wenn nicht bald tiefgreifende Veränderungen im Bereich der Entwicklungshilfe und des internationalen Handels eintreten, besteht wenig Aussicht, daß sich die Lage der Vierten Welt sichtbar verändert. Ihre Wirtschaft wird weiter stagnieren, und der Hunger wird Millionen vernichten[6]. Länder der Dritten Welt haben eine etwas hellere Zukunft. Viele lateinamerikanische Länder, die Öl exportierenden Staaten (OPEC) und noch einige andere in Asien und Afrika zählt man zur Dritten Welt. Diese Nationen verzeichnen ein enormes Wirtschaftswachstum. Das bedeutet allerdings nicht, daß es dort keine Armut gäbe. Die ärmsten 40 Prozent der 91 Millionen Menschen in Brasilien erhielten im Jahre 1969 nur 10 Prozent des Bruttosozialprodukts[7]. Millionen hatten ein Jahreseinkommen von weniger als 225 Mark pro Kopf — und die Verhältnisse sind seither schlechter geworden! Ein diktatorisches Militärregime (das von den Ver-

[6] Vgl. James W. Howe, *u. a., The U. S. and World Development: Agenda for Action, 1975* (New York: Praeger, 1975), S. 35—39, S. 198—201

[7] Theodore Morgan, *Economic Development: Concept and Strategy* (New York: Harper, 1975), S. 205

einigten Staaten, aber auch von Deutschland wegen seiner Offenheit für westliche Investitionen z. T. stark unterstützt wird), hat ein schnelles Wirtschaftswachstum erreicht – auf Kosten der Massen! Nach offiziellen Statistiken der brasilianischen Regierung fielen die Löhne der ungelernten Arbeiter zwischen 1960 und 1970 drastisch[8]. In diesem Jahrzehnt mußten es die ärmsten 40 Prozent erleben, daß ihr Anteil am nationalen Gesamteinkommen von 10 Prozent auf 8 Prozent sank. Die reiche Oberschicht jedoch, 5 Prozent der Gesamtbevölkerung, erhöhte ihren Anteil am Gesamteinkommen von 29 Prozent auf 38 Prozent[9]. Leider ist die Situation in vielen anderen lateinamerikanischen Ländern ähnlich.
Die Tränen und Schmerzen der Armen dieser Erde sind eingefangen in den Worten von Frau Alarin von den Philippinen. Die sieben Mitglieder der Familie Alarin leben in einem drei mal vier Meter großen Raum. Kochgeschirr ist das einzige Mobiliar. Herr Alarin verdient als Eisverkäufer an guten Tagen 1,75 DM. Mehrmals im Monat bleibt Frau Alarin die ganze Nacht auf, um Bonbons aus Kokosnuß zu machen, die sie dann auf der Straße verkauft. Der Verdienst für diese nächtliche „Plackerei" beträgt eine Mark. Die Familie hatte, als Stanley Mooneyham von der Hilfsorganisation *World Vision* Frau Alarin kürzlich besuchte, schon einen Monat lang kein Fleisch mehr gegessen. Er schreibt:

„Ihre dunklen, eingefallenen Augenhöhlen waren voller Tränen, als sie redete. ‚Es macht mich so unglücklich, wenn meine Kinder nachts weinen, weil sie keine Nahrung haben. Ich weiß, daß sich mein Leben nicht ändern wird. Wie soll ich diese Probleme lösen? Ich sorge mich so um die Zukunft meiner Kinder. Ich würde sie gerne zur Schule schicken; aber wie sollen wir uns das leisten? Ich bin fast die meiste Zeit krank, aber kann nicht zum Arzt gehen, weil jeder Arztbesuch zwei Pesos (70 Pfennige) kostet; und die Kosten für die Medikamente kommen noch dazu. Was soll ich bloß machen?' Sie verfiel in leises Schluchzen. Ich schäme mich nicht, zu sagen, daß ich mit ihr weinte.[10]"

[8] *New Work Times* vom 11. Juli 1976, S. F, 3
[9] Morgan, a. a. O., S. 205
[10] W. Stanley Mooneyham, *What Do You Say to a Hungry World?* (Waco, Texas: Word Books, 1975), S. 38 f.

Weltweite Armut – das ist das Weinen von hundert Millionen Müttern wie Frau Alarin, weil sie ihre Kinder nicht ernähren können.
Armut heißt: Analphabetentum, unzulängliche medizinische Versorgung, Krankheit und Gehirnschäden. Nur 171 der 613 Millionen des indischen Volkes können lesen und schreiben. Dabei hat Indien ein durchschnittlich höheres Bildungsniveau als fast alle anderen Länder der Vierten Welt.

Lese- und Schreibfähigkeit in ausgewählten Ländern	
USA	98 Prozent
Japan	98 Prozent
Brasilien	61 Prozent
Indien	28 Prozent
Kenia	20–25 Prozent
Pakistan	16 Prozent
Tansania	15–20 Prozent
Zentralafrikanische Republik	5–10 Prozent

Quelle: Vereinte Nationen

Tabelle 1

Die Bewohner der westlichen Länder genießen die Sicherheit, die ihnen die moderne Medizin verleiht, schon so lange, daß sie annehmen, sie stünde nun allen Menschen zur Verfügung. Doch das ist eine schlimme Illusion. Bevölkerungsexperten erinnern uns daran, daß „um das Jahr 1975 ... ein Drittel oder gar die Hälfte der Menschheit noch ohne Zugang zu irgendeiner Art von medizinischer Versorgung ist"[11].

Gehirnschäden durch Eiweißmangel

Da die Dritte und Vierte Welt an Nahrung und ärztlicher Versorgung Mangel leiden, herrscht dort eine hohe Kindersterblichkeitsrate. Dies ist eine der entscheidenden Ursachen der Bevölkerungsexplosion in den unterentwickelten Ländern.

[11] Lester R. Brown, *In the Human Interest* (New York: Norton, 1974), S. 165

Denn nur eine große Familie bietet Gewähr für eine Unterstützung der armen und einmal alten Eltern, wenn so viele Kinder im Säuglingsalter sterben.

Lebenslange Gehirnschäden, die durch Eiweißmangel hervorgerufen werden, gehören zu den verheerendsten Aspekten der weltweiten Armut. 80 Prozent der vollständigen Entwicklung des Gehirns findet zwischen dem Moment der Empfängnis und dem zweiten Lebensalter statt. Ausreichende Eiweißversorgung — also das, was mindestens 210 Millionen unterernährter Kinder nicht haben — ist für eine gesunde Entwicklung des Gehirns nötig. Ein jüngst in Mexiko durchgeführtes Studienprojekt machte deutlich, daß eine Gruppe von unterernährten Kindern unter fünf Jahren einen Intelligenzquotienten hatte, der 13 Punkte niedriger war als der einer (nach wissenschaftlichen Gesichtspunkten ausgesuchten) normal ernährten Kontrollgruppe[12]. Die Medizin ist heute einhellig der Meinung, daß eine gravierende Unterernährung Gehirnschäden verursacht, die nicht mehr rückgängig zu machen sind.

Säuglingssterblichkeit in ausgewählten Ländern
(auf 1000 Lebendgeburten)

USA	18 Totgeburten
Japan	12 Totgeburten
Niederlande	12 Totgeburten
Brasilien	94 Totgeburten
Honduras	115 Totgeburten
Zentralafrikanische Republik	190 Totgeburten
Indien	139 Totgeburten
Zaire	160 Totgeburten

Quelle: Institut für Bevölkerungsstatistik

Tabelle 2

Wenn einer armen Familie die Nahrungsmittel ausgehen, dann leiden die Kinder am meisten darunter. Für den Augenblick bedeutet ein untätiges Kind kein so großes Problem wie

[12] Brown, a. a. O., S. 102

ein untätiger Lohnempfänger. Doch Unterernährung bringt Millionen von zurückgebliebenen Kindern hervor.

„Marli, ein glückliches sechs Jahre altes Mädchen aus Rio de Janeiro, ist eines von ihnen. Die kleine Marli schien in jeder Hinsicht normal, gesund und glücklich zu sein. Nur etwas stimmte nicht mit ihr: sie konnte nicht lernen. Zuerst dachten ihre Lehrer, daß ihre Schwierigkeiten vielleicht psychische Ursachen hätten – etwa die Folge einer Vernachlässigung in einer Familie mit elf Kindern. Ihre jüngere Schwester hatte das gleiche Problem. Doch nach sorgfältiger Beobachtung und Untersuchung wurde deutlich, daß Marli, ein Kind der armen und elenden ‚Favelas' (Slums) von Brasilien, nicht lernen konnte, weil ihr in der Säuglingszeit unterernährter Körper kein gesundes Gehirn bilden konnte.[13]"

Niemand weiß, wieviel arme Kinder einen nicht mehr rückgängig zu machenden Gehirnschaden davongetragen haben, weil sie während ihrer Kindheit nicht genügend Eiweiß erhielten. 1974 gab es 210 Millionen unterernährte Kinder. Die Zahl der Hirngeschädigten wie Marli muß also in die Zehnmillionen gehen.
Hunger, Analphabetentum, Krankheit, Gehirnschäden, Tod. *Das* ist Armut! Mindestens eine Milliarde Menschen erfährt täglich ihre Qualen.
Hier muß die Frage nach den Ursachen gestellt werden.

Was oder wer ist schuld?

In den späten sechziger Jahren hat die sog. Grüne Revolution einen weitverbreiteten Optimismus hervorgerufen. Experten für Landwirtschaftsfragen produzierten neue Reis- und Weizensorten. Die Folge war, daß arme Länder wie Mexiko und Indien auf dem Gebiet des Getreideanbaus Anfang der Siebzigerjahre unabhängig wurden. Aber ein ungeheures Anwachsen der Bevölkerung glich die vermehrte landwirtschaftliche Produktivität wieder aus. Als Trockenheit und Überschwemmungen 1971 und 1972 zuschlugen, kehrte die Hungersnot

[13] Mooneyham, a. a. O., S. 191

wieder. Die Gesamtproduktion von Nahrungsmitteln nahm 1972 das erste Mal seit dem zweiten Weltkrieg ab.
Als sich die Ölpreise um die Mitte des Jahres 1972 und Ende 1973 verdreifacht hatten, konnten sich die Bauern in den Entwicklungsländern das Benzin nicht leisten, das sie brauchten, um die Bewässerungspumpen in Betrieb zu halten und die neuen Getreidesorten zu bewässern. Außerdem konnten sie sich den von Petroleum abhängigen Kunstdünger nicht leisten, der um 100 Prozent teurer wurde[14].
Es mußte sich tragisch auswirken, daß der steigende Verbrauch in Nordamerika, Europa, Rußland und Japan die Kosten für exportiertes Getreide in derselben Zeit verdreifacht hat. Als arme Nationen verzweifelt nach Getreide suchten, um die hungrigen Massen des Landes ernähren zu können, mußten sie dreimal soviel bezahlen wie zwei Jahre vorher. Für viele der Millionen Menschen, die bereits 80 Prozent ihres Einkommens für Nahrung ausgaben, blieb nur eine Möglichkeit — zu verhungern. Und Millionen starben.
In den Jahren 1975—77 waren die Ernten sowohl in Nordamerika als auch in den anderen wichtigen Bereichen der Getreideproduktion gut. Aber die langfristige, weltweite Ernährungssituation verbesserte sich nur wenig. Im Juni 1976 berichtete der Welternährungsrat der UNO, daß die prinzipielle Ernährungssituation in der Welt genauso unsicher sei wie zuvor[15]. Die Katastrophe erscheint immer nur eine Ernte lang aufgeschoben.
Im Frühjahr 1977 faßte der geschäftsführende Direktor der „Abteilung für politische Analyse" der UNO Organisation für Ernährungs- und Landwirtschaftsfragen die längerfristige Lage so zusammen:

„Obwohl wir aus der schwersten Krise, die 1972 begann, wirklich herauszukommen im Begriffe sind, bleiben dennoch fast alle längerfristigen Probleme, mit denen sich die Welternährungskonferenz im November 1974 konfrontiert sah, bestehen. Es wäre überaus gefährlich,

[14] Brown, a. a. O., S. 98
[15] Larry Minear, „Whatever Happened to the World Food Crisis?" *Impact*, Juni 1976, S. 1

wieder in eine Selbstgefälligkeit zurückzufallen, wie es bei so vielen Menschen während der Jahre der ‚Grünen Revolution' zwischen 1967 und 1971 geschah.[16]"

Eine Mißernte in irgendeinem größeren landwirtschaftlichen Bereich der Welt würde sofort eine katastrophale Hungersituation zur Folge haben. Wenn nicht größere internationale Anstrengungen unternommen werden, die darauf gerichtet sind, das Los der ländlichen, vom Ackerbau abhängigen Massen in den hungernden Nationen zu verbessern, dann wird das Los von wohl einer Milliarde Menschen 1985 dasselbe sein wie heute. Die UNO hat vorausgesagt, daß es ohne eine Inangriffnahme dieses Problems unwahrscheinlich sei, daß die Quantität der Nahrung pro ländlichem Einwohner 1985 größer sein werde, als es heute der Fall ist, und ganz gewiß nicht ausreichen werde, um einen bedeutenden Einfluß auf das grundsätzliche Problem der Armut und des Hungers auf dem Lande auszuüben[17].

Die Ernährungskrise ist natürlich nur die sichtbare Spitze des Eisbergs. Tieferliegende Probleme finden sich gleich unter der Oberfläche. Eines der schwersten ist die ungerechte Verteilung der Nahrungsmittel und Bodenschätze auf der Erde. 30 Prozent der Weltbevölkerung lebt in den industrialisierten Ländern. Aber diese Minderheit von weniger als einem Drittel verzehrt jedes Jahr drei Viertel der Menge des vorhandenen Eiweißes.

Die Bevölkerungsexplosion ist ein weiteres fundamentales Problem. Um 1830 lebten ungefähr eine Milliarde Menschen auf der Erde. Doch dann brauchte es nur hundert Jahre (bis 1930), um eine weitere Milliarde hinzuzufügen. Innerhalb von nur 30 Jahren kam die nächste Milliarde dazu. Und die vierte wurde nach weiteren 15 Jahren voll, also 1975. Um das Jahr 2000 wird die Weltbevölkerung auf sieben Milliarden Menschen angewachsen sein.

[16] „Food Prospect: Better, But Not For Long", *Development Forum*, V, Januar/Februar 1977, S. 1

[17] Larry Minear, *New Hope for the Hungry?* (New York: Friendship Press, 1975), S. 50

Es ist klar, daß die gegenwärtige Bevölkerungswachstumsrate nicht endlos weiter ansteigen kann. Eine Bevölkerung, die sich im Jahr um 3 Prozent vermehrt (gegenwärtig sind es 2,9 Prozent in Lateinamerika), wächst innerhalb von 100 Jahren um 1900 Prozent:

Die für den Zuwachs von 1 Milliarde Menschen erforderlichen Jahre

	erforderliche Jahre	erreicht im Jahre
erste Milliarde	10 000 u. mehr	1830
zweite Milliarde	100	1930
dritte Milliarde	30	1960
vierte Milliarde	15	1975
fünfte Milliarde	11	1986
sechste Milliarde	9	1995

Quelle: Lester Brown, In the Human Interest, S. 23

Tabelle 3

Wenn die Bevölkerung Lateinamerikas, die 350 Millionen beträgt, die nächsten hundert Jahre im Maße der gegenwärtigen Wachstumsrate zunehmen sollte, dann würden im Jahre 2075 in Lateinamerika mehr Menschen leben als in der ganzen Welt heute.

Bevölkerungswachstum

pro Jahr	pro Jahrhundert
1 Prozent	270 Prozent
2 Prozent	700 Prozent
3 Prozent	1900 Prozent
4 Prozent	5100 Prozent

Quelle: Lester Brown, In the Human Interest, S. 23

Tabelle 4

Zusammen mit der Ernährungkrise und der Bevölkerungsexplosion macht ein dritter Komplex von damit zusammenhängenden Problemen das Dilemma unserer Weltsituation noch verzweifelter. Wie lange wird die Erde die zunehmende

Industrialisierung noch verkraften können? Wie wird sich die Umweltvergiftung, die sich aus ihr ergibt, auswirken? Wann werden die Bodenschätze zur Neige gehen (v. a. Fossilien wie Kohle und Öl)? Im Jahre 1972 versetzte der *Club of Rome* (eine Gruppe von bekannten internationalen Fachleuten aus der Wirtschaft, Technokraten und Wissenschaftler) der Welt mit seiner differenzierten, auf Computerdaten basierenden Analyse einen Schock[18]. Die gegenwärtige Art und Weise industriellen Wachstums kann, sagt er, nicht für mehr als 100 weitere Jahre aufrechterhalten werden.

Viele stichhaltige Einwände wurden gegen die Errechnung ins Feld geführt, die von seiner Studie *Die Grenzen des Wachstums* angewandt wurde. Der *Club of Rome* selbst und die Vereinten Nationen haben kürzlich zwar auch eine etwas optimistischere Sicht der Dinge in Veröffentlichungen vertreten[19]. Doch die Probleme, auf die die Studie hinwies, bestehen trotzdem weiterhin.

Eine wachsende Zahl von Sachverständigen gelangt allerdings zur gleichen Meinung wie der Volkswirtschaftler Robert Heilbroner, der schreibt:

„Es gibt eine absolute Grenze im Blick auf die Fähigkeit der Erde, den Prozeß des industriellen Wachstums zu unterstützen oder zu tolerieren. Wir haben Anlaß zu vermuten, daß wir im Begriff sind, uns auf diese Grenze hin sehr schnell zuzubewegen ... In der entwickelten Welt stieg die Wachstumsrate der industriellen Produktion um 7 Prozent pro Jahr; dadurch verdoppelte sie sich alle zehn Jahre. Wenn wir diese Wachstumsrate für die nächsten 50 Jahre zugrunde legen, würde das heißen, daß sich der Bedarf an Rohstoffen fünfmal verdoppelte, was ein Ausmaß an Rohstoffverbrauch bedeutete, der 35 mal so groß wäre wie der heutige. Und wenn wir vorausschauen und die zehn Verdoppelungen eines Jahrhunderts in Blick nehmen, dann hat sich die jährliche Menge des Rohstoffbedarfs im Jahre 2074 um über das Tausendfache vermehrt.[20]"

[18] Donella H. Meadows, The Limits to Growth (New York: Universe Bocks, 1974), S. 43; vgl. auch S. 152—160

[19] vgl. Mihajlo Mesarovic und Eduard Pestel, *Mankind at the Turning Point* (New York: E. P. Dutton, 1974) und Wassily Leontief, u. a., *The Future of the World Economy. A United Nations Study* (New York: Oxford University Press, 1977)

[20] Robert L. Heilbroner, *An Inquiry into the Human Prospect* (New York: Norton, 1974), S. 47 f.

Ein wissenschaftlicher Durchbruch etwa auf dem Gebiet der Kernfusion ist zwar nicht unmöglich. Wenn wir eine unerschöpfliche und billige Energiequelle hätten, dann könnten wir vielleicht sogar alle synthetischen Stoffe herstellen, die wir benötigen, und fast alle Umweltvergiftungsfaktoren ausschalten. Aber es wäre für die Welt äußerst gefährlich, ihre Zukunft auf diese ungewisse Möglichkeit zu gründen.
Niemand vermag mit Sicherheit vorauszusagen, was in den nächsten zehn Jahren passieren wird. Doch zwei ausgedachte, im folgenden dargestellte Szenen erscheinen durchaus realistisch.

Szenario 1:

Jim ist der Enkel von David Q. Rockefeller. Die letzten 10 Jahre (wir stehen im Jahr 1985) arbeitete er verantwortlich an der Durchführung eines Großprogramms in Lateinamerika, das die wirtschaftliche Entwicklung des Landes voranbringen sollte. Es gab genügend amerikanische Organisationen, die aus dem Interesse an einer Veränderung der Lage beträchtliche Unterstützung leisteten, um Krieg und Revolutionen zu verhindern. Auch die amerikanische Regierung half mit, ein günstiges Investitionsklima zu schaffen, indem sie ihren Einfluß nutzte. Sogar die kleine, aber reiche lateinamerikanische Oberschicht war darauf aus, mitzuarbeiten. Jim half beim Bauen von neuen Fabriken, bei der Entwicklung von Agrarprodukten zum Zwecke des Exports und bei der Erschließung neuer Zechen. Wegen der hochentwickelten Technologie brauchte man nicht sehr viele Arbeiter. Aber Jim bestand darauf, daß alle lateinamerikanischen Arbeiter einen gerechten Lohn bekamen.
Er gab sich große Mühe, die Agrarwirtschaft für die Massen der Bauern zu entwickeln und auszubauen. Aber diese Programme schienen häufig unterlaufen zu werden; denn die reiche Oberschicht, die über die (oft diktatorischen) Regierungen wachte, blockierte ständig die so notwendigen Reformen wie z. B. die Neuverteilung des Landes. Einige von Jims be-

sten Freunden arbeiteten für multinationale Konzerne, die sehr eng mit der hinter der Regierung stehenden Oberschicht zusammenarbeiteten. Sie begünstigten ständig eine Politik, die eher den profitablen Export stützte, als daß sie das Anwachsen der einheimischen Nahrungsproduktion förderte. Der amerikanische Kongreß hatte bestimmt, daß Entwicklungshilfe zuallererst ländlichen Entwicklungsprogrammen zugute kommen sollte. Aber man machte ständig Ausnahmen wie z. B. vor zwei Jahren, als es sich als notwendig erwies, freundschaftlich verbundene Regierungen zu unterstützen, die mit den USA in internationalen Gremien wie den Vereinten Nationen votiert hatten.
Gewiß, es gab manche Veränderungen zum Guten. Aber das Leben des gewöhnlichen Bauern hatte sich so gut wie nicht verbessert. Mit wachsender Frustration mußte Jim erkennen, daß der rasche wirtschaftliche Aufschwung nur dem reichsten Drittel der Bevölkerung zugute kam.
In gewisser Weise, könnte man sagen, hatte er „Erfolg": es gab keine Kämpfe aufgrund von Landneuverteilung, keinen atomaren Terrorismus, keine Revolution. Aber Millionen litten an Hunger!

Szenario 2:

Wir befinden uns wieder im Jahre 1985. Dem indischen Premierminister steht eine entsetzliche Entscheidung bevor angesichts der Not in seinem Land: Ungefähr 10 Millionen Inder werden in den nächsten acht Monaten verhungern. Wie konnte es soweit kommen? Die letzten zehn Jahre ziehen an seinem inneren Auge vorüber. Er erlebte noch einmal die fieberhaften Anstrengungen, die enorm hohe Bevölkerungswachstumsrate zu senken. Noch einmal erinnert er sich an die wiederholten eindringlichen Appelle an Europa und Nordamerika, die Handelsabmachungen fairer zu gestalten und mehr finanzielle Unterstützung zu gewähren, damit endlich die Agrarproduktion ausreichend verbessert und die Fabriken für die Kunstdüngerherstellung gebaut werden könnten. Oh ja, man tat zwar dies und jenes, aber alles war nur ein Tropfen auf den heißen Stein! Mit wachsender Verbitterung denkt der Premier an den Tag, an dem er einen verzweifelten Hilfeschrei an den Präsidenten der Vereinigten Staaten richtete. Dieser hatte natürlich vollstes Verständnis für seine Situation, war aber leider mit dem Kampf gegen Inflation und Arbeitslosigkeit im eigenen Land ganz und gar in Anspruch genommen.

In den letzten zwei Jahren hatte sich die Lage dann immer mehr zugespitzt: Millionen verhungerten jedes Jahr. Dazu kam noch eine katastrophale Dürre, durch die die Hälfte der Ernte vernichtet wurde. Jetzt haben fast 300 Millionen Menschen gerade *eine* Mahlzeit pro Tag! Und 100 Millionen haben nicht einmal dies. Sie müssen sterben. Jeden Morgen werden auf Veranlassung des Gesundheitsamtes Zehntausende von toten Körpern weggeschafft.

Private Hilfeleistungen aus den USA reichen für fünf Millionen Menschen. Doch das ist nur eine symbolische Handlung. Unglücklicherweise gab es im Jahr zuvor auch in Nordamerika eine schwere Dürreperiode.

Der Premierminister hatte neue Hoffnung geschöpft, als ein christlicher Politiker im Senat der Vereinigten Staaten eine Gesetzesvorlage einbrachte, die vorsah, die Produktion getreideverbrauchender Lebensmittel (z. B. Fleisch) zu reduzieren, um mehr Getreide zur Verschiffung nach Indien freizustellen. Hitzige Debatten wurden geführt, die der Premier von Indien mit wachsender innerer Spannung verfolgte. Hier zeigte sich ein Weg, die fürchterliche Not in seinem Land zu bekämpfen. Hier war ein erster Ansatz, die Leiden seines Volkes zu beenden, sie vielleicht auf ein erträgliches Maß zu vermindern!

Doch das Telegramm in seiner Hand holt ihn mit einem Schlag in die Wirklichkeit zurück. Der Botschafter hat die Entscheidung des Kongresses durchgekabelt: Die Gesetzesvorlage ist abgelehnt. Damit ist klar: Seine Hoffnungen bleiben Wunschträume. Alles wird noch schlimmer werden.

Voll von Zorn und völlig verzweifelt, scheint ihm nur noch ein Weg möglich: Wenn die, die Überfluß haben, nicht bereit sind, freiwillig davon abzugeben, dann muß man sie eben mit Atomkraft überzeugen. Indische Agenten würden in den Häfen von Boston und New York Atombomben verstecken und er würde seine Forderungen stellen ... Aber noch zögert er, den Befehl zu geben. Millionen von amerikanischen Bürgern würden zu unfreiwilligen Geiseln – und außerdem: was wäre, wenn die Vereinigten Staaten das Ganze als Bluff ansähen und sich weigerten, mehrere Millionen Tonnen Getreide nach Indien und in andere Länder, die Hunger leiden, zu verschiffen und sich nicht einverstanden erklärten, gerechtere Handelsabkommen zu vereinbaren? Er könnte gezwungen sein, eine der Bomben zu zünden; dann könnten schreckliche Vergeltungsschläge die Folge sein ... Aber was sonst tun? Millionen von Menschen schreien nach Brot, verhungern. ... Mechanisch greift er zum Telefonhörer und wählt eine Nummer. Mit stockender Stimme gibt er den Befehl, mit Geheimstufe eins ...

Hungersnöte, die hie und da in immer größerem Ausmaße in den ärmeren Ländern aufbrechen, könnten ihre Führer durchaus in die Versuchung führen, Kriege bisher nicht gekannten Ausmaßes und großer Grausamkeit zu entfesseln, um dadurch den Anspruch auf gerechtere Verteilung der Rohstoffe dieser Erde geltend zu machen und durchzusetzen. Solche Gedanken sind durchaus nicht bloße Phantasie! In einem kürzlich erschienenen Buch spricht Professor Heilbroner von möglichem atomarem Terrorismus und von „Umverteilungskriegen". Heilbroner schlägt vor, die Welt einmal anzusehen als „einen riesengroßen Zug, in dem einige Reisende, die hauptsächlich der fortgeschrittenen kapitalistischen Welt angehören, in Erster-Klasse-Wagen fahren und einen Komfort haben, der für die sehr viel größere Anzahl von Menschen, die sich in den Viehwagen befinden, die auch den größten Anteil des Zuges ausmachen, unvorstellbar ist[21]".

Wenn Millionen sterben und der nahe bevorstehende Hungertod Millionen von Menschen anstarrt, wird sich ein Land wie Indien gezwungen sehen, einen Ausweg zu finden.

[21] ebendort, S. 39

„Es erlaubt kaum Zweifel, daß innerhalb der nächsten Jahrzehnte, vielleicht viel früher schon, irgendeine atomare Waffe in der Hand der größeren unterentwickelten Nationen ist ... Ich könnte mir gut denken, daß sie als Instrument der Erpressung dienen könnte, um die industrialisierte Welt zu zwingen, eine umfassende Umverteilung des Reichtums zugunsten der von Armut geschlagenen Nationen vorzunehmen. ‚Umverteilungskriege' könnten die einzige Art und Weise werden, durch die sich die armen Nationen eine Verbesserung ihrer Lage erhoffen können.[22]"

Weniger als ein Jahr nach Erscheinen dieser Zeilen von Heilbroner zündete Indien seine erste Atombombe.
Das Ergebnis einer solchen Konfrontation würde schreckliches Blutvergießen in einem Ausmaß bedeuten, das die bisherige Menschheitsgeschichte noch nicht gesehen hat. Wir würden selbstverständlich unsere große militärische Macht gebrauchen, um die ungerechte Verteilung der Güter dieser Erde zu verteidigen. Dutzende, vielleicht Hunderte von Millionen würden den Tod finden.
Ein solcher Ausgang scheint zu schrecklich, um darüber länger nachzudenken. Aber Realitätssinn fordert, der Tatsache offen ins Auge zu sehen, daß Kriege ungekannten Ausmaßes und nicht dagewesener Grausamkeit durchaus wahrscheinlich sind, wenn das *eine* im Überfluß lebende Drittel der Welt nicht schnellstens grundlegende Veränderungen durchführt. Stanley Mooneyham, der schon genannte Präsident der Hilfsorganisation *World Vision*, kann uns begreiflich machen, warum das so ist:

„Sie haben lange unter einer ‚Hilfe' gelitten, die keine ist, unter einer diskriminierenden Handelspolitik und unter der Ausbeutung ihrer Rohstoffquellen ... Ich bin sicher, wenn die Rollen vertauscht wären, hätten wir die Revolution von 1776 schon längst in weltweitem Maßstab wiederholt.[23]"

Der amerikanische Senator Mark Hatfield ist derselben Meinung. Kürzlich hat auch er warnend seine Stimme erhoben:

[22] ebendort, S. 42 f.
[23] Mooneyham, a. a. O., S. 50

„Die größte Bedrohung für unsere Nation und für die Stabiltät der ganzen Welt ist der Hunger. Er ist explosiver als alle atomaren Waffen, die sich in den Händen der Großmächte befinden. Verzweifelte Menschen handeln mit Verzweiflung. Man bedenke überdies, daß sogar die Entwicklungsländer bereits über die Möglichkeit der Kernspaltung verfügen.[24]"

Der weltbekannte Experte für ernährungswissenschaftliche Fragen, Professor Georg Borgstrom, befürchtet, daß „die reiche Welt auf direktem Kollisionskurs mit den Armen dieser Welt ist ... Wir können nicht hinter unserer Maginotlinie von Raketen und Bomben leben[25]." Aber wahrscheinlich ist, daß wir es versuchen würden. Das Ergebnis könnte nur in Krieg und Blutvergießen, in Unterdrückung und Totalitarismus bestehen.

Wie haben sich Christen in einer Zeit wie der unsrigen zu verhalten? Haben wir den Mut, darauf zu bestehen, daß der uns in der Heiligen Schrift geoffenbarte Gott beständig darauf bedacht ist, „die Zerschlagenen zu befreien" (Luk. 4, 18)? Werden es die Christen wagen, nach Gerechtigkeit für die Armen zu trachten, selbst wenn es Gefängnis bedeutete? Wo wirst du, wo werde ich stehen: bei den Hungernden oder bei den Satten? Beim armen Lazarus oder beim reichen Mann?

Aber vielleicht haben wir uns nur in einem melodramatischen Pessimismus ergangen. Die Führer der reichen entwickelten Länder mögen zwar keine selbstlosen Heiligen sein, aber sie sind gewiß nicht dumm. Sie könnten ja schon bevor es zu spät ist auf eine mögliche Massenvernichtung reagieren. Das haben 1975 David Rockefeller von der „Chase Manhattan Bank" und ungefähr hundert andere Angehörige der Gelehrten- und Geschäftswelt in den Industriestaaten getan. Sie trafen sich in Japan, um nach einem Ausweg aus der gegenwärtigen Krise zu suchen. Diese hohe Gesellschaft forderte mehr Gerechtigkeit in der Verteilung des Reichtums und der politischen Macht dieser Welt[26].

Vielleicht ändern sich Geschäftswelt und Regierungen genü-

[24] „World Hunger", *World Vision*, XIX (Febr. 1975), S. 5
[25] *Philadelphia Inquirer* vom 13. Oktober 1974, S. 9B
[26] *Newsweek* vom 16. Juni 1975, S. 37

gend, um die pessimistische Sicht, wie sie in Szenario 2 dargestellt ist, nicht Wirklichkeit werden zu lassen. Vielleicht bleiben uns atomare Erpressung und Umverteilungskriege weltweiten Ausmaßes erspart. Aber was dann?
Szenario 1 ist nicht so niederdrückend — wenigstens nicht für das reiche Drittel der Welt und für eine Gruppe mittleren Auskommens, die eine halbwegs ausreichende Nahrungsversorgung kennen und deren Lebensstandard sich langsam verbessert. Doch für die ärmste Milliarde Menschen wird das Ergebnis gleichbleiben: Hunger, Unterernährung, Krankheit, Tod.
Lester Brown, einer der Wissenschaftler, die den besten Überblick über die verschiedenen Aspekte der Ernährungskrise haben, fordert eine neue Definition von Hungersnot.

„Ein Grund, warum die Reichen der Welt solche Tragödien übersehen können, ist die Tatsache, daß sich Änderungen ergeben haben im Blick auf die Weise, wie sich uns Hunger heute darstellt. In früheren Zeiten mußten ganze Nationen Hunger und Tod in großem Ausmaße erfahren. Heute lenkt der Fortschritt im nationalen und internationalen Verteilungssystem die Auswirkungen der Nahrungsknappheit auf die Armen der Welt, wo immer sie sein mögen.[27]"

Menschen, die Geld haben, können immer Lebensmittel kaufen. Hungersnot betrifft also nur die Armen.
Wenn Nahrungsmittelknappheit den Preis für den Getreideimport verdreifacht, was 1972 bis 1973 tatsächlich der Fall war, essen die Menschen mit mittlerem und höherem Einkommen in den entwickelten Ländern weiter. Doch die Millionen Menschen, die schon 60 oder 80 Prozent ihres Einkommens für Lebensmittel ausgeben müssen, essen einfach weniger und sterben früher. Bei ihnen ist der Tod in der Regel die Folge einer Krankheit, gegen die ihr unterernährter Körper keine Widerstandskräfte hat.
Kinder sind dann die ersten Opfer. In Entwicklungsländern stirbt eines von vier Kindern vor dem fünften Lebensjahr. Die Kindersterblichkeit ist zehnmal so hoch wie in Industrieländern. Die Hälfte dieser Todesfälle geht auf das Konto un-

[27] Brown, a. a. O., S. 55 f.

zureichender Nahrung. 1974 schätzte *UNICEF* (internationales Kinderhilfswerk der UN), daß 210 Millionen Kinder in der Welt unterernährt sind[28]. Beziehen wir diese Zahl auf Deutschland, dann kommen auf jeden deutschen Bürger mehr als drei solcher Kinder! Statistische Erhebungen in Lateinamerika zeigen nach einem Bericht der Weltbank, daß Unterernährung entweder die erste Ursache oder ein Hauptfaktor für den Tod von 50 bis 75 Prozent der Kinder zwischen einem und vier Jahren ist[29].

Carolina Maria de Jesus kann uns ein Gefühl dafür geben, welcher Art die Schrecken und die Qualen sind, die Arme in einem Land, wo eigentlich genug Nahrung vorhanden ist, erleiden müssen. Die Empfindungen, die diese ungeliebte, großartige Frau jeden Tag treu auf Papierfetzen aufgeschrieben hat, zeigen etwas vom Kampf ums Überleben in den Slums der zweitgrößten Stadt Brasiliens, Sâo Paulo. Sie wurden als ein fesselndes Tagebuch mit dem Titel *Kind des Dunkels* veröffentlicht.

„Heute bin ich traurig und niedergeschlagen. Ich weiß nicht, soll ich anfangen zu heulen oder fortrennen, bis ich bewußtlos umfalle. Heute morgen hat es geregnet. Ich konnte nicht ,rausgehen, um ein wenig Geld zu verdienen (sie sammelte jeden Tag Schrott, um damit Geld für Lebensmittel zu verdienen) ... Ich habe ein paar Konservendosen und ein kleines Eisenstück, das ich Senhor Manuel verkaufen möchte. Als Joao von der Schule kam, schickte ich ihn weg, das Ding zu verkaufen. Er bekam 13 Cruseiros dafür. Er kaufte davon ein Glas Mineralwasser: zwei Cruseiros! Ich ärgerte mich furchtbar über ihn ...
Die Kinder essen eine Menge Brot. Eigentlich essen sie gerne weiches Brot. Aber wenn sie keines haben, essen sie auch hartes ...
Oh, Sao Paulo! Eine Königin, die vergebens ihre Wolkenkratzer vorzeigt, die ihre Goldkrone sind. Ganz bekleidet mit Samt und Seide, doch mit billigen Strümpfen darunter – die Favelas (Slums)!
Das Geld reichte nicht aus, um Fleisch zu kaufen. Deshalb kochte ich Maccaroni mit einer Karotte. Ich hatte kein Fett, das war schrecklich! Vera war die einzige, die sich darüber beklagte. Trotzdem wollte sie mehr haben.
,Mama, verkaufe mich an Dona Julita; bei ihr gibt es herrliches Essen.'[30]"

[28] Minear, *New Hope for the Hungry?*, S. 19
[29] zitiert bei Brown, a. a. O., S. 102
[30] *Child of the Dark: The Diary of Carolina Maria de Jesus* (New York: Dutton, 1962), S. 42

Stanley Mooneyham von *World Vision* erzählt von einem zu Herzen gehenden Besuch im Hause von Sebastian und Maria Nascimento, einem armen brasilianischen Ehepaar. Das mit Stroh bedeckte Ein-Zimmer-Haus hatte einen Fußboden aus Sand. Ein Hocker, ein Eisengitter als Holzkohleofen und vier Pritschen, auf denen Säcke lagen, die teilweise mit Stroh gefüllt waren, stellten das Mobiliar dar.

„Ich konnte es kaum verkraften, was ich da sah und hörte. Die dreijährigen Zwillinge, die nackt und bewegungslos auf einer kleinen Matte lagen, waren in der Endphase ihres Todeskampfes. Langsam legte sich der Schleier des Todes auf ihr kurzes Erdendasein. Unterernährung hieß der Mörder. Das zweijährige Kind trat kaum in Erscheinung. Sein Gehirn war durch Auszehrung bereits im Zerfall begriffen, eine der schweren Folgen der Unterernährung! Der Vater hat keine Arbeit. Sowohl er als auch Maria sind im Blick auf ihr weiteres Leben in großer Sorge. Aber sie sind zu stolz, um betteln zu gehen. Maria kann über ihre Lage gar nicht sprechen. Sie versucht es — aber die Worte wollen nicht über ihre Zunge kommen. Die Liebe dieser Mutter zu ihren Kindern ist tief und zart. Und die tägliche Verschlechterung ihres Gesundheitszustandes ist mehr, als sie ertragen kann. Die Sprache dieser gequälten Seele können nur Tränen sein.[31]"

Carolinas kleine Tochter müßte nicht darum gebeten haben, an eine reiche Nachbarin verkauft zu werden, und Sebastians und Marias Zwillinge hätten nicht sterben müssen. Denn in der Welt, in der sie lebten, gab es genügend Nahrungsmittel. Aber sie waren nicht gerecht verteilt; die Wohlhabenden in Brasilien hatten zur gleichen Zeit nämlich mehr als genug zu essen. Und 210 Millionen Bürger der Vereinigten Staaten verzehrten eine so große Menge Nahrung, daß sie ausreichen würde, um über eine Milliarde Menschen in den armen Ländern zu ernähren.

So also wurde Hunger neu definiert, oder besser: neu verteilt. Er belästigt die Reichen und Mächtigen nicht mehr. Er trifft nur die Armen und Ohnmächtigen. Da die Armen gewöhnlich in der Stille und in relativer Abgeschiedenheit sterben, können die Reichen aller Nationen bequem über diese Art von Hungersnot hinweggehen. Aber Hunger, neu definiert

[31] Mooneyham, a. a. O., S. 48

und neu verteilt, ist dennoch lebendige Realität. Sogar in guten Zeiten gehen Millionen und Abermillionen von Menschen hungrig zu Bett. Das Gehirn ihrer Kinder bildet sich zurück und ihre Körper erliegen frühzeitig verschiedenen Krankheiten.

Im Oktober 1974 war in einer amerikanischen Zeitung zu lesen, daß in Indien Männer ihre Frauen und Kinder verlassen, um Nahrung zu suchen. „Indische Zeitungen berichten von Fällen, wo ganze Familien miteinander lieber Selbstmord begehen als einen sich dahinschleppenden Hungertod sterben zu müssen, und von verwirrten Vätern, die ihre kleinen Kinder in die Flüsse werfen, um sie zu ertränken.[32]"

Im Jahre 1974 verbrauchte jeder Deutsche zweieinhalbmal soviel Getreide wie jeder Inder. Wenn sich in den Entwicklungsländern wie auch in den Industriestaaten nicht Grundlegendes ändert, dann werden sich in den nächsten zwei Jahrzehnten Trauerspiele wie die aus Indien berichteten — vielleicht millionenfach — ereignen. Und wenn Orkane und Trockenzeiten oder steigender Verbrauch in den reichen Ländern Getreide besonders rar machen (wie im Jahre 1973—74), dann wird man die Armen zu Verzweiflungsakten treiben.

Doch was ist mit den anderen drei Milliarden Menschen, die heute leben? Eineinhalb Milliarden davon haben ein sehr bescheidenes und dennoch einigermaßen erträgliches Leben. Aber es gibt dich und mich und unsere gleichfalls eineinhalb Milliarden ebenso im Überfluß lebenden Mitmenschen in den reichen Ländern der nördlichen Hemisphäre.

Wir leben gewiß anders! *Wie* leben *wir*?

[32] *Newsweek* vom 7. Oktober 1974, S. 58

2. Die Reichen sind die Minderheit!

Als ich noch ein Kind war, dachte ich, daß Christus sicherlich übertrieben habe, als er vor den Gefahren des Reichtums warnte. Heute weiß ich es besser. Ich weiß, wie außerordentlich schwer es ist, reich zu sein und sich dennoch ein Mitgefühl für den Nächsten zu bewahren. Es ist eine gefährliche Eigenschaft des Geldes, daß es unsere Augen mit Schuppen bedeckt, unsere Hände, Augen, Lippen und Herzen erstarren läßt. (Dom Helder Camara)[1]

Keine Teilung der Welt ist heute gefährlicher als die nord-südliche.

Mit ein oder zwei Ausnahmen liegen die reichen Länder in der nördlichen Hemisphäre, die armen in der südlichen. Nordamerika, Europa, Rußland und Japan stellen eine wohlhabende nördliche Aristokratie dar. Vergleichen wir uns mit der Milliarde unserer hungrigen Nachbarn, so treiben wir einen ähnlich aufwendigen Lebensstil, wie es die mittelalterliche Aristokratie tat, die sich dadurch von ihren Leibeigenen unterschied.

Die Kluft wird weiter

Das Bruttosozialprodukt (BSP) ermöglicht uns einen Vergleich; es beinhaltet die Summe aller Erzeugnisse und Arbeitsleistungen eines Landes in einem Jahr. Teilt man das gesamte BSP durch die Anzahl der Einwohner eines Landes, so kommt man zu dem pro-Kopf-BSP, das man dann mit dem anderer Staaten vergleichen kann. Tabelle 5 zeigt, daß die Welterzeugnisse erstaunlich ungleich verteilt sind.

[1] *Revolution through Peace* (New York: Harper & Row, 1971), S. 142

Pro Kopf BSP 1974 (in US-Dollar)[2]	
Schweiz	7870
USA	6670
Bundesrepublik	6260
Niederlande	5250
Japan	4070
Brasilien	920
Nigeria	290
Kenia	200
Indien	140
Bangladesch	100

Quelle: Weltbank Atlas, 1976

Tabelle 5

Diesen Zahlen zufolge stehen in den Vereinigten Staaten jedem Einwohner fünfundfünfzigmal, jedem Deutschen zweiundfünfzigmal mehr Erzeugnisse und Arbeitsleistungen zur Verfügung als in Indien. Teilt man die Welt in ein wohlhabendes Drittel und zwei arme Drittel, so nehmen die 34 Prozent Reichen jedes Jahr 87 Prozent des Welt-BSP in Anspruch, während sich die armen zwei Drittel der Menschheit mit 13 Prozent begnügen müssen! Praktisch alle Sachverständigen stimmen darin überein, daß sich um das Jahr 2000 die Kluft noch bedeutend verbreitern wird. Die Vorhersage von Professor Bhagwati vom *Massachusetts Institut für Technologie* findet am meisten Anerkennung. Tabelle 6 faßt sie zusammen. 1965 war das pro Kopf-BSP aller Industrieländer zwölfmal so groß wie das der Entwicklungsländer zusammen. Im Jahr 2000 werden die Reichen ein fünfzehnmal größeres pro-Kopf-BSP haben!

[2] Zahlen der UN-(Pearson-)Kommission für Internationale Entwicklung, zitiert in: Simon, *Bread for the World*, S. 43

Geschätztes pro-Kopf-BSP (in US-Dollar)			
			jährl. Wachstumsrate
Gebiet	1965	2000	1965–2000
Entwicklungsländer:			
Afrika	144	281	1,95
Asien ohne Japan	118	324	2,95
Südamerika	379	928	2,60
zusammen[3]	145	388	2,85
Industriestaaten:			
Japan	866	8 656	6,80
Nordamerika	3 023	7 921	2,80
Europa	1 377	5 087	3,80
zusammen	1 729	6 126	3,67

Quelle: Bhagwati (Hrsg.), Economics and World Order, S. 28

Tabelle 6

Genaugenommen ist das BSP kein präzises Mittel, um die Kluft zwischen reichen und armen Staaten zu messen. Da das BSP sowohl die Erzeugnisse als auch die Dienstleistungen einschließt, beinhaltet es z. B. auch die Kosten für einen Haarschnitt. Nun bezahlt man in New York eindeutig mehr für einen Haarschnitt als in einem Indianerdorf, wo er sicherlich nicht weniger wert ist. Einige Fachleute haben versucht, all diese Unterschiede in ihre Rechnung miteinzubeziehen. Ein häufig zitiertes Ergebnis besagt, daß die Unterschiede im pro-Kopf-Einkommen zwischen den armen und reichen Ländern zu Beginn des 19. Jahrhunderts bei 1 zu 2 lagen; nominell liegen sie heute bei 1 zu 40, real bei 1 zu 20[4].
Ein Experte für Einkommensvergleiche veröffentlichte 1975 eine umfangreiche und gründliche Studie, in der er die gesamte Produktionsleistung und die wirkliche Kaufkraft in den verschiedenen Ländern vergleicht. Bei seinen Untersuchungen kommt er zu dem Schluß, daß das Realeinkommen pro Person in den Vereinigten Staaten vierzehnmal höher liegt als das in

[3] Der hier angegebene Betrag nennt den Durchschnitt des pro-Kopf-Bruttosozialproduktes in den Entwicklungs- bzw. Industrieländern
[4] Howe, *Agenda for Action*, 1975, S. 166

Indien oder sogar siebzehnmal höher als das in Kenia[5]. Selbst bei vorsichtigen Berechnungen ist also der Durchschnittsamerikaner noch vierzehnmal reicher als der Durchschnittsinder. Vergleicht man den Energieverbrauch, so wird unser Reichtum noch augenfälliger. Eine ellenlange Liste von Luxusgütern wie den zahlreichen elektrischen Einrichtungen, riesigen vollklimatisierten Autos, Wolkenkratzern und noch vieles mehr ließe sich anführen, was dafür verantwortlich ist, daß der Nordamerikaner doppelt soviel Energie verbraucht als sein Zeitgenosse in den industrialisierten Ländern Deutschland und England und sogar 351mal mehr als der Durchschnitts-Äthiopier[6].

Als sich 1974 die Europäer über „autolose Sonntage" beschwerten und die Amerikaner über die langen Wartezeiten an den Tankstellen schimpften, warteten indische Bauern tagelang in Reih und Glied auf eine Dose Treibstoff für ihre Bewässerungspumpen. Und wenn sie mit leeren Händen nach Hause zurückkehrten, machten sie sich verzweifelt daran, den Boden nach früheren, weniger produktiven Methoden zu bearbeiten. Wenn wir darauf bestehen, weiterhin so viel Energie wie bisher zu verbrauchen, tragen wir sicherlich dazu bei, den Erdölpreis noch weiter in die Höhe zu treiben. Das Ergebnis wird sein, daß sich die armen Länder nicht einmal die kleine Menge Energie leisten können, die sie so nötig brauchen. Die Folge wird sein: weniger Nahrung und größere Hungersnot.

Ernährungsexperten konfrontieren uns mit der nackten Tatsache: „Die ständige Jagd unter uns nach noch mehr Reichtum in einer Welt, in der die Rohstoffe zur Neige gehen, kann heutzutage direkten Einfluß auf die Überlebenschancen der Menschen anderswo haben.[7]"

Die Kluft zwischen arm und reich läßt sich am eindrücklichsten am Nahrungsmittelkonsum messen. Die Amerikaner verbrauchen pro Kopf fast 5mal mehr Getreide als die Menschen in den Entwicklungsländern!

[5] *Newsweek* vom 18. August 1975, S. 66

[6] vgl. Kapitel 6, S. 145; und Brown, *In the Human Interest*, S. 31 f.

[7] ebendort, S. 93

Durchschnittlicher Jahresverbrauch an Getreide pro Kopf (in Pfund) (direkt und indirekt), 1964–66 und 1972–74[8]

	1964–66 im Durchschnitt	1972–74 im Durchschnitt
USA	1 600	1 850
UdSSR	1 105	1 435
Europäische Gemeinschaft	900	1 000
Japan	530	620
China	420	430
Entwicklungsländer (außer China)	370	395

Quelle: Organisation für wirtschaftliche Zusammenarbeit und Entwicklung

Tabelle 7

Der eklatante Unterschied kommt dadurch zustande, daß wir das meiste Getreide *indirekt* verspeisen, nämlich als Schlachtvieh und Geflügel, das mit Getreide gefüttert wird.

Warum ist das so wichtig? Weil es viele Pfund Getreide erfordert, um nur ein Pfund Rindfleisch zu produzieren. Die Forschungsstelle für Wirtschaftlichkeit im amerikanischen Landwirtschaftsministerium gibt an, daß ein Stier durch Mastfütterung *ein* Pfund an eßbarem Fleisch zunimmt, wenn ihm 13 Pfund Getreide verfüttert werden.

Das amerikanische Landwirtschaftsministerium berichtet, daß, wenn man das gesamte Leben eines Rindes betrachtet, jedem Pfund eßbarem Fleisch sieben Pfund Getreide entsprechen[9]. Das bedeutet, daß zusätzlich zum Gras, Heu oder anderem Futter noch sieben Pfund Getreide verfüttert werden müssen, um ein Pfund Rindfleisch zu erhalten, wie wir es im Supermarkt kaufen können. Glücklicherweise sind die Verhältniszahlen für Geflügel und Schweine niedriger: 2 oder 3 zu 1 für Hähnchen und 3 oder 4 zu 1 für Schweine. Rindfleisch ist der „Mercedes 600" bei Fleischprodukten. Sollten wir nicht auf einen Mittelklassewagen umsteigen?

Es liegt an dem großen Fleischkonsum, daß die reiche Minderheit der Weltbevölkerung einen so ungerechtfertigt großen

[8] Howe, a. a. O., S. 209
[9] *Bread for the World Newsletter* vom Januar 1975, S. 2

Anteil der vorhandenen Nahrung verschlingt. Während wir das meiste Getreide indirekt über das Fleisch essen, nehmen die Menschen in den armen Ländern ihr Getreide meist direkt zu sich. Die Vereinten Nationen berichten, daß das Mastvieh in den reichen Ländern ebensoviel Getreide verbraucht wie die Menschen in Indien und China[10].

Das Ironische an dieser Ungerechtigkeit ist freilich, daß der Fleischkonsum unserer Gesundheit schadet! Mediziner sagen uns, daß eine Diät, die reich ist an gesättigten Fetten, die Neigung zu Herzkrankheiten fördert[11]. (Rindfleisch, besonders die besten Stücke, Schweinefleisch, Eier und Vollmich enthalten alle große Mengen von gesättigten Fetten.) Ein Essen, das viel Fleisch und wenig Ballaststoffe enthält, schadet auch der Verdauung. Das amerikanische Institut für Krebsforschung hat darauf hingewiesen, daß eine fleischreiche Diät Dickdarmkrebs fördern kann (die zweithäufigste Krebsart in Nordamerika)[12].

Während der Mangel an Nahrungsmitteln Millionen Menschen in den armen Ländern tötet, schadet zuviel Nahrung Millionen in den wohlhabenden Ländern. Nach Aussagen der amerikanischen Ärztevereinigung leiden 40 Prozent der Bürger in den USA an Übergewicht[13].

Der Prozentsatz an verfügbarem Einkommen, das in den verschiedenen Ländern für Nahrungsmittel ausgegeben wird, liefert einen zusätzlichen Vergleich. In den Vereinigten Staaten sind es bloße 17 Prozent, in Indien 67 Prozent. 17 Prozent eines Jahreseinkommens von 25 000 Mark machen 4250 Mark aus, während 67 Prozent bei einem Jahreseinkommen von 500 Mark 335 Mark ergeben. Ich möchte uns sehen, wenn wir in diesem Jahr nur 335 Mark für Nahrung ausgeben könnten!

10 „Facts on Food", Ergänzungsheft zum *Development Forum*, November 1974

11 Jean Mayer, „Heart Disease: Plans for Action", *U. S. Nutrition Policies in the Seventies* (San Francisco: W. H. Freeman and Co., 1973), S. 44

12 „How Much Is Enough?" *Consumer Reports*, 38, Nr. 9 (1974), S. 668

13 „Malnutrition and Hunger in the United States", *American Medical Journal*, 213, Nr. 2 (1970), S. 272—275

Anteil des Einkommens, der für Nahrungsmittel ausgegeben wird	
USA	17 Prozent
Großbritannien	22 Prozent
Japan	23 Prozent
UdSSR	38 Prozent
Indonesien	50 Prozent
Peru	52 Prozent
Zaire (Kongo)	62 Prozent
Indien	67 Prozent

Quelle: Simon, Bread for the World, S. 40

Tabelle 8

Verzweiflung und Qual verbergen sich hinter der einfachen Statistik von Tabelle 8. Gibt man nur 17 Prozent seines verfügbaren Einkommens für Nahrungsmittel aus, dann bedeutet eine 50prozentige Steigerung der Nahrungsmittelpreise eine geringere Belastung, als wenn man bereits 67 Prozent seines Einkommens für Essen ausgibt. Bei einer Teuerung von 50 Prozent bedeutet das Hunger.
Die Tatsachen sind eindeutig. Die Nordamerikaner, Europäer, Russen und Japaner verschlingen ungerechterweise einen unglaublich hohen Anteil der Nahrung, die uns auf der Welt im ganzen zur Verfügung steht. Ganz gleich, ob wir nun das Bruttosozialprodukt oder den Energie- und Nahrungsmittelverbrauch vergleichen — wir sind sehr viel wohlhabender als die arme Mehrheit unserer Brüder und Schwestern. Und die Kluft wird von Jahr zu Jahr größer.

Das Geschäft der Werbung und die Folgen

Die meisten Menschen in den reichen Ländern meinen, ihr Einkommen reiche für einen befriedigenden Lebensstandard kaum aus. Die Mehrheit der Weltbevölkerung würde eine solche Feststellung jedoch als ausgesprochen töricht oder sehr unaufrichtig ansehen. Gewiß brauchen wir 30 000, 40 000 Mark oder mehr im Jahr, wenn wir darauf bestehen, zwei Autos zu fahren, eine teuer eingerichtete Villa am Stadtrand zu besitzen, eine Lebensversicherung über 100 000 Mark abgeschlossen zu haben, neue modische Kleider anzuschaffen, die neuesten arbeitssparenden Geräte für Haus und Garten zu besitzen, sich eine dreiwöchige Ferienreise zu gönnen usf. Tatsache ist, daß die 15 Prozent der Weltbevölkerung, die in den Vereinigten Staaten und Westeuropa leben, eine unglaublich reiche Aristokratie inmitten eines riesigen Proletariats sind.

Umso erstaunlicher ist es, daß diese wohlhabende Minderheit glaubt, sie habe kaum genug, um in bescheidenem Komfort zu leben.

Eine ständige und verführerische Reklame führt geradewegs in diese zerstörerische Verblendung hinein. Die Anzeigen wollen uns ununterbrochen weismachen, daß wir wirklich und wahrhaftig einen Luxusgegenstand nach dem anderen benötigen. Wir sind davon überzeugt, daß wir mit unseren Nachbarn Schritt halten oder ihnen sogar noch etwas voraus sein müßten. Darum kaufen wir ständig beispielsweise ein neues Kleid, Sportjacke oder Rennwagen und treiben damit den Lebensstandard in die Höhe. Der sich immer höher hinaufschraubende Lebensstandard ist im 20. Jahrhundert der Gott der westlichen Gesellschaft und der Werbemanager ist sein Prophet.

Schon lange nicht mehr will eine Anzeige in erster Linie informieren. Sie will Wünsche hervorrufen. „Wecke Wünsche", so sprang uns eine zwei Zentimeter dicke Überschrift einer ungewöhnlich aufrichtigen Anzeige in der *New York Times* in die Augen. Darin heißt es: „Wie wir längst wissen, haben Verdienst und Wachstum die gleiche Wurzel. Sie hängen von der Fähigkeit des Geschäftsmannes ab, Wünsche zu wecken.[14]"

Luxuriöse Häuser in *Schöner Wohnen* lassen das eigene Haus im Vergleich zu den abgebildeten als heruntergekommene Baracke erscheinen, die eine Renovierung dringend nötig habe.

Die Anzeigen der neuen Herbstmode lassen unsere fast neuen Kleider und Anzüge vom vergangenen Jahr schäbig und altmodisch erscheinen.

[14] *New York Times* vom 12. Juli 1949

Wir werden an allen Ecken und Enden mit aufwendigen, manipulierenden Anzeigen bombardiert. Jedes Jahr werden Milliarden für die Werbung benutzt, um uns davon zu überzeugen, daß Jesus Unrecht hatte, als er uns aufforderte, unseren Besitz dranzugeben. Luxusgegenstände werden als Notwendigkeiten propagiert. Unser Briefträger brachte uns kürzlich eine elegante Zeitschrift mit prächtigen Fotografien außerordentlich teurer Villen. Die Broschüre versprach mit einer verführerischen Lüge, das leidenschaftliche Streben des Menschen nach Schönheit und Luxus befriedigen zu können.
Manchmal wirken die Übertreibungen im Anzeigenwesen geradezu lächerlich. Der Prospekt eines christlichen Verlages pries kürzlich seine Sonderangebote mit folgendem frommen, werbewirksamen Spruch an: „Das Wasser wird Ihnen im Munde zusammenlaufen und Ihre Seele wird erglühen, wenn Sie ihre Augen ergötzen an den günstigen Gelegenheiten, die wir in weiser Voraussicht für Ihr Wohl in diesem Monat bereitet haben." (Prompt bestellte ich Bücher im Wert von 75 Mark! Meine Bücherei war mir fast zum Götzen geworden.)
Vielleicht ist das am meisten Zerstörerische und Dämonische an der Reklame ihr Versuch, uns zu überzeugen, daß materieller Besitz Glück und Erfüllung bringt. „Die Möglichkeit, durch endloses Sich-Bereichern mit materiellen Gütern Glück zu erlangen, verneint jede uns bekannte Religion und Philosophie. Aber genau diese Auffassung wird unaufhörlich aus jedem amerikanischen Fernsehgerät ausgestrahlt.[15]"
Die Werbefachleute versprechen, daß ihre Produkte unsere tiefsten Bedürfnisse und inneren Sehnsüchte nach Liebe, Anerkennung, Sicherheit und sexueller Erfüllung befriedigen werden. Sie versprechen dir: wähle das richtige Deodorant, und es wird dir Anerkennung und Freundschaft bringen. Die neueste Zahnpasta und das richtige Shampoo werden dich unwiderstehlich machen. Ein Haus oder ein Bankkonto wird dir Sicherheit und Liebe garantieren.
Beispiele gibt es überall. Eine Bank in Washington warb kürzlich für die Eröffnung neuer Sparkonten mit folgender Frage:

[15] Robert N. Bellah, *The Broken Covenant* (New York: Seabury Press, 1975), S. 134

„Wer liebt dich noch, wenn du alt und grau bist?" Und unsere Werber für ein neues Sparkassenbuch fügen besonders verführerisch hinzu: „Drum nimm von der Liebe jetzt und spar'. Spare Pfennige und Mark dir zum Segen für die trüben Tage voller Regen." Solche Worte sind unbiblisch, ketzerisch und dämonisch. Sie lehren die große Lüge unserer säkularisierten, materialistischen Gesellschaft. Aber die Worte und die Musik dazu sind so verführerisch, daß sie hundertmal durch meinen Kopf tanzen.
Wenn diese Lügen keiner ernst nehmen würde, wären sie harmlos. Aber es ist ja unmöglich, sich ihnen zu entziehen! Die Reklame übt eine starke Anziehungskraft auf uns alle aus. Sie formt die Wertmaßstäbe unserer Kinder. Viele Leute in unserer Gesellschaft glauben wirklich daran, daß ihnen Besitz Anerkennung und Glück verschafft.
Der New Yorker Schmuck-Designer Barry Kieselstein zeigt, wie die Menschen Sinn und Freundschaft in Dingen suchen: „Ein schönes Schmuckstück kann uns zu einem Freund werden, der immer da ist.[16]"
In gewissem Sinne rechnen wir viel zu wenig mit der Wirkung der Werbeanzeigen. Die meisten von uns denken, sie würden sie einfach ignorieren. Aber in Wirklichkeit sickern sie in unser Unterbewußtsein ein. Wir nehmen sie in uns auf, anstatt sie zu analysieren. Wir sollten ihre schreienden Lügen prüfen und dann lauthals über ihre hirnverbrannten Versprechen lachen.
Christen wissen, daß Reichtum nicht Liebe, Anerkennung und Freude garantiert. Aber die Werbung macht gerade denen Versprechungen, die nach immer größerem materiellen Besitz und einem dickeren Bankkonto fiebern. Da uns ein Hang zur Abgötterei innewohnt, wirkt die Werbung so dämonisch mächtig und überzeugend, daß die meisten Menschen in ihren fruchtlosen Anstrengungen verharren und ihren Durst nach Sinn und Erfüllung durch eine ständig steigende Flut von Besitz stillen.
Das Ergebnis sind Verzweiflung, eine nicht zu definierende Unzufriedenheit sowie strukturelle, also gesellschaftliche Un-

[16] *Newsweek* vom 28. Oktober 1974, S. 69

gerechtigkeit. Unser Reichtum kann unsere ruhelosen Herzen nicht befriedigen. Aber er beraubt auch noch eine Milliarde hungriger Mitmenschen der lebensnotwendigen Nahrung und Rohstoffe. Ob wir wohlhabenden Christen den Mut und die Aufrichtigkeit haben zu lernen, wie wir uns der verführerischen, satanischen Werbung in unserer Zeit entziehen können?

Wie großzügig sind wir?

Die Vereinigten Staaten und die Bundesrepublik gehören zu den reichsten Nationen der Welt. Aber sie rangieren nur an fünfter bzw. siebenter Stelle von unten (!) unter den 17 westlichen Staaten, die Entwicklungshilfe leisten.[17]

Geschätzter offizieller Entwicklungshilfeposten der Industriestaaten in Prozenten ihres Bruttosozialproduktes von 1975[18]

Schweden	0,80 Prozent
Niederlande	0,69 Prozent
Norwegen	0,64 Prozent
Dänemark	0,58 Prozent
Australien	0,57 Prozent
Frankreich	0,57 Prozent
Belgien	0,55 Prozent
Kanada	0,54 Prozent
Neuseeland	0,42 Prozent
Großbritannien	0,38 Prozent
Bundesrepublik	0,37 Prozent
Japan	0,25 Prozent
USA	0,24 Prozent
Finnland	0,18 Prozent
Österreich	0,15 Prozent
Schweiz	0,15 Prozent
Italien	0,12 Prozent

Quelle: Weltbank

Tabelle 9

[17] Howe, a. a. O., S. 258
[18] zitiert in einem Ergänzungsheft zum UN *Development Forum*, April 1976, S. 2

Im Jahre 1975 wies die Organisation für wirtschaftliche Zusammenarbeit (OECD — eine Organisation der reichen Staaten) darauf hin, daß sich wachsender Wohlstand und die Höhe der Entwicklungshilfe nicht parallel, sondern gegenläufig entwickelt haben. Von 1961—62 gaben die industrialisierten Länder insgesamt 0,52 Prozent ihres gesamten Bruttosozialproduktes für ausländische Wirtschaftshilfen aus. Im Jahre 1974 war sie auf bloße 0,33 Prozent gesunken. Aber die Wirtschaft der entwickelten Länder wuchs in den vergangenen 15 Jahren jährlich um 3,5 Prozent.
Vergleicht man unsere Ausgaben für Entwicklungshilfe mit denen für das Militär, dann kann man wohl erschrecken! Die 85 Milliarden Dollar, die das Verteidigungsministerium der Vereinigten Staaten 1975 ausgab, waren höher als das *gesamte Jahreseinkommen* einer Milliarde armer Bewohner dieses Globus. Tatsache ist, daß jede Milliarde Dollar, die wir für Waffen ausgeben, ausreichen würde, um 50 Millionen unterernährter Kinder mit Nahrung zu versorgen.
„Die laufenden militärischen Vorhaben in den Vereinigten Staaten verschlingen täglich 246 Millionen Dollar — mehr als das gesamte Jahresbudget des UN Welt-Ernährungs-Programms. In 16 Stunden gibt das amerikanische Militär mehr Geld aus, als die Welt-Gesundheits-Organisation und die Ernährungs- und Landwirtschafts-Organisation in einem Jahr.[19]"

Rechtfertigungsversuche der Satten

Die reiche Minderheit muß schon aus Gründen des Selbstschutzes sich plausible Erklärungsversuche zurechtmachen, um ihre Lebensweise zu rechtfertigen. Diese Rechtfertigungsversuche stellen sich in verschiedenen Modellen dar, die wir wenigstens knapp analysieren sollten.
In den letzten Jahren wurden Konzepte wie „triage" (Aus-

[19] Simon, Bread for the World, S. 123

wahl)[20] und „Rettungsboot-Ethik" in steigendem Maße populär. Dr. Hardin, ein angesehener Biologe an der Universität Santa Barbara (Kalifornien), hat mit seinen provozierenden Artikeln über die „Rettungsboot-Ethik" große und leidenschaftliche Debatten entzündet[21]. Er meint, wir sollten den armen Ländern nicht mit Nahrungsmitteln oder in anderer Weise helfen. Jedes reiche Land sei wie ein Rettungsboot, das nur überleben werde, wenn es sich weigere, seine sehr begrenzten Hilfsmöglichkeiten an die hungrigen Massen zu vergeuden, die darum herum im Wasser schwimmen. Wenn wir heute zusammen essen, werden wir morgen alle zusammen hungern. Darüber hinaus verzeichnen die armen Länder ein „unverantwortliches" und unkontrolliertes Bevölkerungswachstum; deshalb ist Hunger die einzige Möglichkeit, die stetig wachsende Zahl hungriger Mäuler relativ niedrig zu halten. Vermehrte Hilfe an die armen Länder schiebt den Tag des Zusammenbruchs nur hinaus. Wenn er schließlich kommt, werden unsere hilfreichen Bemühungen lediglich dazu geführt haben, daß eine noch größere Anzahl von Menschen dem Hungertod preisgegeben wird. Deshalb ist es ethisch gesehen richtig, sie jetzt hungern zu lassen.
Hardins Argumentation liegen jedoch grundsätzliche Denkfehler zugrunde. Obwohl er sehr stark mit der Überbevölkerung argumentiert, läßt er einige grundlegende Tatsachen außer acht. Die armen Länder sind gar nicht die am dichtesten bevölkerten. Außer Bangladesch, Südkorea und einiger winziger Länder wie Hongkong sind die am dichtesten bevölkerten Länder die reichen Nationen Westeuropas und Japan. Die Bevölkerungsdichte der Niederlande ist fast viermal so groß wie die Chinas; die der Bundesrepublik Deutschland fast dreimal so groß wie die Indonesiens.

[20] Gemeint ist der Grundsatz, medizinische oder Lebensmittelhilfe nur denen zukommen zu lassen, denen sie zum Überleben verhilft, sie aber nicht denen zu geben, die keine Überlebenschance haben oder auch ohne Hilfe durchkommen würden.

[21] Garret Hardin, „Lifeboat Ethics: The Case Against Helping the Poor", *Psychology Today*, 8, Nr. 4 (Sept. 1974), S. 38 ff.

Bevölkerungsdichte 1973 (Einwohner pro Quadratmeile)	
Bangladesch	1292
Südkorea	868
Niederlande	855
Belgien	832
Japan	757
Bundesrepublik	647
Großbritannien	595
Italien	473
Indien	455
Philippinen	348
China	221
Indonesien	218
Pakistan	216
Nigeria	169
Ägypten	94
Brasilien	31

Quelle: Volkszählungsbureau, Statistischer Überblick der US, 1976, S. 836–838

Tabelle 10

Wäre die Überbevölkerung die Hauptursache für die heutige Armut, dann würden England, Japan, Belgien und die Niederlande zu den ärmsten Ländern der Welt gehören.

Hardin berücksichtigt auch nicht die jüngsten Angaben, die zeigen, daß die armen Länder ihr Bevölkerungswachstum ziemlich rasch drosseln können und es auch schon gedrosselt haben. Sie konzentrieren sich darauf, das Los der armen Massen zu verbessern, anstatt Gelder in fortschrittliche Technologie und industrielle Entwicklung zu stecken. Haben die armen Massen eine gesicherte Nahrungsversorgung, Zugang zu einigen (relativ billigen) Gesundheitsleistungen und bescheidene Ausbildungsmöglichkeiten, dann — so kann man beobachten — nimmt das Bevölkerungswachstum schnell ab. Lester Brown faßt die jüngsten Untersuchungen so zusammen:

„Es gibt neue klare Beweise dafür, daß bei einer wachsenden Zahl armer Länder die Geburtenrate trotz eines relativ niedrigen pro-Kopf-Einkommens steil abgefallen ist. Bei Unter-

suchungen der verschiedenen Gesellschaftsstrukturen in China, Barbados, Sri Lanka, Uruguay, Taiwan, Kuba und Südkorea ergibt sich ein allen gemeinsames Bild. In all diesen Ländern hat ein großer Teil der Bevölkerung Zugang zu modernen sozialen und wirtschaftlichen Leistungen (Ausbildung, Beschäftigung und Kreditwesen u. a.). Es gibt immer mehr Beweise dafür, daß eine starke Verbesserung des Wohlergehens einer ganzen Bevölkerungsgruppe den größten Effekt auf die Reduzierung des Bevölkerungswachstums hat.[22]"
Die rechte Art zu helfen wird darin bestehen, im Rahmen der landwirtschaftlichen Entwicklung Arbeitsplätze zu schaffen und eine nicht zu hoch differenzierte Technologie anzuwenden[23]. Das wird dazu beitragen, das Bevölkerungswachstum unter Kontrolle zu bekommen. Stattdessen besteht Hardins Vorschlag darin, zu einem Zeitpunkt, wo es womöglich noch nicht zu spät ist, Katastrophen zu verhindern, einfach nichts zu unternehmen!
Ein anderer Trugschluß in Hardins These ist noch erstaunlicher. Hardin ignoriert vollständig die Tatsache, daß das immer weiter fortschreitende Anwachsen des Wohlstandes bei der reichen Minderheit der Weltbevölkerung eine der grundlegenden Ursachen der gegenwärtigen Krise ist. Es ist einfach grundfalsch, zu meinen, es gäbe nicht genug Nahrung, um jeden zu ernähren. Es gibt genug, wenn es nur gleichmäßiger verteilt würde! 1970 schätzten die Vereinten Nationen, daß nur 12 Millionen Tonnen Getreide zusätzlich im Jahr benötigt würden, um 460 Millionen Menschen, die an Unterernährung leiden, mit 260 Extrakalorien pro Tag zu versorgen. Das sind nur 30 Prozent von dem, was wir an unser Vieh in den Vereinigten Staaten verfüttern[24]. In einer Welt, in der die reiche Minderheit mehr Getreide an ihr Vieh verfüttert, als die Menschen in Indien und China essen, ist es abwegig und unmoralisch, von der Notwendigkeit zu sprechen, hungernde Völker einfach hungern zu lassen. Das Boot,

[22] Brown, *In the Human Interest*, S. 113 f.
[23] Vgl. E. F. Schumacher, *Small Is Beautiful* (New York: Harper Torchbooks, 1973), besonders S. 161—179
[24] Howe, a. a. O., S. 60—62

in dem die Reichen segeln, ist nicht ein für Asketen ausgerüstetes Rettungsboot. Es ist ein verschwenderisch ausgerüsteter Luxusdampfer.

Hardins Vorschlag ist auch unrealistisch. Würden hungernde Völker dem Hungertod preisgegeben, dann würden sie sich nicht einfach in unterwürfigem Schweigen in ihr Schicksal fügen. Indien ist eines der Völker, dem diese zweifelhafte Ehre häufig zugesprochen wurde. Wie ich schon früher erwähnt hatte, würde ein Volk, das im Besitz von Kernwaffen ist, eine solche Entscheidung gewiß nicht hinnehmen.

Der zweite landläufige Rechtfertigungsversuch trägt einen Heiligenschein. Erfordert es nicht der evangelistische Auftrag, daß sich einige Christen einen aufwendigen Lebensstil zu eigen machen, um wohlhabenden Leuten das Evangelium besser bezeugen zu können? Vielleicht. Aber wo hören einleuchtende Begründungen auf und wo fangen törichte Rechtfertigungsversuche an?

Wir müssen eine vereinfachende Gesetzlichkeit vermeiden. Natürlich müssen Christen in den Vorstädten ebenso wie in der Innenstadt wohnen. Aber diejenigen, die sich einen aufwendigen Lebensstil mit der Begründung leisten, daß die Reichen dadurch besser zu erreichen seien, müssen sich unbequeme Fragen stellen: Wieviel von meinem aufwendigen Lebensstil steht in direktem Verhältnis zu meinem Zeugnis meinen reichen Mitmenschen gegenüber? Wieviel könnte ich von meinem Reichtum um der Armen in Christus willen entbehren und dennoch wirksam in meinem Zeugnis sein? Ja, wieviel muß ich drangeben, damit ich glaubwürdig den biblischen Christus verkündigen kann, der eindeutig lehrte, daß dem ewige Verdammnis beschieden ist, der versäumt, die Armen zu speisen (Matth. 25, 45 f.)?

In den kommenden Jahrzehnten werden die Rechtfertigungsversuche für unseren Reichtum eine Legion sein. Sie werden weitverbreitet sein und sich überzeugend darstellen. „Wahrlich ich sage euch, für einen Reichen wird es schwer sein, ins Himmelreich zu kommen" (Matth. 19, 23). Aber alle Dinge sind Gott möglich, wenn wir auf ihn hören und seinem Wort gehorchen. Wenn es einen Funken Hoffnung für unsere Zukunft gibt, so liegt er in der Möglichkeit, daß eine wachsende Zahl reicher Christen es wagen wird, von der Bibel her ihr Verhältnis zu den Milliarden Kindern des armen Lazarus gestalten zu lassen. In den folgenden vier Kapiteln soll deshalb die biblische Perspektive zu den Fragen der Armut und des Wohlstands entwickelt werden.

Teil II

Armut und Wohlstand in der Sicht der Bibel

Soziologen untersuchten jüngst die Faktoren, die die Haltung der Amerikaner gegenüber der Entwicklung armer Staaten prägen. Sie fanden heraus, daß die Religion dabei überhaupt keine bedeutende Rolle spielt. Menschen mit tiefen religiösen Glaubensgrundsätzen waren nicht mehr um die Armen besorgt als Menschen mit geringen oder keinen religiösen Bindungen[1].

Die Christen haben es versäumt, Gottes Standpunkt zur prekären Lage unserer Milliarden hungriger Mitmenschen, die eines der brennendsten Probleme unserer Zeit ist, kund zu tun. Aber ich wehre mich gegen die Überzeugung, daß diese Versäumnisse unabänderlich sind. Ich glaube, es gibt Millionen Christen in reichen Ländern, denen Jesus mehr als sonst etwas in der Welt bedeutet. Sie würden jedes Risiko auf sich nehmen, jedes Opfer bringen und sich von jedem Schatz trennen, wenn sie deutlich sähen, daß Gottes Wort das von ihnen forderte. Darum ist dieser zweite Teil mit der Überschrift *Armut und Wohlstand in der Sicht der Bibel* der wichtigste Abschnitt dieses Buches.

[1] Laudicina, *World Poverty and Development*, S. 78

3. Der Gott der Armen

„Wer sich des Armen erbarmt, der leiht dem Herrn" (Spr. 19, 17). „Denn ich weiß, daß der Herr des Elenden Sache und der Armen Recht ausführen wird" (Ps. 140, 13).

Ergreift Gott einseitig Partei für die Armen? Einige Theologen haben diese Frage kürzlich mit „ja" beantwortet[2]. Diese Frage ist jedoch uneindeutig. Bedeutet es, daß Gott lieber arme Menschen rettet? Bedeutet es, daß Gott und sein Volk die Armen ganz anders behandeln, als es die Reichen und Mächtigen normalerweise tun? Schlägt sich Gott auf die Seite der Armen in der Weise, daß er nicht auf der Seite der Reichen ist? Diese Fragen nach der „Vorliebe" Gottes für die Armen können wir nur beantworten, wenn wir die biblischen Antworten auf fünf Fragen, die in diesem Zusammenhang zu stellen sind, gefunden haben:

1. Welches Interesse an den Armen zeigte Gott an den Angelpunkten der Geschichte wie dem Auszug aus Ägypten, der Zerstörung Israels und Judas und dem Kommen Jesu Christi, in Ereignissen also, in denen er sich selbst offenbarte?

2. In welcher Weise identifiziert sich Gott mit den Armen?

3. Was für eine Bedeutung hat die Tatsache, daß es Gott gefällt, sehr oft durch die Armen und Unterdrückten zu handeln?

4. Was meint die Bibel zu der ständig wiederkehrenden Aussage, daß Gott die Reichen vernichtet und die Armen aufrichtet?

5. Befiehlt Gott seinem Volk, sich in besonderer Weise um die Armen zu kümmern?

[2] Vgl. z. B. Enzo Gatti, *Rich Church – Poor Church?* (Maryknoll: Orbis, 1974), S. 43

Angelpunkte der Heilsgeschichte

Die Bibel macht wiederholt und klar eine grundsätzliche Aussage, die wir oft übersehen haben. Bei entscheidenden Begebenheiten, wenn Gott in der Geschichte seine Allmacht kundtat, um sein Wesen und seinen Willen zu enthüllen, dann griff er *auch* ein, um die Armen und Unterdrückten zu befreien.

1. *Der Exodus.* Beim Auszug aus Ägypten ging es Gott darum, unterdrückte Sklaven zu befreien. Als er Mose am brennenden Dornbusch berief, war es Gottes Absicht, dem Leiden und der Ungerechtigkeit ein Ende zu machen: „Ich habe das Elend meines Volks in Ägypten gesehen und habe ihr Geschrei gehört über die, die sie bedrängen; ich habe ihr Leid erkannt und bin herniedergefahren, daß ich sie errette von der Ägypter Hand" (2. Mose 3, 7—8). Diese Textstelle ist keine vereinzelte Aussage über das große Ereignis des Auszugs aus Ägypten. Jedes Jahr am Erntedankfest wiederholen die Israeliten in einem liturgischen Bekenntnis diesen Satz, indem sie Gottes Handeln rühmen, der ein armes, unterdrücktes Volk befreite.

„Mein Vater war ein Syrer und nahe dem Umkommen und zog hinab nach Ägypten und war daselbst ... Aber die Ägypter behandelten uns übel und legten einen harten Dienst auf uns. Da schrien wir zu dem Herrn, dem Gott unserer Väter; und der Herr erhörte unser Schreien und sah unser Elend, unsere Angst und Not und führte uns aus Ägypten mit mächtiger Hand ..." (5. Mose 26, 5—8).

Dem Gott der Bibel ist es nicht einerlei, wenn Menschen andere versklaven und unterdrücken. Beim Auszug aus Ägypten führte er die Israeliten aus wirtschaftlicher Unterdrückung heraus und brachte den Sklaven die Freiheit.
Natürlich war die Befreiung unterdrückter Sklaven nicht Gottes alleiniges Ziel. Gott handelte auch aufgrund seines Bundes mit Abraham, Isaak und Jakob.
Er wollte sich ein besonderes Volk schaffen, dem er sich

offenbaren konnte[3]. Die Befreiung eines armen, unterdrückten Volkes war genau nach Gottes Herzen. Die folgende Textstelle enthüllt Gottes vielfältige Absichten.

„Auch habe ich gehört die Wehklage der Kinder Israel, welche die Ägypter mit Frönen beschweren und habe an meinen Bund gedacht (mit Abraham, Isaak und Jakob) ... Ich will euch ausführen von euren Lasten in Ägypten und will euch erretten von eurem Frönen und will euch erlösen durch ausgereckten Arm und große Gerichte und will euch annehmen zum Volk und will euer Gott sein, daß ihr's erfahren sollt, daß ich der Herr bin, euer Gott, der euch ausführt von der Last Ägyptens" (2. Mose 6, 5—7).

Jahwe wollte, daß sein Volk ihn als den kannte, der es von Sklaverei und Unterdrückung befreite.
Die Präambel zu den zehn Geboten, möglicherweise der wichtigste Abschnitt im ganzen israelitischen Gesetz, beginnt mit der gleichen revolutionären Wahrheit. Bevor er die beiden Gesetzestafeln gibt, stellt sich Jahwe selbst vor: „Ich bin der Herr, euer Gott, der euch aus Ägypten, aus dem Diensthaus geführt hat" (5. Mose 5, 6; 2. Mose 20, 2). Jahwe ist der, der von Knechtschaft befreit. Der Gott der Bibel will als der Befreier der Unterdrückten erkannt werden. Der Auszug aus Ägypten war sicherlich das einschneidendste Ereignis bei der Schaffung des auserwählten Volkes. Wir verdrehen die biblische Aussage dieses wichtigen Ereignisses, wenn wir nicht

[3] Im Gegensatz zu einigen liberalen Theologen, die den Auszug aus Ägypten nur symbolisch verstehen, bin ich der Meinung, daß Gott bei diesem Ereignis sowohl unterdrückte Menschen befreite als auch ein einzelnes Volk berief, das Empfänger seiner besonderen Offenbarung sein sollte. Er berief es, um seinen Willen und sein Heil allen Menschen zu offenbaren. Sein Wille schloß aber auch dies ein — so machte er immer deutlicher —, daß sein Volk ihm nachfolgen und auf der Seite der Armen und Unterdrückten stehen sollte. Die Tatsache, daß Jahwe nicht alle armen Ägypter befreite, bedeutet nicht, daß ihm die Armen nicht überall ein Anliegen sind, genausowenig wie der Umstand, daß er die Zehn Gebote nicht jedermann im Nahen Osten gab, bedeutet, daß er sie nicht von allen Menschen angewandt wissen wollte. Weil es Gott gefiel, sich in der Geschichte zu offenbaren, machte er einem bestimmten Volke an bestimmten Punkten der Geschichte kund, was sein Wille für alle Menschen dieser Welt sei.

sehen, daß der Herr an diesem geschichtlichen Angelpunkt am Werk war, um in die Unterdrückung einzugreifen und die Armen zu befreien.

2. *Zerstörung und Gefangenschaft.* Als sich die Israeliten im gelobten Land niedergelassen hatten, entdeckten sie sehr bald, daß Jahwes Leidenschaft für Gerechtigkeit ein zweischneidiges Schwert war: Als sie unterdrückt waren, führte sie sie in die Freiheit. Aber als sie zu Unterdrückern wurden, führte sie sie in die Zerstörung.

Als Gott Israel aus Ägypten rief und seinen Bund mit ihm machte, gab er ihnen sein Gesetz, damit sie untereinander in Frieden und Gerechtigkeit leben konnten. Aber Israel gehorchte dem Gesetz des Bundes nicht. Als Folge davon zerstörte es Gott und schickte sein auserwähltes Volk in die Gefangenschaft. Warum?

Die explosionsgeladene Botschaft der Propheten bestand darin, daß Gott Israel zerstörte, weil es die Armen mißhandelt hatte! Das Wort des Herrn meinte dies: wirtschaftliche Ausbeutung bringt das auserwählte Volk in die Gefangenschaft. In der Mitte des achten Jahrhunderts v. Chr. erlebte Israel eine Zeit politischen Erfolgs und wirtschaftlichen Wohlstands, wie es sie seit den Tagen Salomos nicht gekannt hatte. Aber genau in diesem Augenblick schickte Gott seinen Propheten Amos, um die unangenehme Nachricht zu verkünden, daß das Nordreich Israels zerstört werde. Amos sah hinter der Fassade des allgemeinen Wohlstands und des phantastischen wirtschaftlichen Wachstums die schreckliche Unterdrückung der Armen. Er sah, daß die Reichen „den Kopf der Armen in den Staub der Erde treten" (2, 7). Er sah, daß der aufwendige Lebensstil der Reichen sich auf dem niedergedrückten Rükken der Armen aufbaute (6, 1—7). Er kritisierte heftig die reichen Frauen (Amos sagt „ihr fetten Kühe"), „die ihr den Dürftigen unrecht tut und untertretet die Armen und sprecht zu euren Herren: bringe her, laß uns saufen!" (4, 1). Nicht einmal vor Gericht hatten die Armen Aussicht, Recht zu erlangen, da die Reichen die Richter bestachen (5, 10—15).

Archäologen haben das Bild bestätigt, das Amos von den erschreckenden Extremen des Reichtums und der Armut zeichnete[4].

In der ersten Zeit der Besiedlung Kanaans war das Land gleichmäßig unter die Familien und Stämme verteilt. Alle Israeliten hatten den gleichen Lebensstandard. Die Archäologen können bestätigen, daß bis ins 10. Jahrhundert v. Chr. die Häuser annähernd die gleiche Größe hatten. Aber zur Zeit des Amos, zwei Jahrhunderte später, hatte sich alles verändert. Die Archäologen entdeckten größere und bessere Häuser in dem einen Gebiet und ärmliche Häuser, eng aneinander gebaut, in einer anderen Gegend[5]. Kein Wunder, daß Amos die Reichen warnte: „Ihr sollt nicht in den Häusern wohnen, die ihr aus behauenen Steinen erbaut habt" (5, 11). Gottes Wort durch Amos besagte, daß das Nordreich zerstört und seine Bewohner in die Verbannung geführt würden (7, 11. 17).

„Wehe euch, die ihr schlaft auf elfenbeinernen Lagern und pranget auf euren Ruhebetten; ihr esset die Lämmer aus der Herde und die gemästeten Kälber ...

Darum sollen sie nun voran gehen unter denen, die gefangen weggeführt werden, und soll das Schlemmen und der Pranger der Übermütigen aufhören" (6, 4. 7).

Nur wenige Jahre, nachdem Amos gesprochen hatte, geschah es genau so, wie Gott es gesagt hatte. Die Assyrer eroberten das Nordreich und führten Tausende in die Gefangenschaft. Weil sie die Armen mißhandelt hatten, zerstörte Gott also das Nordreich für immer.

Genau wie beim Auszug aus Ägypten dürfen wir andere wichtige Faktoren nicht außer acht lassen. Der Prophet Hosea (ein Zeitgenosse des Amos) zeigte, daß die Abgötterei des Volkes ein anderer Grund für die angedrohte Zerstörung war.

[4] John Bright, *A History of Israel* (Philadelphia: Westminster Press, 1959), S. 240 f.

[5] Roland de Vaux, *Ancient Israel* (New York: McGraw Hill, 1965), II, S. 72 f.

Weil das Volk Jahwe verlassen hatte und anderen Göttern anhing, sollte es zerstört werden (Hos. 8, 1—6; 9, 1—3)[6].
Nach Aussage der Propheten mußte das Nordreich fallen wegen seiner Abgötterei und der wirtschaftlichen Ausbeutung der Armen.
Gott schickte andere Propheten, um das gleiche Schicksal dem Südreich Juda anzusagen. Jesaja sagte, daß die Zerstörung Judas, die von ferne komme, ihre Ursache in der Mißhandlung der Armen habe:

„Wehe euch, die ihr unrechte Gesetze macht ...
auf daß ihr die Sache der Armen beugt und Gewalt übt am Recht der Elenden ...
Was wollt ihr tun am Tage der Heimsuchung und des Unglücks, das von fern kommt?" (Jes. 10, 1—4).

Micha kritisiert heftig diejenigen in Juda, die „die Äcker an sich reißen und nehmen Häuser, welche sie gelüstet; also treiben sie Gewalt mit eines jeden Hause und mit eines jeden Erbe" (2, 2).
Als Ergebnis davon, so prophezeit er, werde Jerusalem eines Tages zu einem „Steinhaufen" werden (3, 12).
Glücklicherweise stand Juda dem prophetischen Wort offener gegenüber und wurde so eine Zeitlang verschont. Aber die Unterdrückung der Armen hörte nicht auf. Hundert Jahre nach Jesaja verurteilt der Prophet Jeremia die Reichen, die Reichtümer angehäuft hatten, indem sie die Armen unterdrückten:

„Denn man findet unter meinem Volk Gottlose, die den Leuten nachstellen und Fallen zurichten, sie zu fangen, wie die Vogler tun. Und ihre Häuser sind voller Tücke, wie ein Vogelbauer voller Lockvögel ist. Daher werden sie gewaltig und reich, fett und glatt. Sie gehen mit bösen Stücken um; sie halten kein Recht, der Waisen Sache fördern sie nicht, daß auch sie Glück hätten, und helfen den Armen nicht zum Recht. Sollte ich denn solches nicht heimsuchen, spricht der Herr, und meine Seele sollte sich nicht rächen an solchem Volk, wie dies ist?" (Jer. 5, 26—29).

[6] So auch im Falle Judas, vgl. Hesekiel 20; Jeremia 11, 9

Noch zu diesem späten Zeitpunkt kann Jeremia dem Volk Hoffnung machen, wenn es die Ungerechtigkeit und die Abgötterei aufgibt.

„Wenn ihr recht tut einer gegen den andern, wenn ihr den Fremdlingen, Waisen und Witwen keine Gewalt tut ... und wenn ihr nicht anderen Göttern nachfolgt zu eurem eigenen Schaden: so will ich immer und ewiglich bei euch wohnen an diesem Ort, in dem Lande, das ich euren Vätern gegeben habe" (Jer. 7, 5—7).

Aber sie hörten nicht auf, Arme und Hilflose zu unterdrücken (Jer. 34, 8—17). Deshalb hörte auch Jeremia nicht auf, ihnen immer wieder eindrücklich zu sagen, Gott werde Juda durch die Hand der Babylonier zerstören lassen. Im Jahre 587 v. Chr. geschah der Fall Jerusalems — und die babylonische Gefangenschaft begann.
Die Zerstörung Israels und Judas war jedoch nicht nur Bestrafung. Gott gebrauchte die Assyrer und Babylonier, um sein Volk von Unterdrückung und Ungerechtigkeit zu reinigen. Mit eindringlichen Worten zeigt Jesaja, wie Gott mit seinen Feinden und Widersachern (hier sein auserwähltes Volk) umgeht, um sie zu reinigen und Gerechtigkeit wiederherzustellen.

„Wie geht das zu, daß die fromme Stadt (Jerusalem) zur Hure geworden ist? Sie war voll Rechts, Gerechtigkeit wohnte darin, nun aber Mörder!
Dein Silber ist Schaum geworden und dein Getränk mit Wasser gemischt. Sie nehmen alle gern Geschenke und trachten nach Gaben; dem Waisen schaffen sie nicht Recht, und der Witwe Sache kommt nicht vor sie.
Darum spricht der Herr, der Herr Zebaoth, der Mächtige in Israel: O weh! Ich werde mich trösten an meinen Feinden und mich rächen an meinen Widersachern;
und muß meine Hand wider dich kehren und deinen Schaum aufs lauterste ausfegen und all dein Blei ausscheiden.
Ich werde dir wieder Richter geben, wie zuvor waren, und Ratsherren wie im Anfang. Alsdann wirst du eine Stadt der Gerechtigkeit und eine fromme Stadt heißen" (Jes. 1, 21—26).

Die Katastrophe der nationalen Zerstörung und Gefangennahme enthüllt, daß es dem Gott des Exodus immer noch wichtig war, die Unterdrückung der Armen aufzuheben.

3. *Die Menschwerdung.* Die Christen glauben, daß Gott sich am vollkommensten in Jesus von Nazareth offenbarte. Wie definiert der Menschgewordene seinen Auftrag?
Seine Worte, die er gleich zu Beginn seines öffentlichen Wirkens in der Synagoge von Nazareth spricht, sind nur so gefüllt mit Hoffnung für die Armen! Er liest aus dem Propheten Jesaja:

„Der Geist des Herrn ist bei mir, darum daß er mich gesalbt hat; er hat mich gesandt, zu verkündigen das Evangelium den Armen, zu heilen die zerstoßenen Herzen, zu predigen den Gefangenen, daß sie los sein sollen, und den Blinden das Gesicht und den Zerschlagenen, daß sie frei und ledig sein sollen, und zu verkündigen das angenehme Jahr des Herrn" (Luk. 4, 18. 19).

Als er diese Worte gelesen hatte, sagte er zu seinen Zuhörern, daß die Schrift jetzt in ihm selbst erfüllt sei. Der Auftrag des Menschgewordenen war, die Unterdrückten zu befreien und die Blinden zu heilen. (Er sollte auch das Evangelium predigen. Das ist ebenso wichtig; in diesem Zusammenhang soll darauf aber nicht weiter eingegangen werden[7].) Die Armen sind als einzige Gruppe besonders hervorgehoben. Sie sind die Adressaten der Predigt Jesu. Sicherlich war die Botschaft, die er verkündigte, für alle; aber er war ganz besonders darauf bedacht, daß den Armen klar wurde, daß seine gute Botschaft für sie bestimmt war.
Manche versuchen, die klare Bedeutung von Jesu Aussagen zu umgehen, indem sie seine Worte nur geistig verstehen. Sicherlich kam er, so sagen sie, um unsere blinden Herzen zu öffnen, wie es andere Textstellen zeigen. Er kam, um für unsere Sünden zu sterben und uns von unserer drückenden Schuld zu befreien. Aber das meint er *hier* nicht! Die Worte über das Losmachen der Gefangenen und das Befreien der

[7] Das Predigen des Evangeliums und das Trachten nach Gerechtigkeit für die Armen sind *zu unterscheidende, aber gleich wichtige* Aspekte des ganzen Auftrags der Kirche. Vgl. meine Aufsätze „Evangelism, Salvation and Social Justice: Definitions and Interrelationships", *International Review of Mission,* Juli 1975, S. 251 ff. (bes. S. 258), und „Evangelism or Social Justice. Eliminating the Options", *Christianity Today* vom 8. Oktober 1976, S. 26—29

Unterdrückten stammen von Jesaja. In ihrer ursprünglichen Bedeutung beziehen sie sich im Alten Testament unzweifelhaft auf physische Unterdrückung und Gefangenschaft.
Jesu eigentliches Handeln stimmte haargenau mit den Worten in Lukas 4 überein. Den größten Teil seiner Zeit verbrachte er nicht unter den Reichen und Mächtigen in Jerusalem, sondern unter den Armen im kulturell und wirtschaftlich zurückgebliebenen Galiläa. Er heilte die Kranken und Blinden. Er speiste die Hungernden. Und er warnte die, die ihm nachfolgten, mit den schärfsten Worten, die man sich vorstellen kann, daß die, die Hungrige nicht speisen, die Menschen ohne Kleidung nicht kleiden und Gefangene nicht besuchen, Verdammnis erfahren werden (Matth. 25, 31—46).
Auf dem Höhepunkt der Geschichte, als Gott selbst Fleisch wurde, sehen wir den Gott Israels immer noch am Werk, die Armen und Unterdrückten zu befreien. Und er fordert sein Volk auf, das Gleiche zu tun. Das ist der eigentliche Grund, warum dem Christen die Armen am Herzen liegen.
Wir erfahren nicht nur aus dem Exodus, aus der Gefangenschaft und der Menschwerdung, daß die Armen Gott am Herzen liegen. Die ganze Bibel ist voll von Stellen, die davon sprechen. Zwei Beispiele aus den Psalmen sind typisch für eine Menge anderer Textstellen. Psalm 10 beginnt mit einem Verzweiflungsruf. Gott scheint sich tief verborgen zu haben, während die Gottlosen die Armen unterdrücken und es ihnen dabei noch gut geht (V. 2. 9). Aber der Psalmist schließt mit einem hoffnungsvollen Wort: „Das Verlangen der Elenden hörst du, Herr; ihr Herz ist gewiß, daß dein Ohr darauf merket, daß du Recht schaffest den Waisen und Armen" (V. 17. 18).
Psalm 146 ist eine einzige Deklaration der Sorge Gottes für die Armen. Der Psalmist lobt den Gott Jakobs, weil er gleichzeitig der Schöpfer des Universums und der Anwalt der Unterdrückten ist:

„Lobe den Herrn, meine Seele! ...
Wohl dem, des Hilfe der Gott Jakobs ist; des Hoffnung auf dem Herrn, seinem Gott steht; der Himmel, Erde, Meer und alles, was darinnen ist, gemacht hat; der Glauben hält ewiglich; der Recht schafft denen, die

Gewalt leiden; der die Hungrigen speist. Der Herr erlöst die Gefangenen. Der Herr macht die Blinden sehend. Der Herr richtet auf, die niedergeschlagen sind. Der Herr liebt die Gerechten. Der Herr behütet die Fremdlinge und erhält Waisen und Witwen; aber den Weg der Gottlosen macht er zum Irrweg."

Nach der Schrift gehört es ebenso zum Wesen Gottes, die Schwachen, die Fremdlinge und Unterdrückten zu verteidigen wie das Universum erschaffen zu haben. Weil er so ist[8], richtet Jahwe die Mißhandelten auf. Die Grundlage für die gebotene Sorge der Christen den Hungrigen und Unterdrückten gegenüber liegt einfach darin, daß *Gott* in besonderer Weise für sie sorgt.

Gottes Identifikation mit den Armen

Gott handelt nicht nur in der Geschichte, um die Armen zu befreien. Vielmehr identifiziert sich, in einer geheimnisvollen Weise, die wir nur halb ermessen können, der Herrscher des Universums mit den Schwachen und Notleidenden. Sprüche 14, 31 drückt es negativ so aus: „Wer den Geringen bedrückt, beschimpft den, der ihn gemacht hat."

Noch eindrucksvoller ist die positive Formulierung: „Wer sich des Armen erbarmt, leiht dem Herrn" (19, 17). Was für eine Feststellung! Indem wir einem armen Menschen helfen, helfen wir dem Schöpfer aller Dinge mit einem Darlehen.

Erst in der Menschwerdung können wir vage erahnen, was Gottes Identifikation mit dem Schwachen, Bedrückten und Armen wirklich bedeutet. „Obwohl er reich war", sagte Paulus von unserem Herrn Jesus, „wurde er um euretwillen arm" (2. Kor. 8, 9).

In einer kleinen unbedeutenden Provinz des römischen Imperiums wurde er geboren. Seine ersten Besucher waren Hirten — Menschen, die von der jüdischen Gesellschaft als Diebe angesehen wurden. Seine Eltern waren zu arm, um das normale Reinigungsopfer zu bringen. Anstelle eines Lammes

[8] Vgl. auch 1. Mose 20, 2 und Offenbarung 7, 16

brachten sie zwei Tauben in den Tempel[9]. Jesus war ein Flüchtling (Matth. 2, 13—15) und dann ein Einwanderer in Galiläa (Matth. 2, 19—23). Da die jüdischen Rabbinen kein Entgeld für ihr Lehren bekamen, hatte Jesus während seiner öffentlichen Lehrtätigkeit kein regelmäßiges Einkommen. (Im Judentum gehörten die Gelehrten zu den ärmeren Klassen[10].) Er hatte auch kein eigenes Zuhause. Er sagte zu einem übereifrigen Nachfolger, der versprochen hatte, ihm überallhin zu folgen: „Die Füchse haben Gruben und die Vögel des Himmels haben Nester; der Sohn des Menschen dagegen hat nicht, wo er sein Haupt hinlegen hann" (Matth. 8, 20). Jesus schickte auch seine Jünger in größter Armut aus (Luk. 9, 3; 10, 4).
Daß er sich mit den Armen und Unglücklichen identifizierte, war ein Zeichen dafür, daß er der Messias ist. Als Johannes der Täufer Boten schickte, um Jesus zu fragen, ob er der langerwartete Messias sei, verwies ihn Jesus einfach auf seine Taten. Er heile die Kranken und predige den Armen (Matth. 11, 2—6). Jesus predigte auch den Reichen. Aber offensichtlich war es sein besonderes Anliegen, den Armen zu predigen, was seinen Anspruch, er sei der Messias, bestätigte. Seine Einstellung zu den Armen und Benachteiligten stand in scharfem Gegensatz zu der Haltung seiner Zeitgenossen. Vielleicht hat er aus diesem Grund eine abschließende Botschaft an Johannes geschickt: „Und selig ist, wer an mir keinen Anstoß nimmt" (Matth. 11, 6).
Nur wenn wir die Gegenwart des menschgewordenen Gottes in der Gestalt eines armen Galliläers begreifen, können wir seine Worte verstehen:

„Denn ich war hungrig, und ihr habt mir zu essen gegeben; ich war durstig, und ihr habt mich getränkt; ...
ich war nackt, und ihr habt mich bekleidet ...
Wahrlich ich sage euch: Wiefern ihr es einem dieser meiner geringsten Brüder getan habt, habt ihr es mir getan" (Matth. 25, 35—40).

Was bedeutet es, den Schöpfer aller Dinge zu speisen und zu kleiden? Wir können es nicht verstehen. Wir können nur mit

[9] Lukas 2, 24; vgl. 3. Mose 12, 6—8
[10] Richard Batey, *Jesus and the Poor* (New Work: Harper, 1972), S. 7

neuen Augen auf die Armen und Bedrückten sehen und uns entschließen, ihre Verletzungen zu heilen und zu helfen, damit ihre Bedrängnis ein Ende hat.
Wenn die Worte Jesu in Matthäus 25, 40 verwunderlich sind, dann sind die folgenden erschreckend: „Wahrlich, ich sage euch: Wiefern ihr es einem dieser Geringsten nicht getan habt, habt ihr es auch mir nicht getan" (V. 45).
Was bedeutet das in einer Welt, in der jährlich Millionen sterben, während die reichen Christen im Überfluß leben? Was bedeutet es, den Herrn des Weltalls am Straßenrand hungernd liegen zu sehen und auf der anderen Straßenseite an ihm vorüberzugehen? Wir können nur mit Furcht und Zittern geloben, ihn nicht noch einmal zu töten.

Die besonderen Werkzeuge Gottes

Als Gott sich ein auserwähltes Volk schuf, suchte er sich arme Sklaven in Ägypten. Als er die erste Kirche berief, waren deren Mitglieder meistens arme Leute. Als Gott Mensch wurde, kam er in der Gestalt eines armen Galliläers. Sind diese Tatsachen vereinzelt auftretende Erscheinungen oder Teile eines sinnvollen Planes?
Dies ist unsere dritte Frage im Blick auf Gottes besonderes Interesse für die Armen.
Gott hätte sich auch eine reiche, mächtige Nation als sein auserwähltes Volk aussuchen können. Stattdessen wählte er unterdrückte Sklaven. Gott erwählte sich ein verarmtes, versklavtes Volk zum besonderen Werkzeug seiner Offenbarung und zur Rettung aller Menschen (vgl. auch Gideon in Richter 6, 15–16; 7, 2).
In der Urgemeinde waren die meisten Mitglieder arm. In einem kürzlich erschienenen Buch, das die sozialen Verhältnisse der ersten Christenheit aufzeigt, weist Martin Hengel darauf hin, daß die frühen nichtjüdischen christlichen Gemeinschaften „überwiegend arm[11]" waren. Paulus ist erstaunt

[11] Martin Hengel, *Eigentum und Reichtum in der frühen Kirche. Aspekte einer frühchristlichen Sozialgeschichte*, Stuttgart 1973, S. 46

über die besondere Art von Menschen, die Gott in seine Kirche ruft:

„Nicht viele Weise nach dem Fleische, nicht viele Mächtige, nicht viele Leute von vornehmer Geburt sind berufen, sondern was vor der Welt töricht ist, hat Gott erwählt, damit er die Weisen zuschanden mache, und was vor der Welt schwach ist, hat Gott erwählt, damit er das Starke zuschanden mache, und was vor der Welt niedriggeboren und was verachtet ist, hat Gott erwählt, das, was nichts gilt, damit er das, was gilt, zunichte mache, auf daß sich kein Fleisch vor Gott rühme" (1. Kor. 1, 26—29).

Ebenso Jakobus:

„Meine Brüder, habet den Glauben an Jesus Christus, unseren Herrn der Herrlichkeit, nicht so, daß ihr die Person anseht! Denn wenn in eure Versammlung ein Mann kommt mit goldenen Ringen und in einem prächtigen Kleide, es kommt aber auch ein Armer in einem unsauberen Kleide und ihr seht auf den, der das prächtige Kleid trägt, und sprecht: Setze du dich bequem hierher! und zu dem Armen sprecht ihr: Stelle du dich dorthin, oder setze dich hier unten an meinen Fußschemel! seid ihr dann nicht mit euch selbst in Widerspruch geraten und Richter mit bösen Gedanken geworden? Höret, meine geliebten Brüder! Hat nicht Gott die, welche vor der Welt arm sind, dazu erwählt, daß sie im Glauben reich und Erben des Reiches seien, das er denen verheißen hat, die ihn lieben? Ihr aber habt den Armen verachtet. Üben nicht die Reichen Gewalt über euch aus, und ziehen nicht sie euch vor Gericht? Lästern nicht sie den schönen Namen, der über euch ausgesprochen ist?" (Jak. 2, 1—7).

Die rhetorische Frage in Vers 5 zeigt an, daß auch die Gemeinde in Jerusalem weit davon entfernt war, reich zu sein. Aber der gesamte Abschnitt illustriert den Weg der Kirche, die so oft den Weg Gottes verläßt und sich stattdessen für den Weg der Welt entscheidet. Beim Auszug aus Ägypten wie auch bei der Entstehung der ersten Gemeinde wählte Gott arme Leute als seine besonderen Werkzeuge.

Natürlich soll man die Aussage nicht übertreiben. Abraham scheint ein wohlhabender Mann gewesen zu sein. Mose lebte 40 Jahre am Hofe Pharaos. Paulus und Lukas waren weder arm noch ungebildet. Gott handelte nicht ausschließlich durch verarmte, unterdrückte Menschen. Nichtsdestoweniger besteht ein deutlicher Gegensatz zwischen Gottes Handlungsweise und unserer. Wollen wir irgendeine Veränderung bewirken, dann suchen wir fast immer den Kontakt von einflußreichen Menschen mit Ansehen und Macht. Als Gott die Welt retten wollte, wählte er Sklaven, Prostituierte und allerlei andere benachteiligte Menschen.

Wir kommen noch einmal zurück auf die Menschwerdung. Nirgends sonst ist der Gegensatz zwischen Gottes Wegen und unseren deutlicher als hier. Gott hätte in die Geschichte als ein mächtiger römischer Imperator oder wenigstens als ein einflußreicher Sadduzäer mit einem bedeutenden Sitz im Sanhedrin eingreifen können. Stattdessen kam er als ein armer Zimmermann und lebte in dem unbedeutenden Dörfchen Nazareth, das so unbekannt war, daß es weder im Alten Testament noch in den Berichten des jüdischen Historikers Josephus erwähnt wird[12]. Auf diese Weise jedoch hat es Gott gefallen, unsere Errettung zu bewirken.

Als Jesus seine Jünger auswählte, Menschen nämlich, die seine Botschaft weitersagen sollten, waren diese Menschen (mit Ausnahme von Matthäus) Fischer oder ganz gewöhnliche Leute. Diejenigen, die denken, daß nur die Reichen und Mächtigen die Geschichte beeinflussen, nehmen immer noch Anstoß daran, daß Jesus die Armen und Schwachen ein besonderes Anliegen sind.

Noch einmal müssen wir uns gegen die Ansicht aussprechen, daß die Bibel sagte, Gott benutze niemals reiche und einflußreiche Leute als seine Werkzeuge. Er hat es getan und er tut es noch heute. Wir aber wählen *immer* solche Menschen. Gott sieht Fähigkeiten, wo wir keine erkennen. Dazu kommt noch, daß sich die Armen und Schwachen, wenn die Aufgabe erledigt ist, weniger stolz brüsten und das Verdienst für sich in Anspruch nehmen. Daß Gott die Niedrigen dazu erwählt, seine besonderen Botschafter zu sein und die Errettung der Welt zu verkündigen, ist ein schlagender Beweis dafür, daß ihnen Gottes besondere Fürsorge gilt. Und seine Menschwerdung als ein armer Galliläer legt nahe, daß die häufige

[12] Batey, *Jesus and the Poor*, S. 6

Erwählung der Armen als seine besonderen Werkzeuge keine bedeutungslose geschichtliche Nebensächlichkeit ist. Es weist auf etwas sehr Bedeutsames in Gottes Wesen hin.

Ist Gott ein Marxist?

Jesu Geschichte vom reichen Mann und armen Lazarus wiederholt und illustriert eine vierte, uns bekannte Aussage, die sich durch die ganze Schrift zieht: Dem Reichen wird es einige Zeit wohlergehen, aber schließlich wird Gott ihn vernichten; den Armen auf der anderen Seite will Gott erhöhen.

Das Magnifikat der Maria drückt dies einfach und deutlich aus:

„Meine Seele erhebt den Herrn ...
er hat Gewaltige von den Thronen gestoßen und Niedrige erhöht; Hungrige hat er mit Gütern erfüllt und Reiche leer weggeschickt" (Luk. 1, 46—53).

Hannas Gesang verkündigte einige Jahrhunderte vorher die gleiche Wahrheit:

„Niemand ist heilig wie der Herr; denn außer dir ist keiner ...
Machet nicht trotziger Worte so viel, Vermessenes entfahre nicht eurem Mund! ...
Der Bogen der Helden wird zerbrochen, Wankende aber gürten sich mit Kraft. Satte müssen sich um Brot verdingen, doch Hungrige können feiern ...
Der Herr macht arm und macht reich ...
Er richtet den Dürftigen auf aus dem Staub; aus dem Kot erhebt er den Armen" (1. Sam. 2, 2—8).

Jesus spricht einen Segen aus über dem Armen und einen Fluch über dem Reichen:

„Selig seid ihr Armen, denn euch gehört das Reich Gottes. Selig seid ihr, die ihr jetzt hungert; denn ihr werdet gesättigt werden ...
Doch wehe euch, ihr Reichen, denn ihr habt euren Trost dahin. Wehe

euch, die ihr jetzt satt seid; denn ihr werdet hungern" (Luk. 6, 20—25).[13] „Nun wohlan, ihr Reichen, weinet und jammert über die Drangsale, die über euch hereinbrechen" (Jak. 5, 1)!

Solche Aussagen sind ein ständiger Tenor in der biblischen Offenbarung.

Warum macht uns die Schrift klar, daß Gott das Wohlergehen der Reichen ins Gegenteil verkehrt? Legt es Gott auf einen Klassenkampf an? Genau genommen sagen die Schriftstellen niemals, Gott liebt die Armen mehr als die Reichen. Aber sie betonen, daß Gott den Armen und Benachteiligten aufrichtet. Sie hören nicht auf, uns zu sagen: Gott verwirft die Reichen und Mächtigen — nämlich weil sie wohlhabend wurden, indem sie die Armen unterdrückten und weil sie den Hungrigen nicht zu essen gaben.

Warum ruft Jakobus die Reichen auf, über das ihnen bevorstehende Elend zu weinen und zu klagen? Weil sie ihre Arbeiter betrogen hatten:

„Ihr habt Schätze gesammelt in den letzten Tagen. Siehe, der Lohn der Arbeiter, die eure Felder abgemäht haben, welcher von euch zurückbehalten worden ist, schreit laut, und das Rufen der Schnitter ist vor die Ohren des Herrn der Heerscharen gekommen. Ihr habt auf Erden wollüstig und üppig gelebt; ihr habt eure Herzen gesättigt am Tage der Schlachtung" (Jak. 5, 3—5).

Gott hat keine Klassenfeinde. Aber er haßt und bestraft Ungerechtigkeit und Vernachlässigung der Armen. Und wenn wir die wiederholten Warnungen der Schrift ernst nehmen, dann müssen wir einsehen, daß die Reichen häufig an beidem schuld sind[14]. Lange vor Jakobus wußte der Psalmist, daß die Reichen oft reich waren, weil sie andere unterdrückten. Aber er tröstete sich mit dem Glauben, daß Gott die Übeltäter bestrafen werde:

[13] Vgl. auch Psalm 107, 35—41; siehe unten S. 126 ff. zur Diskussion über die verschiedenen Versionen der Seeligpreisungen in Matthäus 5 und Lukas 6

[14] Man darf natürlich nicht die biblische Lehre übersehen, daß Gehorsam Reichtum bringt. Vgl. unten S. 124 zur Diskussion über diese Frage

„Ob dem Hochmut der Gottlosen ängstigt sich der Elende ... Sein Tun gelingt zu aller Zeit ... Er spricht in seinem Herzen: ich werde nimmer wanken, es hat keine Not für und für ...
Er lauert im Verborgenen wie ein Löwe im Dickicht; er lauert, daß er den Elenden erhasche; er fängt den Elenden, indem er sein Netz zuzieht; ...
Stehe auf, o Herr, mein Gott, erhebe deine Hand, vergiß nicht der Elenden! Du siehst es wohl, du schaust auf das Elend und den Jammer, daß du's in deine Hand nehmest; dir befiehlt es der Arme ...
Zerbrich den Arm des Gottlosen und Bösen; ... Das Sehnen der Dulder hast du erhört, o Herr; du achtest darauf, du neigest dein Ohr, Recht zu schaffen der Waise und dem Gedrückten" (Ps. 10).

Gott verkündigte die gleiche Botschaft durch den Propheten Jeremia:

„Denn in meinem Volk finden sich Gottlose; Fallen stellen sie auf, um zu verderben, um Menschen zu fangen. Wie ein Korb voller Vögel, so sind ihre Häuser voll erlisteten Guts; *darum sind sie groß geworden und reich.* Auch übertreten sie das Recht: sie schaffen der Waise nicht ihr Recht und führen nicht die Sache der Witwe.
Sollte ich dergleichen nicht ahnden? spricht der Herr. Sollte ich mich nicht rächen an einem solchen Volke?" (Jer. 5, 26—29).

Der Glaube Jeremias und des Psalmisten waren nicht bloßes Wunschdenken. Durch die Propheten kündigte Gott Verwüstung und Zerstörung beiden an — dem reichen einzelnen und den reichen Völkern, die die Armen unterdrückten. Und es traf ein, wie sie es vorausgesagt hatten. Jeremia spricht eine der schärfsten und beißendsten Sätze der ganzen Heiligen Schrift aus, nämlich gegen den ungerechten König Jojakim von Juda:

„Weh dem, der sein Haus mit Sünden baut und seine Gemächer mit Unrecht, der seinen Nächsten umsonst arbeiten läßt und gibt ihm seinen Lohn nicht und denkt: ‚Wohlan, ich will mir ein großes Haus bauen und weite Gemächer', und läßt sich Fenster ausbrechen und mit Zedern täfeln und rot malen. Meinst du, du seiest König, weil du mit Zedern prangst? Hat dein Vater nicht auch gegessen und getrunken und hielt dennoch auf Recht und Gerechtigkeit, und es ging ihm gut? Er half dem Elenden und Armen zum Recht, und es ging ihm gut. Heißt dies nicht, mich recht erkennen, spricht der Herr. Aber deine Augen und dein Herz sind auf nichts anderes aus als auf unrechten Gewinn und darauf, unschuldig Blut zu vergießen, zu freveln und zu unterdrücken. Darum spricht der Herr über Jojakim, den Sohn Josias, den König von Juda: Er soll wie ein Esel begraben werden, fortgeschleift und hinausgeworfen vor die Tore Jerusalems" (Jer. 22, 13—19).

Historiker vermuten, daß Jojakim ermordet wurde[15].
Gott vernichtet ganze Völker, ebenso wie einzelne Reiche, weil sie die Armen unterdrücken. Wir haben bereits einige wenige in diesem Zusammenhang stehende Texte zu Beginn dieses Kapitels untersucht[16]. Ein weiterer ist von Bedeutung. Durch Jesaja verkündigt Gott den Herrschern in Juda, daß sie reich seien, weil sie die Armen betrogen hätten. Übersättigt mit Reichtum, frönten die wohlhabenden Frauen einer nur auf sich selbst gerichteten Üppigkeit und kümmerten sich nicht um die Leiden der Unterdrückten. Die Strafe, so sagt Gott, wird ihr Untergang sein.
Der Herr geht ins Gericht mit den Ältesten seines Volkes und seinen Fürsten:

„,Ihr, ihr habt den Weinberg abgeweidet; der *Raub des Armen ist in euren Häusern.* Warum zertretet ihr mein Volk und zermalmt die Person der Elenden?' Also spricht der Herr, der Gott der Heerscharen. Und der Herr sprach: Weil die Töchter Zions hoffärtig sind und im Gehen den Kopf hoch tragen und mit den Augen nach der Seite blinzeln, weil sie trippelnd einhergehen und mit ihren Fußspangen klirren, wird der Herr den Scheitel der Töchter Zions kahl machen, und der Herr wird ihre Schläfe entblößen. An jenem Tag wird der Herr die ganze Pracht wegnehmen: die Fußspangen, die Stirnreife und die Möndchen ... Und statt des Balsamduftes wird Moder sein und statt des Gürtels ein Strick, statt des Haargekräusels eine Glatze, statt des Prunkgewandes der umgegürtete Sack, das Brandmal statt der Schönheit.
Deine Männer sollen fallen durch das Schwert, und deine Helden im Kampfe" (Jes. 3, 14—25).

Weil die Reichen die Armen und Schwachen unterdrücken, hat sich der Herr der Geschichte aufgemacht, ihre Häuser und Königreiche zu zerstören.
Manchmal beschuldigt die Schrift die Reichen nicht direkt, die Armen zu unterdrücken. Sie beschuldigt sie einfach, daß

[15] Bright, *History of Israel,* S. 306. Vgl. dazu auch Daniel 4 (bes. V. 27)
[16] Vgl. oben S. 52; vgl. auch Micha 2, 1—3

sie es versäumt haben, mit dem Bedürftigen zu teilen. Aber die Auswirkungen sind die gleichen.

In der Geschichte vom reichen Mann und armen Lazarus (Luk. 16) sagt Jesus nicht, daß der reiche Mann den Lazarus ausnutzte. Er zeigt nur, daß er kein Herz für den kranken Bettler hatte, der vor seinem Tor lag. „Es war aber ein reicher Mann, der kleidete sich in Purpur und kostbare Leinwand und lebte alle Tage herrlich und in Freuden" (Luk. 16, 19). Auf der anderen Seite wird von Lazarus berichtet, „er begehrte sich von dem zu sättigen, was vom Tisch des Reichen abfiel" (Luk. 16, 21). Verweigerte der reiche Mann dem hungrigen Lazarus sogar die Abfälle? Vielleicht nicht. Aber offensichtlich hatte er kein echtes Interesse an ihm. Diese schuldhafte Vernachlässigung der Bedürftigen macht den Gott der Armen zornig. Als Lazarus stirbt, tröstet ihn Gott in Abrahams Schoß. Als der Reiche stirbt erwarten ihn Qualen[17]. Die Bedeutung des Namens Lazarus, „einer, dem Gott geholfen hat[18]", unterstreicht die fundamentale Aussage. Gott hilft dem Armen, aber den Reichen läßt er leer ausgehen.

Diese Geschichte müßte uns, wenn wir sie am gedeckten Tisch lesen, in der Hand explodieren. Wir essen uns satt, während die Dritte und Vierte Welt draußen steht und hungert!

Nicht nur das Gesetz und die Propheten, sondern unser Herr selbst spricht das furchtbare Wort aus, daß Gott den Reichen vernichtet, wenn er es versäumt, sich um den Armen zu kümmern. Die biblische Erklärung für die Zerstörung Sodoms liefert eine weitere Illustration dieser schlimmen Wahrheit. Würden wir gefragt, warum Sodom zerstört wurde, würden praktisch alle Christen auf die große sexuelle Ausschweifung dieser Stadt hinweisen. Aber das ist eine einseitige Erfassung dessen, was die Schrift sagt. Hesekiel zeigt, daß ein gewichtiger Grund, warum Gott Sodom zerstört, in seiner hartnäkkigen Weigerung bestand, die Güter mit den Armen zu teilen!

„Siehe, das war die Schuld deiner Schwester Sodom: *Pracht und Überfluß und sorglose Ruhe* wurden ihr und ihren Töchtern zuteil, aber

[17] Eine andere Auslegung bietet Joachim Jeremias, *Die Gleichnisse Jesu*, Göttingen 1970, S. 181 ff.

[18] Vgl. *The Interpreter's Bible*, 8, S. 290

sie taten dem Elenden und Armen nicht Handreichung; sondern sie wurden übermütig und verübten Greuel vor mir. Da tilgte ich sie hinweg, wie du gesehen hast" (Hes. 16, 49—50).[19]

Die Textstelle sagt nicht, daß sie die Armen unterdrückten (obwohl sie das möglicherweise auch taten). Sie klagt sie einfach an, daß sie es versäumt haben, sich um die Bedürftigen zu kümmern.
Die wohlhabenden Christen erinnern sich an Sodoms sexuelle Verfehlung und vergessen sein schuldhaftes Desinteresse den Armen gegenüber. Kommt es daher, weil uns das erstere weniger aus der Fassung bringt? Verdrehen wir nicht aufgrund unseres wirtschaftlichen Eigeninteresses die Schrift? Kein Zweifel, das tun wir! Aber in dem Maße, in dem unser Bekenntnis zur Heiligen Schrift als Autorität aufrichtig ist, werden wir es den für uns unangenehmen Textstellen gestatten, unser Denken zu korrigieren. Wenn wir das geschehen lassen, werden wir mit Furcht und Zittern erkennen, daß der Gott der Bibel die Reichen vernichtet. Das geschieht nicht, weil er reiche Menschen nicht lieben würde. Es geschieht deshalb, weil die Reichen in der Regel die Armen unterdrücken und die Notleidenden vernachlässigen.

Gottes Adressaten und unsere Interessen

Wenn Gott in einem solchen Maße für die Armen sorgt, ist es kaum verwunderlich, daß er von den Menschen, die ihm angehören wollen, das Gleiche erwartet. Gottes Befehl an seine Gläubigen, den Armen, Schwachen und Benachteiligten besondere Aufmerksamkeit zuzuwenden, ist der fünfte Fragenkreis in den biblischen Büchern, dem wir noch nachgehen wollen.
Gleiches Recht für die Armen vor Gericht ist ein durchgängiges Thema der Schrift. Das Gesetz befiehlt es (2. Mose 23, 6). Der Psalmist erfleht göttlichen Beistand für den König, daß dieser es ausüben kann (Ps. 72, 1—4). Und die Propheten kün-

[19] Vgl. auch Jesaja 1, 10—17

digten Vernichtung an, weil die Herrscher das Recht beugten (Amos 5, 10—15).
Auch Witwen, Waisen und Fremdlinge erlangen häufig besondere Aufmerksamkeit.

„Einen Fremdling sollst du nicht bedrücken noch bedrängen; ihr seid ja auch Fremdlinge gewesen in Ägypten. Witwen und Waisen sollt ihr nicht bedrücken. Wenn du sie doch bedrückst, und sie schreien zu mir, so werde ich ihr Schreien gewiß erhören, und mein Zorn wird entbrennen, und ich werde euch mit dem Schwert töten, daß eure Frauen Witwen und eure Kinder Waisen werden" (2. Mose 22, 20—24).

Die Christen sind wirklich selten, die Jesu Gebot ernst nehmen und bei ihren Abendeinladungen eine „Vorliebe" für die Armen haben.

„Wenn du eine Mittags- oder Abendmahlzeit veranstaltest, so rufe nicht deine Freunde, noch deine Brüder, noch deine Verwandten, noch reiche Nachbarn, damit nicht etwa auch sie dich wieder einladen und dir Vergeltung zuteil wird. Sondern wenn du ein Gastmahl veranstaltest, so lade Arme, Krüppel, Lahme, Blinde ein, und du wirst glückselig sein, weil sie dir nicht vergelten können" (Luk. 14, 12—14).[20]

Offensichtlich benutzt Jesus hier eine stilistische Übertreibung, die eine typische Technik in der hebräischen Literatur darstellt, um einem Standpunkt besonderen Nachdruck zu verleihen. Er hatte nicht die Absicht, Einladungen von Freunden und Verwandten zu verbieten. Aber er meinte sicherlich, daß wir die Armen und Benachteiligten (die sich nicht erkenntlich zeigen können) wenigsten ebenso oft und vielleicht noch ein wenig öfter einladen sollten, als wir es mit unseren Freunden, Verwandten und angesehenen Menschen tun. Haben Sie jemals einen Christen kennengelernt, der Jesus in diesem Sinne ernstgenommen hat?
Die Bibel befiehlt in eindringlicher Weise den Gläubigen, Gottes besonderes Interesse an den Armen und Unterdrückten zu teilen. Im Alten Testament erinnert Jahwe die Israeliten häufig an ihre frühere Drangsal in Ägypten, wenn er ihnen den Befehl gibt, sich um die Armen zu kümmern. Gottes unver-

[20] Vgl. auch Hebräer 13, 1—3

dientes Interesse an den hebräischen Sklaven in der ägyptischen Knechtschaft ist das Beispiel, das wir uns vor Augen halten sollen (2. Mose 22, 21—24; 5. Mose 15, 13—15). Jesus lehrt seine Nachfolger, Gottes Barmherzigkeit auch beim Aus- und Verleihen nachzuahmen!

„Und wenn ihr denen Gutes tut, die euch Gutes tun, was für einen Dank habt ihr? ...
Und wenn ihr denen leiht, von denen ihr zurückzuerhalten hofft, was für einen Dank habt ihr? ...
Leihet, ohne etwas zurückzuerwarten. Dann wird euer Lohn groß sein, und ihr werdet Söhne des Höchsten sein; denn er ist gütig gegen die Undankbaren und Bösen. Seid barmherzig, wie euer Vater barmherzig ist" (Luk. 6, 33—36).

Warum sollen wir leihen, ohne etwas zurückzuerwarten? Weil das die Art und Weise ist, wie unser Vater handelt. Jesu Nachfolger sollen die normalen menschlichen Verhaltensweisen ins Gegenteil verkehren, eben weil sie Söhne Gottes sind und sein Wesen widerspiegeln wollen.

Als Paulus für die Armen in Jerusalem sammelte, erinnerte er die Korinther ganz bewußt daran, daß der Herr Jesus arm wurde, damit sie reich würden (2. Kor. 8, 9). Als der Verfasser des 1. Johannesbriefes die Christen aufruft, mit dem Bedürftigen zu teilen, erwähnt er als erstes das Beispiel Jesu: „Daran haben wir die Liebe erkannt, daß jener für uns sein Leben hingegeben hat. Auch wir sind verpflichtet, für die Brüder das Leben hinzugeben" (1. Joh. 3, 16). Im nächsten Vers bittet er dann die Christen dringend, großzügig für die Bedürftigen zu geben. Diese erstaunliche Selbstaufopferung Christi sollen die Christen nachahmen, wenn sie in Verbindung mit den Armen und Unterdrückten treten.

Wir haben gesehen, Gottes Wort befiehlt den Gläubigen, sich um die Armen zu kümmern. In Wirklichkeit unterstreicht die Bibel noch diesen Befehl, indem sie uns lehrt, daß Menschen Gottes, die sich um die Armen kümmern, Gott selbst nachahmen. Aber das ist nicht alles. Gottes Wort lehrt, daß diejenigen, die die Armen und Unterdrückten vernachlässigen, nicht Gottes Volk sind, ganz gleich wie oft sie ihre Gottes-

dienste abhalten oder wie orthodox ihr Glaube und ihr Bekenntnis sind.
Gott betont immer wieder durch die Propheten, daß Gottesdienst im Zusammenhang mit Mißhandlung der Armen und Benachteiligten in seinen Augen ein Greuel ist. Jesaja brandmarkt Israel (er nennt es Sodom und Gomorrha), weil es versucht, Jahwe zu dienen, und gleichzeitig die Schwachen unterdrückt:

„Höret das Wort des Herrn, ihr Fürsten von Sodom! Horch auf die Weisung unseres Gottes, du Volk von Gomorrha! Was soll mir die Menge eurer Schlachtopfer? Bringt nicht mehr unnütze Gaben — ein Greuelopfer ist es mir. Neumond und Sabbat, Versammlung berufen — ich mag nicht Frevel und Feiertag. Eure Neumonde und eure Feste haßt meine Seele; ... Auch wenn ihr noch so viel betet, ich höre es nicht. Eure Hände sind voll Blut" (Jes. 1, 10—15).

Was will Gott? „Höret auf, Böses zu tun, lernet Gutes tun! Trachtet nach Recht, weist in Schranken den Gewalttätigen; helfet der Waise zum Recht, führet die Sache der Witwe!" (Jesaja 1, 16—17). Genauso gewaltig sind Jesajas Worte gegen das Fasten bei gleichzeitiger Ungerechtigkeit:

„Warum (so sprechen sie) fasten wir und du siehst es nicht? Warum kasteien wir uns und du beachtest es nicht? Siehe, an eurem Fasttag geht ihr dem Geschäft nach, und alle eure Arbeiter drängt ihr ... Ist nicht das ein Fasten, wie ich es liebe: daß du ungerechte Fesseln öffnest, die Stricke des Joches lösest? daß du Mißhandelte ledig lässest und jedes Joch zerbrichst? daß du dem Hungrigen dein Brot brichst und Arme, Obdachlose in dein Haus führst?" (Jes. 58, 3—7).

Gottes Worte durch den Propheten Amos sind ebenso hart:

„Ich hasse, ich verschmähe eure Feste und mag nicht riechen eure Feiern. Denn wenn ihr mir Brandopfer darbringt — an euren Gaben habe ich kein Gefallen, und das Opfer eurer Mastkälber sehe ich nicht an. — Aber es ströme wie Wasser das Recht, und die Gerechtigkeit wie ein unversiegelter Bach" (Amos 5, 21—24).[21]

[21] Vgl. auch Micha 6, 6—8; Jakobus 2, 14—17

In den Versen davor hat der Prophet die Reichen und Mächtigen verurteilt, weil sie die Armen unterdrückt hatten. Sie bestachen sogar die Richter, um Wiedergutmachungen durch das Gericht zu verhindern. Gott will Gerechtigkeit von seinem Volk, keine religiösen Rituale[22]! Ihr Gottesdienst ist ein Hohn und ein Greuel für den Gott der Armen.

Es ist auch nicht so, daß Gott sich gewandelt hätte. Jesus wiederholt das gleiche. Er warnt die Leute vor den Schriftgelehrten, die „die Häuser der Witwen aufzehren und dabei zum Schein lange Gebete sprechen" (Mark. 12, 38—40). Ihre frommen Gewänder und häufigen Besuche der Synagoge waren falscher Schein. Jesus war ein hebräischer Prophet in der Tradition eines Amos und Jesaja. Wie sie, so verkündigte auch er Gottes Zorn über die, die fromme Praktiken und Mißhandlung der Armen vermischen.

Das prophetische Wort gegen die religiösen Heuchler wirft eine äußerst schwierige Frage auf. Ist Gottes Volk wirklich Gottes Volk, wenn es die Armen unterdrückt? Ist die Kirche wirklich Kirche, wenn sie sich nicht dafür einsetzt, die Unterdrückten zu befreien?

Wir haben gesehen, wie Gott dem Volk Israel klarmachte, daß es in Wirklichkeit eher Sodom und Gomorrha war als Volk Gottes (Jes. 1, 10). Gott konnte ihre Ausbeutung der Armen und Benachteiligten einfach nicht länger dulden. Hosea verkündigt voll Schmerz, daß wegen seiner Sünden Israel nicht länger Gottes Volk und er nicht länger ihr Gott sei (Hos. 1, 8—9).

Und Gott vernichtete sie. Jesus war noch viel barscher und härter. Zu denen, die die Hungrigen nicht speisten, die Nackten nicht kleideten und die Gefangenen nicht besuchten, wird er am Jüngsten Tag ein entsetzliches Wort sprechen: „Gehet hinweg von mir, ihr Verfluchten, in das ewige Feuer, das mein Vater dem Teufel und seinen Engeln bereitet hat"

[22] Das heißt nicht, daß Gott einen wahren Gottesdienst nicht will. Wahren Gottesdienst und das Einstehen für soziale Gerechtigkeit schließen einander nicht aus. Ein Auseinanderreißen verkennt die zentrale prophetische Kritik an der Abgötterei.

(Matth. 25, 41). Die Bedeutung ist klar und unzweideutig. Jesus möchte, daß seine Jünger seinem Beispiel folgen und sich um die Armen und Bedürftigen kümmern. Denjenigen, die nicht gehorchen, wird ewige Verdammnis zuteil.

Damit wir auch ja nicht diese Warnung vergessen, wiederholt sie der 1. Johannesbrief, Kap. 3, 17—18: „Wer aber die Güter der Welt hat und sieht seinen Bruder Mangel leiden und verschließt sein Herz vor ihm, wie kann die Liebe Gottes in ihm bleiben? Kinder lasset uns nicht lieben mit Worten noch mit der Zunge, sondern in Tat und Wahrheit!" (Vgl. auch Jak. 2, 14—17). Wieder sind die Worte eindeutig. Was bedeutet das für die Christen im Westen, die einen jährlich wachsenden Wohlstand fordern, während ihre Mitchristen in der Dritten Welt an Unterernährung, mißgebildeten Körpern, Gehirnschäden und Hunger leiden? Der vorstehende Text sagt es uns deutlich: Wenn wir es versäumen, dem Bedürftigen zu helfen, haben wir nicht Gottes Liebe — ganz gleich, was wir dann sagen mögen. Taten sind es, die zählen, nicht fromme Phrasen und heilige Reden. Es kommt nicht darauf an, was wir am Sonntagmorgen um 10 Uhr sagen. Wenn wir als wohlhabende Leute die Armen vernachlässigen, dann sind wir nicht Menschen Gottes.

Aber *die* Frage ist noch nicht beantwortet: Sind Gläubige, die sich zur Kirche halten wegen dieser fortwährenden Versündigung keine Christen mehr? Doch — denn der Christ weiß, daß sündiger Egoismus selbst den Heiligsten ständig plagt. Wir gehören nicht zu Gottes Volk aufgrund unserer eigenen Gerechtigkeit, sondern allein weil Christus für uns gestorben ist. Aber diese Antwort ist noch ungenügend. Matthäus 25 und 1. Johannes 3 meinen sicherlich mehr, als daß Gottes Volk ungehorsam ist (aber dennoch gerechtfertigt), wenn es die Armen vernachlässigt. Diese Verse betonen ausdrücklich, daß einige Menschen Gott so ungehorsam sind, daß sie nicht zu seinem Volk gehören, trotz ihres frommen Bekenntnisses! Vernachlässigung des Armen ist ein immer wiederkehrendes biblisches Zeichen für solchen Ungehorsam. Sicherlich würde keiner von uns in Anspruch nehmen, Matthäus 25 vollständig zu erfüllen. Und wir klammern uns an die Hoffnung der Vergebung. Aber es kommt ein Zeitpunkt (und, Gott sei Dank, weiß er ihn allein), wo die Vernachlässigung des Armen von Gott gerichtet wird.

Ist es nicht möglich, ja sogar wahrscheinlich, daß eine große Mehrheit der „Christen" im Westen diesen Ungehorsam praktiziert? Die Nordamerikaner verdienen vierzehnmal mehr als die Menschen in Indien; aber wir geben nur einen sehr kleinen Betrag der Kirche. Die meisten Kirchen verwenden diese knappen, kärglichen Zuwendungen für sich selbst. Können wir dann von uns behaupten, daß wir dem biblischen Befehl gehorchen und ein besonderes Interesse an den Armen haben? Können wir ehrlicherweise behaupten, daß wir Gottes Sorge für die Armen und Unterdrückten teilen?

Wie uns die Bibel eindeutig lehrt, hat Jahwe ein besonderes Interesse an den Armen und Unterdrückten. Aber bedeutet das, daß Gott einseitig für die Armen Partei ergriffen hat? Nicht wirklich. Die Schrift schließt ausdrücklich Parteinahme aus. „Ihr sollt nicht unrecht handeln im Gerichte: du sollst die Person des Geringen nicht ansehen, aber auch den Vornehmen nicht begünstigen; gerecht sollst du deinen Nächsten richten" (3. Mose 19, 15; vgl. auch 5. Mose 1, 17). 2. Mose 23, 3 enthält genau die gleiche Anweisung: „Auch den Geringen sollst du in seiner Rechtssache nicht begünstigen." Gott hält sein Volk dazu an, gerecht zu sein, weil er selbst nicht parteiisch ist.

Das Entscheidende für uns ist jedoch nicht Gottes Unparteilichkeit; vielmehr sind es die Konsequenzen derselben.

Der folgende Text stellt ausdrücklich Gottes Unparteilichkeit fest, spricht dann aber sogleich von Gottes liebevoller Fürsorge für die Schwachen und Benachteiligten:

> „Denn der Herr, euer Gott, ist der Gott der Götter und der Herr der Herren, der große, starke und furchtbare Gott, *der die Person nicht ansieht* und nicht Bestechung annimmt, der der Waise und der Witwe Recht schafft und den Fremdling liebhat, so daß er ihm Brot und Kleidung gibt" (5. Mose 10, 17—18).

Gott sieht die Person nicht an. Er hat das gleiche liebende

Interesse an jedem Menschen, den er geschaffen hat[23]. Das ist auch genau der Grund, weshalb er ebenso wie für die Schwachen und Benachteiligten auch für die Starken und Erfolgreichen sorgt.
Ganz im Gegensatz zu Ihnen und mir und zu den sorglos Dahinlebenden und Mächtigen aller Zeiten und jeder Gesellschaftsform scheint Gott eine überwältigende Vorliebe für die Armen zu haben. Aber diese Vorliebe ist nur im Gegensatz zu unserer schuldhaften Gleichgültigkeit zu sehen. Nur wenn wir unsere verkehrte Vorliebe für die Erfolgreichen und Reichen als natürlich und normativ ansehen, erscheint uns Gottes Interesse als Parteilichkeit.
Gott ist aber nicht neutral. Sein Freisein von Parteilichkeit bedeutet nicht, daß er sich neutral verhält im Kampf um die Gerechtigkeit. Gott ist auf der Seite des Armen! Die Bibel lehrt uns klar und wiederholt, daß Gott in die Geschichte eingreift, indem er den Reichen zu Boden wirft und den Armen erhöht, weil häufig die Reichen eben darum reich sind, weil sie die Armen unterdrückt haben und es versäumten, den Bedürftigen zu helfen. Wie wir im nächsten Kapitel sehen werden, schlägt sich Gott auf die Seite der Armen, weil er die extremen Zustände von Reichtum und Armut verabscheut. Der Gott der Bibel ist auf der Seite der Armen, eben weil er *unparteiisch* ist, denn er ist ein Gott von unvoreingenommener Gerechtigkeit.
Die Reichen kümmern sich nicht um die Gerechtigkeit, weil diese von ihnen fordert, ihre Unterdrückung aufzugeben und den Reichtum mit den Armen zu teilen. Daher bekämpft Gott die Reichen so sehr. Aber das bedeutet durchaus nicht, daß Gott die Reichen weniger liebt als die Armen. Gott will die Rettung der Reichen ebenso wie die Rettung der Armen. Er strebt Erfüllung, Freude und Glücklichsein für alle seine Ge-

[23] Gott geht es nicht weniger um die Rettung der Reichen als um die der Armen. Gott will, daß die Unterdrücker genauso Rettung finden wie die Unterdrückten. Keiner hat ein Vorrecht. Wir verdienen alle den Tod. Aber es geht um die sündhafte Perversion der Christen, die lieber in der Kirchengemeinde eines wohlhabenden Stadtteils predigen als in den Slums. Deshalb treten Jesus und Paulus für die Armen ein.

schöpfe an. Aber das widerspricht nicht der Tatsache, daß Gott auf der Seite der Armen ist. Aufrichtige biblische Reue und Umkehr führt Menschen dahin, daß sie sich von aller Sünde abkehren – wirtschaftliche Unterdrückung eingeschlossen[24]. Die Rettung für die Reichen schließt ihre Befreiung von Ungerechtigkeit ein. Infolgedessen ist Gottes Wunsch nach Rettung und Erfüllung der Reichen in völliger Harmonie mit den Aussagen der Bibel, daß Gott auf der Seite der Armen ist.

Gottes Interesse an den Armen ist erstaunlich und grenzenlos. In den entscheidenden Augenblicken der Heilsgeschichte ging es Jahwe immer auch darum, die Unterdrückten zu befreien. Wir können nur schwach die Tiefe seiner Identifikation mit den Armen ermessen, die sich in der Menschwerdung enthüllt. Seine Leidenschaft für Gerechtigkeit zwingt ihn dazu, Wohlstandsgesellschaften und reiche Personen, die die Armen unterdrücken und die Bedürftigen vernachlässigen, zu richten. Gottes Volk tritt – wenn es wirklich sein Volk ist – in die Fußspuren Gottes, der ein Gott der Armen ist.

[24] Vgl. auch Kapitel 6

4. Die wirtschaftlichen Verhältnisse im Volke Gottes

„Dies sage ich nämlich nicht, damit andere Erleichterung haben, ihr aber Bedrängnis, sondern aufgrund von Gleichheit: in der jetzigen Zeit soll euer Überfluß für den Mangel jener dienen, damit auch der Überfluß jener für euren Mangel dient, auf daß Gleichheit entsteht, wie geschrieben steht: ‚Wer viel gesammelt hatte, der hatte keinen Überfluß, und wer wenig gesammelt hatte, der hatte keinen Mangel'" (2. Kor. 8, 13—15).

Gott verlangt, daß unter den Glaubenden radikal veränderte wirtschaftliche Beziehungen herrschen. Die Sünde hat uns Gott und einander entfremdet. Das Ergebnis sind Egoismus, gesellschaftliche Ungerechtigkeit und wirtschaftliche Unterdrückung. Unter den Menschen, die Gott angehörten, ist jedoch die Macht der Sünde gebrochen. Die neue Gemeinschaft der Erlösten beginnt eine völlig neue Richtung in den personalen und wirtschaftlichen Beziehungen aufzuzeigen. Die gegenwärtige Lebensqualität bei denen, die Gott angehören, soll ein Zeichen der künftigen Vollendung und Gerechtigkeit sein, welche offenbar wird, wenn aus den Königreichen dieser Welt zuletzt das Reich unseres Herrn wird.
In der Heiligen Schrift entdecken wir, daß Gott Mechanismen und Strukturen geschaffen hat, um große wirtschaftliche Ungerechtigkeit unter den Glaubenden zu verhindern. Wir wollen in diesem Kapitel einige davon betrachten. Sie sind — mitten im gewöhnlichen Leben — ein Hinweis auf das kommende Reich hin. Und als ob das noch nicht genug wäre — das liebevolle Einssein unter den Christen soll so sichtbar und faßbar werden, daß es die Welt überzeugt, daß Jesus vom Vater kam (Joh. 17, 20—23).

Das Jubeljahr

In 3. Mose 25 findet sich eine der radikalsten Textstellen der ganzen Heiligen Schrift. Sie erscheint mindestens *den* Menschen radikal, die in Ländern aufwuchsen, deren Wirtschaftssystem auf dem freien Spiel von Angebot und Nachfrage beruht. Alle 50 Jahre, so sagt Gott, muß alles Land seinem ursprünglichen Besitzer zurückgegeben werden – und zwar ohne Entschädigung! Körperliche Gebrechen, der Tod des Verdieners oder auch der Mangel an natürlicher Begabung mag manche Menschen vor anderen in größere Armut führen. Aber Gott will nicht solche ungünstigen und nachteiligen Verhältnisse, die zu einem immer größeren Auseinanderklaffen von Reichtum und Armut führen. Daher gab Gott seinem Volk ein Gesetz, durch welches die Grundbesitzverhältnisse ausgeglichen würden (3. Mose 25, 10–24).

In einer bäuerlichen Gesellschaft bedeutet Land Kapital. Land war die Grundlage, um in Israel zu Reichtum zu gelangen. Zu Beginn hatte man das Land mehr oder weniger gleichmäßig unter den Stämmen und Familien geteilt. Offensichtlich wollte Gott, daß diese wirtschaftliche Gleichheit fortgesetzt wurde. Deshalb sein Gebot, allen Grund und Boden alle fünfzig Jahre seinem ursprünglichen Besitzer zurückzugeben. Persönliche Armut war damit nicht beseitigt. Aber der Besitz von Grund und Boden, der zu Wohlstand und Reichtum geführt hatte, sollte regelmäßig ausgeglichen werden.

Was ist die theologische Grundlage für dieses überraschende Gebot? Es ist die Tatsache, daß *Jahwe* alles gehört! Das Land kann nicht ständig verkauft werden, weil es Jahwe gehört: „Grund und Boden darf nicht für immer verkauft werden, *denn das Land ist mein*, und ihr seid Fremdlinge und Beisassen bei mir" (3. Mose 25, 23). *Gott* gehört der Grund und Boden! Einige Zeit gestattet er es seinem Volk, sich auf seiner herrlichen Erde aufzuhalten und sich an deren Schönheit zu erfreuen. Doch wir sind nur Grundstücksverwalter!

Vor und nach dem Jubeljahr konnten Grund und Boden wieder gekauft oder verkauft werden.

Aber der Käufer erwarb eigentlich nur eine bestimmte Anzahl von Ernten, sozusagen das Nutzrecht, nicht das Land selbst (3. Mose 25, 16). Und wehe dem, der versuchte, das Äußerste aus dem Verkauf herauszuholen, anstatt einen gerechten Preis für die Ernten vom Tage des Kaufs bis zum nächsten

Jubeljahr zu verlangen. „Je mehr Jahre es noch sind bis zum nächsten Jubeljahr, um so größer soll der Kaufpreis sein; denn er verkauft dir eine bestimmte Anzahl von Jahreserträgen. So übervorteile denn keiner seinen Nächsten, sondern fürchte dich vor deinem Gott; denn ich bin der Herr, euer Gott" (3. Mose 25, 16—17). Jahwe ist der Herr sogar über die Wirtschaft! Es gibt hier keinen Hinweis auf irgendein heiliges Gesetz von Angebot und Nachfrage, das völlig unabhängig von biblischer Ethik und dem Herrschaftsanspruch Jahwes ist. Die Menschen, die an ihn glauben, unterwerfen sich ihm, und er fordert, daß wirtschaftliche Gerechtigkeit unter ihnen herrsche.

Daß dieser Bibelabschnitt *Gerechtigkeit* vorschreibt und sich nicht mit einer gelegentlichen milden Gabe des reichen Menschenfreundes zufriedengibt, ist außerordentlich wichtig. Das Jubeljahr ist eine institutionalisierte Struktur, die jeden betrifft. Es muß *das Recht* des armen Menschen sein, sein Erbe zur Zeit des Jubeljahres zurückzubekommen. Land zurückzugeben ist keine mildtätige Höflichkeit, die die Reichen gewähren können, wenn und wann es ihnen beliebt.

Das Prinzip des Jubeljahres schließt auch Selbsthilfe und eigene Entfaltung ein. Indem dem Armen das Land zurückgegeben wurde, konnte der wieder seinen Lebensunterhalt verdienen. Das biblische Konzept des Jubeljahres unterstreicht die Bedeutung von institutionalisierten Mechanismen und Strukturen, die die Gerechtigkeit fördern.

Ein abschließender Gesichtspunkt fällt in 3. Mose 25 auf. Es ist sicherlich nicht zufällig, daß die Posaune, die das Jubeljahr ankündigt, am Versöhnungstag erschallte (3. Mose 25, 9)! Versöhnung mit Gott ist eine Vorbedingung für die Aussöhnung mit Brüdern und Schwestern[1]. Umgekehrt führt jede echte Versöhnung mit Gott unweigerlich zu einer Veränderung aller anderen Beziehungen. Als mit Gott Versöhnte durch das Opfer am Versöhnungstag sollten die wohlhabenderen Israeliten die Armen von ihrer drückenden Bürde befreien, indem sie die hebräischen Sklaven freiließen und

[1] Vgl. auch Epheser 2, 13—17

Grund und Boden dem ursprünglichen Besitzer zurückgaben[2]. Leider wissen wir nicht, ob das Volk Israel das Jubeljahr je einhielt. Da jeder Hinweis auf das Jubeljahr in den *geschichtlichen* Büchern fehlt, ist es naheliegend anzunehmen, daß es nie durchgeführt wurde[3]. Aber ganz abgesehen von seiner geschichtlichen Einlösung bleibt 3. Mose 25 ein Teil von Gottes gebieterischem Wort. Weil er Extreme in den Besitzverhältnissen seines Volkes verabscheut, ordnete er ausgleichende Mechanismen wie das Jubeljahr an.

Das Sabbatjahr

Das Gesetz sieht auch alle sieben Jahre das Freigeben der Felder, die Befreiung der Sklaven und das Erlassen von Schulden vor. Wieder ist es das Interesse an der Gerechtigkeit den Armen und Benachteiligten gegenüber.
Alle sieben Jahre sollte das Land brachliegen (2. Mose 23, 10—11; 3. Mose 25, 2—7). Der Grund dafür war offensichtlich ökologischer und humanitärer Art. Das Brachlassen der Felder alle sieben Jahre half sicherlich dazu, die Fruchtbarkeit des Bodens zu erhalten. Gott jedoch sorgte in besonderer Weise für die Armen: „Sechs Jahre sollst du dein Land bestellen und seinen Ertrag einsammeln. Im siebenten Jahr aber sollst du es brachliegen lassen und freigeben, *damit die Armen deines Volkes sich davon nähren können*" (2. Mose 23, 10—11). Im siebenten Jahr dürften die Armen für sich alles das ernten, was von allein auf den Feldern und in den Weinbergen wuchs.

[2] Zum Verständnis des Wortes „Freiheit" vgl. Martin Noth, *Das dritte Buch Mose* (ATD 6), S. 163 ff.

[3] Roland de Vaux meint, daß 3. Mose 25 ein utopisches Gesetz war und „ein toter Buchstabe blieb" *(Ancient Israel I*, S. 177). Andere sind der Ansicht, daß es praktiziert wurde. Die einzig sicheren Bezüge auf 3. Mose 25 sind 3. Mose 27, 16—25, 4. Mose 36, 4 und Hesekiel 46, 17. Es wäre von größter Wichtigkeit, die Streitfrage zu lösen, ob Jesaja 61, 1 f. (von Jesus Luk. 4, 18 f. zitiert) sich ebenfalls auf das Jubeljahr bezieht. Immerhin wird in Jesaja 61, 1 dasselbe Wort wie in 3. Mose 25, 10 gebraucht.

Im Sabbatjahr wurden auch die hebräischen Sklaven freigelassen (5. Mose 15, 12—18). Die Armut zwang die Israeliten manchmal, sich als Sklaven an erfolgreichere Volksgenossen zu verkaufen (3. Mose 25, 39—40)[4]. Aber diese Ungleichheit, so ordnete es Gott an, sollte nicht von Dauer sein.
Am Ende des sechsten Jahres sollten die hebräischen Sklaven freigelassen werden und die Herren den Ertrag ihrer gemeinsamen Arbeit mit den scheidenden Brüdern teilen:

„Und wenn du ihn freiläßt, sollst du ihn nicht mit leeren Händen ziehen lassen; ausstatten sollst du ihn aus deinen Schafen, von deiner Tenne und von deiner Kelter. Je nachdem dich der Herr, dein Gott, gesegnet hat, sollst du ihm geben" (5. Mose 15, 13—14; vgl. auch 2. Mose 21, 2—6). Der freigelassene Sklave hatte auf diese Weise die Möglichkeit, sich seinen eigenen Lebensunterhalt zu verdienen[5].

Die Vorschriften des Sabbatjahres, die das Leihen betreffen, sind noch viel revolutionärer (5. Mose 15, 1—6). Alle sieben Jahre werden alle Schulden für null und nichtig erklärt! Jahwe fügt sogar noch eine Fußnote an für diejenigen, die einen besonders scharfen Blick für Gesetzeslücken haben: Es ist Sünde, einem armen Mann ein Darlehen zu verweigern, nur weil es das sechste Jahr ist und das Geld in zwölf Monaten verloren sein wird.

„Hüte dich, daß nicht in deinem Herzen der nichtswürdige Gedanke aufsteige: ‚Das siebente Jahr, das Erlaßjahr, ist nahe', und du deinen armen Bruder unfreundlich ansehest und ihm nichts gebest und er dann wider dich den Herrn anrufe und so eine Schuld auf dich komme; willig sollst du ihm geben und nicht mißmutig sein, wenn du ihm gibst; denn dafür wird der Herr, dein Gott, dich segnen in all deinem Tun und in allem Beginnen deiner Hand" (5. Mose 15, 9—11).[6]

[4] 3. Mose 25 scheint die Freilassung der Sklaven nur alle 50 Jahre vorzusehen. Aber die Absicht ist auch hier, eine immer größer werdende Ungleichheit unter Gottes Volk zu verhindern.

[5] Vgl. die Sätze zu Gottes Zorn über Israel Jeremia 34, das diesem Gebot nicht gehorchte.

[6] Einige Kommentatoren sind der Ansicht, daß 5. Mose 15, 1—11 ein Aussetzen der Darlehnsrückzahlung für ein Jahr vorzieht und kein Erlassen derselben, vgl. Gerhard von Rad, *Das fünfte Buch Mose* (ATD 8), S. 75.

Wie im Falle des Jubeljahres ist es wichtig festzustellen, daß die Schrift genaugenommen *Gerechtigkeit* fordert und nicht bloß ein Almosengeben. Das Erlassen von Schulden im Sabbatjahr war ein institutionalisierter Mechanismus, der eine immer größer werdende Kluft zwischen arm und reich verhinderte. 5. Mose 15 ist sowohl ein Zeichen dafür, welch vollkommenen Anspruch Gott erhebt, als auch ein realistischer Hinweis auf Israels mögliche Praktiken, wenn es sich um Schulden handelt. Vers 4 verspricht, daß es in Israel keine Armen geben wird — vorausgesetzt, sie gehorchen allen Geboten Gottes! Aber Gott wußte, daß sie diesen Anforderungen nicht gerecht werden würden. Daher die Feststellung in Vers 11, daß es arme Menschen zu allen Zeiten in Israel geben wird. Aber daraus läßt sich nicht folgern, daß man die Bedürftigen einfach sich selbst überlassen soll, weil ja die Anzahl der Almosenempfänger die eigenen Hilfsmöglichkeiten bei weitem übersteigt. Genau umgekehrt ist es. „Denn nie wird es an Armen fehlen im Lande; *darum* gebiete ich dir: Willig sollst du deine Hand auftun für deinen dürftigen und armen Bruder in deinem Lande." Jesus weiß es (Matth. 26,11), und das fünfte Buch Mose deutet es an, daß sündige Menschen und Gemeinschaften immer Arme hervorbringen werden. Gott läßt es jedoch nicht zu, daß diese Nachlässigkeit gerechtfertigt wird; vielmehr will er uns zu einem erneuerten Interesse an dem Bedürftigen und zu einem veränderten Verhalten führen, das der Gerechtigkeit zum Zuge verhilft.
Leider wurde das Sabbatjahr nur sporadisch gehalten. Ja, einige Textstellen machen es sogar wahrscheinlich, daß der Ungehorsam diesem Gebot gegenüber ein Grund für die babylonische Gefangenschaft war (2. Chron. 36, 20—21; 3. Mose 26, 35—36). Israels Ungehorsam jedoch bringt Gottes Forderung nicht ins Wanken. Sein Wille sind feste Ordnungen für sein Volk, um die Armut und die große wirtschaftliche Ungleichheit zu vermindern.

Der Zehnte und das Ährenlesen

Andere Gesetzesvorschriften erweitern noch die Wichtigkeit des Jubel- und Sabbatjahres. Das Gesetz fordert dazu auf, den Zehnten von allen Früchten des Feldes, von allen Tieren, Getreide und Wein als Abgabe zu entrichten:

„Am Ende jedes dritten Jahres sollst du den ganzen Zehnten deines Ertrages von jenem Jahre herausgeben ... Dann mag der Levit ... der Fremdling, die Waise und die Witwe, die an deinem Orte wohnen, kommen und sich satt essen, auf daß der Herr, dein Gott, dich bei aller Arbeit deiner Hände segne, die du tust" (5. Mose 14, 28—29; vgl. auch 3. Mose 27, 30—32; 5. Mose 26, 12—15; 4. Mose 18, 21—32).

Die arme Witwe Ruth konnte aufgrund dieses Ährenlesegesetzes überleben. Als sie und Naomi ohne einen Pfennig Geld nach Bethlehem zurückkehrten, ging die Großmutter des König Davids zur Erntezeit auf die Felder und sammelte die Getreidehalme auf, die die Ährenleser fallen ließen (Ruth 2). Sie konnte so handeln, weil Gottes Gesetz von den Bauern forderte, daß sie einen Teil der Ernte, eingeschlossen die Ecken der Getreidefelder, für die Armen übriglassen mußten. Trauben, die man aus Versehen fallen ließ, mußten liegenbleiben.
„Dem Armen und dem Fremdling sollst du sie lassen; ich bin der Herr, dein Gott" (3. Mose 19, 9—10).
Die Erinnerung an ihre eigene Armut und Unterdrückung in Ägypten sollte sie dazu bewegen, den armen Fremdlingen, der Witwe und den Waisen großzügig die Nachlese zu überlassen. „Du sollst daran denken, daß du Sklave gewesen bist in Ägypten; darum gebiete ich dir, daß du solches tuest" (5. Mose 24, 19—22). Das Gesetz der Nachlese war eine eingebürgerte Sitte, um das Volk Gottes vor Verarmung zu bewahren.

Unzeitgemäß? Die Frage nach heutiger Anwendung

Wie wenden wir die biblischen Ordnungen des Jubeljahres, des Sabbatjahres, des Zehnten und der Nachlese heute an?

Lassen sie sich für die Kirche verwenden? Sollten wir versuchen, sie zu erfüllen? Sind diese Gebote, selbst die ihnen zugrunde liegenden Prinzipien, für die Kirche überhaupt anwendbar?

Gott gab Israel dieses Gesetz, damit sein Volk wußte, wie es in Frieden und Gerechtigkeit zusammenleben sollte. Die Kirche ist jetzt das neue Volk Gottes (Gal. 6, 16; 3, 6—9; 1. Petr. 2, 9—10). Es ist sicherlich richtig, wie Paulus und andere Verfasser des Neuen Testaments zeigen, daß das mosaische Gesetz (z. B. das Kultgesetz) für die Kirche nicht länger gilt. Aber es gibt keine Anzeichen dafür, daß das moralische Gesetz aufgehört hätte für die Christen normativ zu sein (Matth. 5, 17—20; Röm. 8, 4)[7]. Die Offenbarung des Alten Testaments über die Art der wirtschaftlichen Beziehungen, die Liebe und Harmonie im Volk Gottes fördern, sollte der Kirche heute immer noch Wegweiser sein. (Ob diese Gesetze für die Gesellschaft als ganze von irgendeiner Bedeutung sind, soll im neunten Kapitel diskutiert werden.)

Wie wenden wir nun die vorhandenen und von uns erörterten Gesetze an? Sollten wir versuchen, die spezifischen Einrichtungen, wie sie 3. Mose 25 und 5. Mose 15 vorgeschlagen werden, neu zu beleben?

Es dürfte kein schlechter Gedanke sein, das Jubeljahr wenigstens einmal auszuprobieren. Es dauerte etwas über fünfzig Jahre, bevor das Volk Gottes seinen Besitz gleichmäßig unter sich verteilt hatte. Wir könnten uns das Jahr 1980 wählen, um uns ein wenig Zeit für die Vorbereitungen zu lassen. 1980 würden die Christen in der ganzen Welt ihre Aktien, Wertpapiere und ihr Einkommen, das sie aus ihrem Besitz und Geschäft beziehen, in einen Topf werfen und es gleichmäßig neu verteilen. Die Welt wäre aus dem Häuschen. Zweifellos würde ein solches Handeln eine Menge Verwirrung stiften und Spaltungen hervorrufen. Aber gute Absichten sind selten leicht in die Tat umzusetzen. Sicherlich wären die evangelisti-

[7] Dies ist ein sehr kompliziertes Problem, das durch die ganze Kirchengeschichte hindurch diskutiert wurde. Die Disputationen Luthers in den „antinomistischen Streitigkeiten" sind ein beredtes Zeugnis dafür.

schen Auswirkungen eines solchen Unternehmens ungeheuer! In einer Welt, die heillos in Reiche und Arme geteilt ist, würde eine solch sichtbare Demonstration unseres Einsseins in Christus wirklich Millionen davon überzeugen, daß Jesus vom Vater kam (Joh. 17, 25).

Nach wie vor glaube ich nicht, daß die *speziellen* Vorschriften des Jubeljahres für uns heute bindend sind. Die moderne Industriegesellschaft unterscheidet sich völlig von der bäuerlichen Gesellschaft in Palästina. Wenn die Farmer in Kansas das Getreide an den Rändern ihrer Felder stehenließen, würde das den Hungrigen im Stadtkern von New York und den ländlichen Gebieten in Indien nicht helfen. Wir brauchen Methoden, die unserer eigenen Zivilisation angemessen sind. Es sind die Grundprinzipien und nicht die speziellen Einzelheiten, die für die Christen heute wichtig und normativ sind.

Die Geschichte des Verbots, Zinsen zu nehmen, ist an dieser Stelle recht aufschlußreich. Die jährlichen Zinsen waren im Nahen Osten der Antike unglaublich hoch – oftmals 25 Prozent und mehr[8]. Es ist daher nicht schwer einzusehen, warum das Gesetz das Verbot, Zinsen von anderen Israeliten zu nehmen, einschließt (2. Mose 20, 5; 22, 24; 5. Mose 23, 20–21; 3. Mose 25, 35–38). Ein Kommentator vermutet, daß diese Gesetzgebung eine Zeit widerspiegelt, in der Darlehen eher mildtätiger als wirtschaftlicher Art waren. Wirtschaftliche Darlehen für den Zweck, ein Geschäft aufzubauen oder auszuweiten, waren nicht üblich. Die meisten Darlehen waren mildtätiger Art, die von einem armen Menschen oder von jemandem, der in eine vorübergehende Notlage gekommen war, in Anspruch genommen werden mußten. Eindeutig steht das Wohlergehen des Armen im Mittelpunkt des Interesses der Texte, die sich mit den Zinsen befassen. „Wenn du einem aus meinem Volk Geld leihst, einem Armen neben dir, so handle an ihm nicht wie ein Wucherer; ihr sollt ihm keinen Zins auferlegen" (2. Mose 22, 25). Die Zinsgesetzgebung ist Teil einer ausgedehnten Gesetzessammlung, die geschaffen wurde, um den Armen zu schützen und um große Unterschiede zwischen arm und reich im Volk Gottes zu verhindern.

[8] De Vaux, *Ancient Israel*, I, S. 171

Weil die christliche Kirche das nicht verstand, versuchte sie, die Texte über die Zinsvorschriften in gesetzlicher Weise anzuwenden. Mehrere Kirchenkonzilien rangen mit dieser Frage. Schließlich wurden im Jahre 1179 (drittes Lateranenkonzil) alle Zinsen auf Darlehen verboten. Aber die Auswirkungen waren unheilvoll. Die Herrscher des Mittelalters luden sich Juden (die nicht an die Lehren der Kirche gebunden waren) in ihren Herrschaftsbereich als Geldverleiher ein. Entsetzlicher Antisemitismus war das dämonische Ergebnis davon. In wachsender Zahl entwickelten Theologen kasuistische Pläne, um das Verbot zu umgehen. Es ist tragisch, daß die fehlgeleitete Beschäftigung mit dem Gesetzesbuchstaben und die daraus folgende Einführung einer unbrauchbaren, gesetzlichen Anordnung dazu verhalf, daß die wichtige biblische Aussage, daß der Gott der Armen der Herr der Wirtschaft und sogar der Herr der Zinssätze ist, in Mißkredit gebracht oder mindestens verdunkelt wurde.

Der gesetzliche Gebrauch dieser Textstellen über die Zinsen führte zusammen mit anderen Faktoren indirekt zu dem modernen Bewußtsein, das Bankwesen und das ganze Gebiet der Wirtschaft als völlig „neutral" und autonom anzusehen. Vom Offenbarungsglauben her ist eine solche Sicht unmöglich. Sie hat ihre Wurzeln in einer modernen Verweltlichung, nicht in der Bibel.

Die Geschichte warnt uns vor einer bornierten Anwendung. Aber sie darf uns nicht zu furchtsamem Schweigen verleiten. Diese Textstellen lehren uns unmißverständlich, daß für den christlichen Verleiher die Bedürftigkeit des Borgenden ausschlaggebend sein muß, nicht genaue Kalkulationen über einen möglichen Profit. (Niedrige Zinssätze oder zinslose Entwicklungshilfe-Darlehen, wie sie von christlichen Organisationen an Christen in der Dritten Welt ausgegeben werden, sind ein Beispiel für die sinnvolle, zeitgemäße Anwendung des Wortes Gottes in bezug auf die Zinsen.)

Wollen wir die biblischen Aussagen bezüglich des Jubeljahres, des Sabbatjahres, der Nachlese und des Zehnten anwenden, dann müssen wir die zugrunde liegenden Prinzipien entdekken. Dann können wir nach zeitgemäßen Strategien Ausschau halten, um diese Grundprinzipien mit Inhalt zu füllen. Die Texte, die wir betrachtet haben, zeigen deutlich, daß Gott Gerechtigkeit und nicht bloße Wohltätigkeit im Sinn hat. Daher sollten Christen neue Strukturen entwerfen und in die Wege leiten, die Armut unter Gläubigen beseitigen und die skandalösen Gegensätze zwischen Wohlstand und Verarmung unter den reichen und armen Gliedern am Leib des auferstandenen Jesus drastisch verringern.

Die Jesusgemeinde

Wir wollen sehen, wie die Christen im ersten Jahrhundert die Aussage des Alten Testaments in einer veränderten Situation bestätigten. Jesus wanderte über die Straßen und Feldwege in Galiläa und verkündigte die aufsehenerregende Botschaft, daß das Reich des Friedens und der Gerechtigkeit nahe herbeigekommen sei.

Die wirtschaftlichen Beziehungen in der neuen Gemeinschaft seiner Nachfolger waren ein eindrucksvolles Zeichen und unterstrichen diese Ankündigung.

Die Propheten Israels hatten mehr als nur die Zerstörung Israels wegen seiner Abgötterei und Unterdrückung der Armen vorhergesagt. Sie hatten auch eine Hoffnungsbotschaft ausgerufen — Hoffnung auf ein zukünftiges messianisches Reich. Der Tag wird kommen, so versprachen sie, an dem sich Gott einen rechtschaffenen Zweig aus dem Hause Davids erwecken wird. Frieden, Recht und Gerechtigkeit werden dann im Überfluß in einer neuen erlösten Gesellschaft vorhanden sein. Wenn der Sproß aus dem Stamm Jesse aufgeht, so kündigt es Jesaja an, werden die Armen und Schwachen endlich ihren gerechten Lohn erhalten: „Er wird die Armen richten mit Gerechtigkeit und den Elenden im Lande Recht sprechen mit Billigkeit“ (Jes. 11, 4; vgl. aus Jes. 9, 6—7; Jer. 23, 5; Hos. 2, 18—20).

Das Wesentliche der guten Botschaft, die Jesus verkündigte, war, daß das ersehnte messianische Reich schon angebrochen sei.[9]. Sicherlich enttäuschte das Reich, welches Jesus ankündigte, die landläufigen Erwartungen der Juden. Er stellte keine Armee auf, um die Römer aus dem Land zu jagen. Er versuchte auch nicht, einen freien jüdischen Staat zu gründen. Aber er blieb auch nicht allein wie ein geschiedener, individualistischer Prophet. Er berief und unterwies seine Schüler. Er gründete eine sichtbare Gemeinschaft mit seinen Jüngern, die sich zusammengefunden hatten, weil sie sich ihm als Herrn unterwarfen. Seine neue Gemeinschaft begann, nach den Wertmaßstäben des verheißenen Reichs zu leben, welches bereits in die Gegenwart eingebrochen war. Folglich wurden in der Gemeinschaft der Nachfolger Jesu alle Beziehungen, sogar die wirtschaftlichen, umgewandelt.

Sie hatten eine gemeinsame Kasse (Joh. 12, 6)[10]. Judas verwaltete das gemeinsame Kapital, indem er Lebensmittel kaufte oder auf Jesu Geheiß hin etwas den Armen gab (Joh. 13, 29). Diese neue Gemeinschaft des Mit-dem-andern-Teilens blieb auch nicht nur auf Jesus und die Zwölf beschränkt. Sie schloß eine Anzahl von Frauen ein, die Jesus geheilt hatte. Die Frauen zogen mit Jesus und seinen Jüngern durchs Land und teilten ihre finanziellen Mittel mit ihnen (Luk. 8, 1–3; vgl. auch Mark. 15, 40–41).

Aus dieser Perspektive gewinnen einige Worte Jesu neue Bedeutung und Kraft. Betrachten wir seine Empfehlung an den reichen Jüngling.

Als Jesus den reichen Jüngling aufforderte, sein Hab und Gut zu verkaufen und es den Armen zu geben, sagte er nicht: Werde unterstützungsbedürftig und ohne Freunde. Er sagte vielmehr: „Komm, folge mir nach" (Matth. 19, 21). Anders ausgedrückt, er lud ihn ein, einer Gemeinschaft des Mit-einander-Teilens und der Liebe beizutreten, in der seine Sicherheit nicht auf individuellem Besitz fußte, sondern auf der Offenheit dem Heiligen Geist und der liebenden Fürsorge seinen neugefundenen Brüdern und Schwestern gegenüber.

[9] Vgl. Markus 1, 14–15; Matthäus 4, 23; 24, 14; Lukas 4, 43; 16, 16; und mein Artikel „Evangelism, Salvation and Social Justice", *IRM*, Juli 1975, S. 256 ff.

[10] ThWNT III, S. 790, Z. 24

Jesus lud den Jüngling ein, das freudenvolle gemeinsame Leben seines neuen Reichs mit ihm zu teilen.

Über die Worte Jesu in Markus 10, 29—30 habe ich mir lange den Kopf zerbrochen: „Wahrlich, ich sage euch: es ist niemand, der Haus oder Brüder oder Schwestern oder Mutter oder Vater oder Kinder oder Äcker um meinetwillen und um des Evangeliums willen verlassen hat, ohne hundertfach zu empfangen *jetzt in dieser Zeit Häuser und Brüder und Schwestern und Mütter und Kinder und Äcker* — unter Verfolgungen und in der zukünftigen Welt das ewige Leben."

Matthäus 6 enthält einen ähnlichen Ausspruch. Wir alle wissen im Grunde nur allzu gut um den Weg, auf welchen Jesus seine Nachfolger nötigt, damit sie sich eines sorgenfreien Lebens erfreuen könnten — unbelastet von Sorge um Nahrung, Kleidung und Besitz (Matth. 6, 25—33). Aber er schließt seinen Ratschlag mit einem Versprechen, das fast zu großartig ist, um wahr zu sein: „Suchet vielmehr zuerst sein Reich und seine Gerechtigkeit! Dann werden euch alle diese Dinge (Nahrung, Kleidung etc.) hinzugefügt werden."

Diese Versprechen erschienen mir zumindest als eine Nebensächlichkeit. Aber die Worte wurden lebendig, als ich sie im Zusammenhang mit der neuen Gemeinschaft der Nachfolger Jesu las. Jesus führte eine neue soziale Ordnung ein, ein Reich von gläubigen Nachfolgern, die sich einander völlig zur Verfügung stellen.

Die gemeinsame Kasse der Jünger Jesu symbolisiert die unbegrenzte Abhängigkeit voneinander. Was würde sich ändern? In der neuen Gemeinschaft gäbe es wirkliche wirtschaftliche Sicherheit. Jeder hätte viel mehr Brüder und Schwestern als vorher. Die wirtschaftlichen Ressourcen, die in schwierigen Zeiten verfügbar wären, würden sich tatsächlich hundertfältig und mehr kapitalisieren. Die Ressourcen dieser ganzen Gemeinschaft von gehorsamen Jüngern stünden jedem Notleidenden zur Verfügung. Wahrscheinlich würde diese Art der selbstlosen gemeinschaftsbezogenen Lebensführung die umliegende Gesellschaft so offensichtlich herausfordern, daß es zu Verfolgungen käme. Aber selbst in den verzweiflungsvollsten Tagen bliebe dieses Versprechen nicht leer. Selbst

wenn die Verfolgung zum Tod führte, würden die Kinder, deren Eltern als Märtyrer starben, neue Mütter und Väter in der Gemeinschaft der Gläubigen finden.
In der Tat, in der Gemeinschaft der Erlösten werden alle Beziehungen verwandelt. Jesus und seine ersten Nachfolger zeigen eindrücklich, daß das Vorbild im Alten Bund für die wirtschaftlichen Beziehungen unter Gottes Volk weiterhin galt und praktiziert wurde.

Das Jerusalemer Modell

Wie ärgerlich es einigen auch sein mag — der umfangreiche wirtschaftliche „Kommunismus" der ersten frühchristlichen Kirche ist unbestreitbar. „Die Menge der Gläubiggewordenen aber war ein Herz und eine Seele; und auch nicht einer sagte, daß etwas von seinem Besitz sein eigen sei, sondern alles war ihnen gemeinsam" (Apg. 4, 32). Überall in den ersten Kapiteln der Apostelgeschichte gibt es dafür zahlreiche und unzweideutige Beweise (Apg. 2, 43—47; 4, 32—37; 5, 1—11; 6, 1—7).
Die Urgemeinde folgte dem Beispiel Jesu, indem sie ihre wirtschaftlichen Mittel untereinander teilte.
Das Teilen der wirtschaftlichen Mittel begann in der Gemeinde in Jerusalem in der allerersten Zeit. Gleich nachdem in der Apostelgeschichte von der Bekehrung der Dreitausend zu Pfingsten berichtet wird, heißt es: „Alle Gläubiggewordenen aber waren beisammen und hatten alles gemeinsam" (2, 44). Litt einer Not, so teilten sie mit ihm. Es war nicht genug, das überschüssige Einkommen dem bedürftigen Bruder oder der Schwester zu geben. Sie griffen regelmäßig ihr Vermögen an, indem sie ihren Besitz verkauften, um dem Bedürftigen zu helfen. Barnabas verkaufte ein Feld, das ihm gehörte (4, 36. 37). Ananias und Saphira verkauften ihren Besitz, obwohl sie dann nicht die Wahrheit über den Preis sagten. Gottes Versprechen Israel gegenüber (5. Mose 15, 4), daß treuer Gehorsam die Armut in Gottes Volk ausmerzen würde, wurde wahr! *„Denn es war auch kein Bedürftiger*

unter ihnen; alle nämlich, welche Besitzer von Grundstücken oder Häusern waren, veräußerten sie ... und teilten jedem aus, je nachdem einer es nötig hatte" (Apg. 4, 34–35). Zweitausend Jahre später noch empfindet man, daß die Texte von der Freude und Begeisterung der ersten Gemeinde übersprudeln. Man aß miteinander „mit Frohlocken und in Lauterkeit des Herzens" (Apg. 2, 46). Diese Christen erlebten eine begeisterte Einheit, in der sie spürten, daß sie „ein Herz und eine Seele waren" (Apg. 4, 32). Sie waren nicht isolierte Einzelwesen, die sich mühten, Jesus nachzufolgen. Eine neue Gemeinschaft, in der alle Lebensgebiete, eingeschlossen die wirtschaftlichen, verwandelt wurden, wurde zur freudevollen Wirklichkeit. Die evangelistischen Auswirkungen dieser Demonstration des Einsseins waren außerordentlich. Die Texte stellen wiederholt die umgewandelten wirtschaftlichen Beziehungen der Gemeinde in Jerusalem in Bezug zu der phänomenalen evangelistischen Reichweite.

„Und täglich verharrten sie einmütig im Tempel, und abwechselnd von Haus zu Haus brachen sie das Brot und nahmen die Speise zu sich mit Frohlocken und in Lauterkeit des Herzens, lobten Gott und *hatten Gunst bei dem ganzen Volk.* Der Herr aber tat täglich solche hinzu, die gerettet wurden" (Apg. 2, 46–47).

Die Freude und Liebe, die sich in ihrem gemeinsamen Leben zeigte, war ansteckend! Ich erwähnte schon, daß der Verfasser von Apostelgeschichte 4 schreibt, sie benützten alle Dinge gemeinsam und keiner klammerte sich an seinen privaten Besitz. Im darauffolgenden Vers fügt er hinzu: *„Und mit großer Kraft* legten die Apostel das Zeugnis von der Auferstehung des Herrn Jesus ab" (V. 33). Das Gebet Jesu, daß die liebevolle Einmütigkeit seiner Nachfolger so deutlich sichtbar würde, daß sie die Welt davon überzeugen könnte, daß er vom Vater kam, wurde wenigstens einmal erhört! Es geschah in der Gemeinde zu Jerusalem. Die ungewöhnliche Art ihres gemeinsamen Lebens verlieh der Predigt der Apostel Vollmacht. Der Bericht in Apostelgeschichte 6 ist besonders lehrreich. Offensichtlich gab es in der Gemeinde zu Jerusalem eine nicht unbedeutende Anzahl Hellenisten. (Hellenisten waren griechischsprechende Juden, teilweise auch Griechen, die zum Judentum übergetreten waren.) Irgendwie hatte die jüdisch sprechende Mehrheit die Bedürfnisse der hellenistischen Witwen übersehen, bis diese sich über die Ungerechtigkeit beklagten. Die Reaktion der Gemeinde ist verblüffend. Die sieben Männer, die ausgewählt wurden, sich dieser Sache anzunehmen, stammten alle aus der Gruppe der Minderheit! Alle tragen sie einen griechischen Namen[11]. Die Gemeinde stellte ihren gesamten Hilfsplan und ihre Gelder für die bedürftigen Witwen der Minderheitengruppe, die sie solange benachteiligt hatte, zur Verfügung. Was folgte aus diesem neuen Akt finanzieller Gemeinschaft? *„Und das Wort Gottes wuchs,* und die Zahl der Jünger mehrte sich in Jerusalem sehr" (Apg. 6, 7).

Heile wirtschaftliche Beziehungen in der Urgemeinde führten zu einer Vermehrung des Wortes Gottes. Was für ein ernüchternder Gedanke! Gilt das Gleiche noch heute? Würden ähnliche wirtschaftliche Veränderungen auch heute noch ein aufsehenerregendes Anwachsen der Gläubigen bewirken? Ganz bestimmt. Sind diejenigen, die so redegewandt von der Wichtigkeit der Evangelisation sprechen, darauf vorbereitet, *diesen* Preis zu zahlen?

Aber was genau ist der Preis, der zu zahlen wäre? Was ist das eigentliche Wesen dieser *Koinonia* der Gemeinde zu Jerusalem? Die Urgemeinde bestand nicht auf der absoluten wirtschaftlichen Gleichheit. Auch schafften sie privates Eigentum nicht ab. Petrus erinnert Ananias daran, daß er nicht gezwungen war, sein Eigentum zu verkaufen, noch war er gezwungen, den Erlös davon der Gemeinde zu stiften (Apg. 5, 4). Das Mit-einander-Teilen geschah freiwillig und nicht gezwungenermaßen[12]. Aber die Liebe zu den Brüdern und Schwestern war so überwältigend, daß viele freiwillig ihre rechtmäßigen Ansprüche auf ihren privaten Besitz aufgaben. „Und auch nicht einer sagte, daß etwas von seinem Besitz sein eigen sei" (Apg. 4, 32). Das bedeutet nicht, daß jeder alles schenkte.

[11] Vgl. F. F. Bruce, *Zeitgeschichte des Neuen Testaments,* Teil II (Von Jerusalem bis Rom), Wuppertal 1976, S. 18 ff.

[12] ThWNT III, S. 790

Später sehen wir in der Apostelgeschichte, daß Maria, die Mutter des Johannes, der mit Zunamen Markus hieß, immer noch ihr eigenes Haus besaß (Apg. 12, 12). So behielten zweifellos auch andere ihren privaten Besitz.
Die Zeitform des griechischen Wortes bestätigt diese Interpretation. Sowohl in Apostelgeschichte 2, 45 als auch in 4, 34 stehen die Verben im Imperfekt. Im Griechischen bedeutet das Imperfekt eine fortgesetzte, wiederholte Handlung über einen ausgedehnten Zeitraum hin. Daher ist die Bedeutung folgende: „Sie verkauften oft ihre Bezitzungen ..." oder: „Sie brachten regelmäßig den Erlös des Verkauften"[13]. Der Text sagt nicht, daß die Gemeinschaft beschloß, alles private Eigentum abzuschaffen und daß daraufhin jeder sofort alles verkaufte. Er legt es vielmehr nahe, daß über einen gewissen Zeitraum hin, nämlich wenn es gebraucht wurde, die Gläubigen regelmäßig Ländereien und Häuser verkauften, um den Bedürftigen zu helfen.
Was war dann das Wesentliche an den veränderten wirtschaftlichen Beziehungen in der Gemeinde zu Jerusalem? Am besten läßt sich ihre Handlungsweise als unbegrenzte Verbindlichkeit und völlige Hingabe bezeichnen. Sie teilten nicht oberflächlich und gelegentlich. Regelmäßig und wiederholt „verkauften sie ihr Hab und Gut, und man teilte jedem aus, *je nachdem einer es nötig hatte*". Wenn der Bedarf größer war als die Geldvorräte, verkauften sie Besitz. Sie gaben solange, bis die Bedürftigkeit gestillt war. Die Bedürftigkeit der Schwester und des Bruders waren ausschlaggebend, nicht die gesetzlichen Eigentumsrechte oder die zukünftige finanzielle Sicherheit. Sie stellten ihre finanziellen Ressourcen bedingungslos einander zur Verfügung. Das Einsseins in Christus bedeutete für die christliche Urgemeinde unbegrenzte wirtschaftliche Verbindlichkeit für und völlige wirtschaftliche Hingabe an die anderen Glieder des Leibes Christi.
Leider schenken die meisten Christen dem Beispiel der Gemeinde zu Jerusalem keine Beachtung mehr. Vielleicht liegt es

[13] Die Schlüsselbegriffe sind „epípraskon" und „diemérizon" (Apg. 2, 45) und „épheron" (Apg. 4, 34). Vgl. zum ganzen Gustav Stählin, *Die Apostelgeschichte* (NTD 5), z. St.

an dem wirtschaftlichen Eigeninteresse der reichen Christen. Jedenfalls haben wir uns bequeme Erklärungen zurechtgelegt, um das Beispiel der Gemeinde in Jerusalem als eine irrelevante, historische Nebensächlichkeit in einen Aktenschrank verbannen zu können. Warum mußte Paulus ein paar Jahrzehnte später eine Sammlung für die Gemeinde in Jerusalem veranstalten?
Ein kürzlich erschienenes Buch bietet uns eine scheinbar einleuchtende Antwort an:

„Die Schwierigkeit in Jerusalem bestand darin, daß die Gemeinde ihr Kapital in Einkommen umgewandelt hatte und daher kein Polster für schlechte Zeiten behielt. Daher mußten die Heidenchristen sie unterstützen. Es ist gewiß möglich, nicht von Brot allein zu leben, nicht von materialistischen Werten überrannt zu werden und doch verantwortlich zu handeln. Daher sollte die Kirche dankbar sein für den Protest der Kommunen-Bewegung; aber sie sollte auch bedenken, daß sie eine Sackgasse ist.[14]"

Aber waren die Christen in Jerusalem letztlich doch verantwortungslose, naive Kommune-Typen, die wir wohl achten, aber sicherlich nicht nachahmen sollten? Es ist notwendig, darauf hinzuweisen, daß das Jerusalemer Prinzip der unbegrenzten wirtschaftlichen Verläßlichkeit auf den andern und der völligen finanziellen Verfügbarkeit nicht notwendigerweise das Leben in einer Kommune erfordert. In Jerusalem war es nicht so! Die christliche Kommune ist nur eine von vielen Modellen.
Wir dürfen es dem Kommune-Gespenst nicht gestatten, unsere Diskussion über das Jerusalemer Modell abzuwürgen, sondern wir müssen uns fragen: Warum geriet die Gemeinde in Jerusalem in finanzielle Schwierigkeiten? Es ist ganz unwahrscheinlich, daß man das ihrem wirtschaftlichen „Kommunismus" anlasten kann. Jerusalem zog eine ungewöhnlich große Zahl armer Menschen an. Da die Juden der Ansicht waren, daß Almosen, die in Jerusalem gegeben wurden, besonders anerkannt wurden, gaben die vielen Pilger in der Stadt be-

[14] Ziesler, *Christian Asceticism*, S. 110

sonders reichlich — mit dem Ergebnis, daß riesige Massen verarmter Bettler in die Stadt strömten[15]. Darüber hinaus strebte eine riesige Zahl alter Menschen in die Heilige Stadt, um dort zu sterben oder auf den Messias zu warten (vgl. Luk. 2, 25. 36). Es gab auch eine ungewöhnlich große Zahl von Rabbinen, die in Jerusalem lebten, weil hier das Zentrum des jüdischen Glaubens war. Die Rabbinen jedoch waren auf Almosen angewiesen, weil sie für ihr Lehren nicht bezahlt wurden. Ihre Schüler waren meistens auch arm. Darüber hinaus ließ die riesige Zahl der religiösen Gelehrten in Jerusalem die Menge der Mittellosen anschwellen.

Das war noch nicht alles. Naturkatastrophen suchten Jerusalem Mitte des ersten Jahrhunderts heim. Die römischen Geschichtsschreiber berichten von wiederholten Nahrungsmittelknappheiten und Hungersnöten währen der Regierungzeit des Kaisers Claudius (41—54 n. Chr.). Josephus datiert solche Hungersnöte in Palästina um die Jahre 44—48 n. Chr. Die Hungersnot in Palästina war zu einer bestimmten Zeit so schlimm, daß die Gemeinde in Antiochien sofort Hilfe schickte (Apg. 11, 27—30).

Es gab auch besondere Gründe innerhalb der Urgemeinde für ihre ungewöhnliche Armut. Das besondere Interesse Jesu für die Armen und Unterdrückten zog sicherlich eine unverhältnismäßig große Zahl verarmter Menschen in die Urgemeinde. Auch Verfolgung muß ernsthafte Verheerungen innerhalb des normalen Einkommens der Christen angerichtet haben. Die Apostelgeschichte spricht von größeren offenen Verfolgungen (Apg. 8, 1—3; 9, 29; 12, 1—5; 23, 12—15).

Zweifellos wurden die Christen auch in versteckter Form auf vielen Gebieten (z. B. bei der Arbeitssuche) diskriminiert. Schließlich mußten auch die Zwölf ihren Broterwerb aufgeben, als sie aus ihrer Heimat Galliläa nach Jerusalem zogen. Folglich vergrößerte die Unterstützung für sie noch die Anforderungen, die an die Kasse der Gemeinde zu Jerusalem gestellt wurden.

Dies sind einige der vielen Gründe für die finanziellen Schwierigkeiten, in die die Gemeinschaft der ersten Christen um die

[15] Batey, *Jesus and the Poor*, S. 36 u. 96

Mitte des Jahrhunderts kam. Aber fehlgeleitete Großzügigkeit war sicherlich nicht der ausschlaggebende Faktor. Es war wahrscheinlich die ungewöhnlich große Zahl Armer in ihrer Mitte, die ein so dramatisches Teilen zur offensichtlichen Notwendigkeit werden ließ. Daß die Reichen unter ihnen mit überwältigender Großzügigkeit versuchten die verzweifelte Not am Leibe Christi zu lindern, beweist nicht naiven Idealismus, sondern bedingungslose Jüngerschaft. Das in jeder Hinsicht durchgeführte Mit-einander-Teilen in der frühen Kirche muß eine ständige Herausforderung an die Christen jeden Alters sein. Sie scheuten sich nicht, das Einssein der Gläubigen konkret und sichtbar auszudrücken. In der neuen messianischen Gemeinschaft, wie sie nach Pfingsten unter den ersten Nachfolgern Jesu bestand, heilte Gott alle Beziehungen. Das Ergebnis war bedingslose wirtschaftliche Abhängigkeit für und völlige finanzielle Hingabe an die anderen Brüder und Schwestern in Christus.

Was soll jedoch die Schönheit und der Reiz eines solchen Beispiels? War es nicht eher eine Idee, die schnell verblaßte? Die meisten Menschen glauben, daß es so war. Aber die praktische Erfahrung der Urgemeinde beweist das Gegenteil.

Koinonia und die Kollekte des Apostels Paulus

Paulus weitet den Blick für die wirtschaftliche gegenseitige Fürsorge im Volk Gottes drastisch. Er opferte einen großen Teil seiner Zeit, um unter den heidenchristlichen Gemeinden für die Judenchristen Geld zu sammeln. Im Laufe der Zeit entwickelte er den speziellen Beistand (der nur auf eine örtliche Gemeinde beschränkt war) zu einer „zwischenkirchlichen Hilfe" unter allen zerstreuten Gemeinden der Gläubigen. Seit der Zeit des Auszugs aus Ägypten hatte Gott sein auserwähltes Volk gelehrt, die wirtschaftlichen Beziehungen untereinander neu zu gestalten. Mit Petrus und Paulus bewegte sich die biblische Religion über eine ethnische Gruppe hinaus und wurde ein universaler vielvölkischer Glaube. Die Kollekte des Apostels Paulus zeigt, daß das Einssein der Gläubigen eine wirtschaftliche Hilfe über ethnische und geographische Grenzen hinaus nach sich zieht.

Das Interesse des Apostels Paulus an wirtschaftlicher Hilfe begann schon früh. Eine Hungersnot suchte Palästina im Jahre 46 n. Chr. heim. Als Reaktion darauf gaben die Gläubigen in Antiochien *„je nachdem sie es vermochten,* den Brüdern, die in Judäa wohnten, etwas zur Unterstützung" (Apg. 11, 29). Paulus half Barnabas, diese wirtschaftliche Unterstützung von Antiochien nach Jerusalem zu bringen.

Diese Reise des Paulus war nur der Beginn seines ausgedehnten Plans wirtschaftlicher Hilfe. Mehrere Jahre widmete er dieser großen Kollekte viel Zeit und Kraft. Er erörtert sein Interesse in mehreren Briefen. Schon im Galaterbrief drückt er sein heftiges Verlangen aus, den armen Christen in Jerusalem beizustehen (Gal. 2, 10). Er erwähnt sie auch im Römerbrief (Röm. 15, 22—28), kurz im 1. Korintherbrief (16, 1—4); im 2. Korintherbrief (7, 9) wird sie zu einem Hauptanliegen. Er organisierte auch Sammlungen für die Gemeinden in Mazedonien, Galatien, Korinth, Ephesus und möglicherweise noch anderswo.

Paulus wußte, daß ihm Gefahren und Tod drohten. Aber dennoch bestand er darauf, die Übergabe persönlich vorzunehmen. Beim Übergeben dieser finanziellen Hilfe wurde Paulus das letzte Mal verhaftet. Sein Brief an die Römer zeigt, daß er die Gefahr sehr wohl sah (Röm. 15, 31). Wiederholt warnten Freunde und Propheten Paulus und die Abgeordneten der Gemeinden, als sie die Gaben nach Jerusalem brachten (Apg. 21, 4; 10—14). Aber Paulus war zutiefst davon überzeugt, daß dieses Symbol der finanziellen Unterstützung für die Einheit der Christen viel größere Bedeutung hatte als sein eigenes Leben. „Was macht ihr, daß ihr weinet und mir das Herz brechet?" tadelt er die Freunde, die ihn inständig bitten, die anderen nicht nach Jerusalem zu begleiten. „Denn ich bin bereit, in Jerusalem nicht nur mich binden zu lassen, sondern auch zu sterben für den Namen des Herrn Jesus" (Apg. 21, 13). Und er setzte die Reise fort. Sein leidenschaftlicher Einsatz für die brüderliche Hilfe führte schließlich zu seiner Verhaftung und zum Martyrium (vgl. Apg. 24, 17).

Warum setzte sich Paulus so für die finanziellen Belange der Gemeinde zu Jerusalem ein? Wegen seines Verständnisses von christlicher Gemeinschaft. *Koinonia* ist ein äußerst wichtiger Aspekt der paulinischen Theologie. Er steht auch im Mittelpunkt der Aussagen über seine Kollekte.

Das Wort *koinonia* bedeutet Gemeinschaft mit oder Teilnahme an einer Sache oder Person. Die Gläubigen erfreuen sich der Gemeinschaft mit dem Herrn Jesus (1. Kor. 1, 9). *Koinonia* mit Jesus bedeutet, daß seine Gerechtigkeit uns beigelegt ist. Aber es zieht auch nach sich, daß wir das sich selbstaufopfernde Leben, das er lebte, mit ihm teilen (Phil. 3, 8—10). Nirgends sonst wird die Gemeinschaft Christi machtvoller erlebt als im Abendmahl. Die Teilnahme am Abendmahl läßt den Gläubigen Gemeinschaft *(koinonia)* haben am Mysterium des Kreuzes: „Der Kelch der Danksagung, über dem wir Dank sagen, ist es nicht Gemeinschaft *(koinonia)* mit dem Blut Christ? Das Brot, das wir brechen, ist es nicht Gemeinschaft *(koinonia)* mit dem Leibe Christi" (1. Kor. 10, 16)?

Paulus folgert sofort, daß *koinonia* mit Christus unweigerlich *koinonia* mit allen Gliedern am Leib Christi einschließt: „Weil es *ein* Brot ist, sind wir, die vielen, *ein* Leib; denn wir sind alle des *einen* Brotes teilhaftig" (1. Kor. 10, 17; vgl. 1. Joh. 1, 3—4). Wie wir aus Galater 3, 28 sehen, hat Christi Tod für Juden und Heiden, Männer und Frauen alle ethnischen, sexuellen und kulturellen Trennwände niedergerissen. In Christus gibt es einen neuen Menschen, einen neuen Leib der Gläubigen. Wenn die Brüder und Schwestern beim Abendmahl das eine Brot und den gemeinsamen Kelch miteinander teilen, symbolisieren und verwirklichen sie ihre Gemeinschaft an dem einen Leib Christi.

Warum war die Klassentrennung in Korinth für Paulus ein solcher Greuel? Offensichtlich ließen es sich die reichen Christen bei der Abendmahlsfeier gutgehen, während die armen Gläubigen hungrig weggingen. Paulus verneint heftig, daß solches Verhalten irgend etwas mit dem Abendmahl zu tun gehabt habe (1. Kor. 11, 20—22). Tatsächlich verunglimpften sie den Leib und das Blut des Herrn, weil sie seinen Leib nicht deutlich erkannten (1. Kor. 11, 27—29). Aber was meinte Paulus mit dem Vorwurf, daß sie den Leib des Herrn nicht recht erkannten? Den Leib des Herrn zu erkennen, bedeutet die Wahrheit zu verstehen und zu leben, daß Christusnachfolge von der Mitgliedschaft an seinem Leib nicht zu trennen ist. Hier übersteigt unser Einssein in Christus bei weitem alle Unterschiede in Rasse und Klasse. Das Erkennen des *einen* Leibes der Gläubigen führt zu unbegrenzter Verfügbarkeit und Verantwortlichkeit den anderen Schwestern und Brüdern gegenüber. Das Erkennen des *einen* Leibes veranlaßt uns, mit den Traurigen zu weinen und uns mit den Fröhlichen zu freuen. Das Erkennen des *einen* Leibes ist völlig unvereinbar mit dem Essensgenuß der einen, während die anderen hungrig weggehen. Paulus betont nachdrücklich, daß diejenigen, die praktisch die Einheit und Nachfolge in Christus verneinen, sich selbst zum Gericht trinken, wenn sie zum Tisch des Herrn gehen. In Wirklichkeit haben sie überhaupt keinen Anteil am Herrenmahl.

Haben wir einmal verstanden, welche Bedeutung die Predigt des Paulus vom Erkennen des einen Leibes im Herrenmahl hat, dann dürfen wir uns nicht zufrieden geben, bis die Schande, daß Christen hungern, aus der Welt geschafft ist. Solange es irgendwo auf der Welt Christen gibt, die Hunger leiden, ist die Feier des Abendmahls für alle Christen überall in der Welt unvollkommen.

Für Paulus hat die persönliche Gemeinschaft am Leib Christi handfeste wirtschaftliche Konsequenzen. Er gebraucht das gleiche Wort *koinonia,* um die finanzielle gegenseitige Hilfe unter den Gläubigen zu bezeichnen. Zu Beginn seiner Tätigkeit stimmten die Ältesten in Jerusalem erst nach einer dramatischen Debatte seiner Mission unter Nichtjuden zu. Als sie ihm dann „den Handschlag der Gemeinschaft" *(koinonia)* gaben, errichteten sie ein sichtbares Zeichen für diese Gemeinschaft. Paulus versprach seinen Mitchristen in Jerusalem, ihnen finanziell beizustehen (Gal. 2, 9—10).

Paulus benutzt häufig das Wort *koinonia* als Synonym für „Kollekte". Er spricht von der „Freigebigkeit der Gemeinschaft" *(koinonia),* die sich in einem großzügigen Opfer der

Korinther zeigen würde (2. Kor. 9, 13; vgl. 8, 4)[16]. Er benützt die gleiche Sprache, um von den Gaben zu berichten, die die Christen in Mazedonien zusammenlegten. Es schien den Mazedoniern richtig, „Gemeinschaft *(koinonia)* mit den Armen unter den Heiligen in Jerusalem" zu haben (Röm. 15, 26). Tatsächlich war diese finanzielle Hilfe nur ein Teil der völligen Gemeinschaft. Die Heidenchristen durften „teilhaben" (er gebraucht hier die Verbform von *koinonia)* an den geistlichen Segnungen der Juden. Daher war es für die Nichtjuden angebracht, ihre materiellen Hilfsmittel mit den Juden zu teilen. Für den Apostel Paulus war das wirtschaftliche Miteinander-Teilen ein wichtiges und entscheidendes Zeichen christlicher Gemeinschaft[17].

Paulus' erste Anweisungen für die gegenseitige Hilfe innerhalb des Leibes Christi ist allgemein gehalten: Gebt so viel ihr könnt. Jeder sollte geben, „was ihm gut möglich ist" (1. Kor. 16, 2). Aber das bedeutet ja nicht eine Gabe, die einen nichts kostet. Paulus lobt die Mazedonier, die „nach Vermögen ... und über Vermögen hinaus freiwillig gespendet haben" (2. Kor. 8, 3).

Die Mazedonier waren ausgesprochen arm. Offensichtlich befanden sie sich gerade in einer besonders schwierigen finanziellen Lage, als Paulus sie um ein großzügiges Opfer bat (2. Kor. 8, 2). Dennoch gaben sie über ihr Vermögen hinaus! Es findet sich kein Hinweis auf einen automatischen Prozentsatz von 10 Prozent für Arme und Millionäre. Zu geben, so viel wie einem möglich ist — ist das paulinische Leitbild! Zweitens war das Geben völlig freiwillig (2. Kor. 8, 3). Pau-

[16] ThWNT III, S. 809 ff.

[17] Vgl. auch den betonten Gebrauch von „koinonós" in Philemon 17 ff. Als Christen sind der Sklave Onesimus, sein Herr Philemon und Paulus alle Partner (koinonoi). Diese Gemeinschaft bedeutet, daß Paulus Philemon bitten kann, ihm die Schulden von Onesimus anzurechnen. Aber auch Paulus und Philemon sind Partner in Christus, ja, Philemon schuldet Paulus „sich selbst" (weil er durch ihn zum Glauben gekommen war). Deshalb sollte eigentlich niemand an Philemon etwas zurückzahlen müssen. Ihre Gemeinschaft in Christus hob Schulden auf, die Onesimus andernfalls hätte zurückzahlen müssen. Zum Problem vgl. Peter Stuhlmacher, *Der Brief an Philemon* in: Evangelisch-Katholischer Kommentar zum Neuen Testament, 1975, bes. S. 49 f., ebenso ThWNT III, S. 808

lus erwähnt besonders, daß er hier den Korinthern keinen Befehl gibt (2. Kor. 8, 8). Gesetzlichkeit ist auch hier fehl am Platz.

Paulus' dritte Begründung seiner Anweisungen ist überraschend. Die Norm, so schlägt er vor, ist so etwas wie „wirtschaftliche Gleichheit" im Volke Gottes. „Dies sage ich nämlich nicht, damit andere Erleichterung haben, ihr aber Bedrängnis, sondern aufgrund von Gleichheit." Um seine Ansicht zu begründen, zitiert Paulus die biblische Geschichte vom Manna. „Wie geschrieben steht: Wer viel gesammelt hatte, der hatte keinen Überfluß, und wer wenig gesammelt hatte, der hatte keinen Mangel" (2. Kor. 8, 13—15). Nach dem zweiten Mosebuch befahl Mose den Leuten, als Gott begann, den Israeliten in der Wüste täglich Manna zu schicken, nur so viel zu sammeln, wie sie für einen Tag brauchten (2. Mose 16, 13—21). Mose sagte, ein Gomer (ca. 4 Liter) pro Kopf sei ausreichend. Einige habgierige Leute sammelten offensichtlich mehr, als sie verwenden konnten. Aber als sie maßen, was sie gesammelt hatten, entdeckten sie, daß jeder nur einen Gomer besaß. „Da hatte der, der viel gesammelt hatte, keinen Überfluß, und der, der wenig gesammelt hatte, keinen Mangel" (2. Mose 16, 18).

Paulus zitiert den biblischen Bericht über das Manna, um eine Begründung für die wirtschaftliche Hilfe zu stützen. Genauso wie Gott darauf bestanden hatte, daß sein Volk in der Wüste gleiche Portionen Manna erhielt, so sollten jetzt die Korinther geben, „damit Gleichheit" im Leib Christi herrsche. Dies mag für die Christen der nördlichen Hemisphäre überraschend und ärgerlich klingen. Aber der biblische Text zeigt deutlich, daß Paulus das Prinzip der wirtschaftlichen Gleichheit im Volk Gottes verkündigt, um die Korinther in ihrem Geben anzuleiten. *„Es ist eine Frage der Gleichheit.* Im Augenblick dient euer Überfluß ihrer Bedürftigkeit, aber eines Tages kann eure Bedürftigkeit durch ihren Überschuß gelindert werden. *Das Ziel ist Gleichheit.*[18]"

[18] Übersetzt nach der *New English Bible.* Nicht alle Übersetzungen sind genau. Doch das griechische Wort *isótes* bedeutet auf jeden Fall „Gleichheit".

Es ist spannend zu sehen, wie die verwandelten wirtschaftlichen Beziehungen in der Urgemeinde ein Interesse für den Armen weckten, wie es in der späten Antike einmalig war. Der christliche Philosoph Aristides (um 125 n. Chr.) zeichnet folgendes Bild von der Gemeinde:

„Sie wandeln in aller Demut und Freundlichkeit. Lüge wird bei ihnen nicht gefunden. Sie lieben einander. Die Witwen mißachten sie nicht; die Waise befreien sie von dem, der sie mißhandelt. *Wer hat gibt neidlos dem, der nicht hat.* Wenn sie einen Fremdling sehen, führen sie ihn in ihre Wohnung und freuen sich über ihn, wie über einen wirklichen Bruder. Denn sie nennen sich nicht Brüder dem Leibe nach, sondern (Brüder) im Geiste und in Gott. Wenn aber einer von ihren Armen aus der Welt scheidet und ihn irgendeiner von ihnen sieht, so sorgt er nach Vermögen für sein Begräbnis. Und hören sie, daß einer von ihnen wegen des Namens ihres Christus gefangen oder bedrängt ist, so sorgen alle für seinen Bedarf und befreien ihn, wo möglich. Und ist unter ihnen irgendein Armer oder Dürftiger, und sie haben keinen überflüssigen Bedarf, so fasten sie zwei bis drei Tage, damit sie den Dürftigen ihren Bedarf an Nahrung decken.[19]"

Um das Jahr 250 n. Chr. versorgte die Gemeinde in Rom 1500 bedürftige Menschen. Der Neutestamentler Martin Hengel schreibt, daß diese Art der gegenseitigen Hilfe im späten römischen Imperium einmalig war[20].

Daß dieser verwandelte Lebensstil einen mächtigen Eindruck auf Außenstehende machte, wird deutlich an dem neidvollen Kommentar eines heidnischen Herrschers. Während seiner kurzen Regierungszeit (361—363 n. Chr.) versuchte Julian Apostata, das Christentum auszurotten. Aber er mußte einem Mitheiden gegenüber zugeben, „daß die gottlosen Galiläer (Christen) außer ihren Armen auch noch die unsrigen ernähren". Ärgerlich mußte er zur Kenntnis nehmen, daß der Heidenkult, den er versucht hatte wieder zu beleben, an der Aufgabe, den Armen zu helfen, erbärmlich gescheitert war[21].

[19] Zitiert nach Hengel, Eigentum und Reichtum in der frühen Kirche, S. 50

[20] ebendort S. 51

[21] zitiert ebendort S. 52

Die Praxis der Christen des zweiten Jahrhunderts muß, so interessant sie auch sein mag, heute nicht mehr unbedingt normativ sein. Ja, viele sind sogar darauf bedacht, die Praxis des Paulus in Korinth und die der ersten Christen in Jerusalem als nicht normativ abzutun. Welche Bedeutung hat dann das Handeln der Christen von damals für die Kirche von heute?

Sicherlich braucht die Kirche heute nicht sklavisch jede Einzelheit aus dem Leben der Urgemeinde nachzuahmen, wie sie in der Apostelgeschichte aufgezeichnet ist. Die biblische Botschaft und nicht die Praxis der Gemeinde zu Jerusalem ist für uns normativ.

Aber das bedeutet nicht, daß wir die gegenseitige wirtschaftliche Hilfe, wie sie in der Apostelgeschichte und in den paulinischen Briefen beschrieben ist, einfach außer acht lassen.

Wieder und wieder befiehlt Gott seinem Volk ausdrücklich, in der Gemeinschaft untereinander so zu leben, daß die Gegensätze von Reichtum und Armut vermieden werden. Das ist der Grund, weshalb er das Gesetz des Jubel- und Sabbatjahres gab. Das ist der Grund für die Gesetzgebung über den Zehnten, die Nachlese und das Zinswesen. Jesus, unser einziges vollkommenes Vorbild, hatte eine gemeinsame Kasse mit den Jüngern in seiner neuen Gemeinschaft. Die Christen des ersten Jahrhunderts führten einfach aus, was das Alte Testament und Jesus ihnen befahl.

Der große evangelistische Einfluß, der eine Folge der wirtschaftlichen Praxis der Jerusalemer war, zeigt, daß Gott diese Praxis segnete. Wenn die Schrift an einigen Stellen veränderte wirtschaftliche Beziehungen unter dem Volk Gottes befiehlt und an anderer Stelle beschreibt, wie Gott sein Volk segnet, wenn es seine Gebote ausführt, dann können wir sicher sein, daß wir ein normatives Muster für die heutige Kirche entdeckt haben.

Was aber überraschend ist, ist die durchgängige Betonung der biblischen Lehre und Praxis zu dieser Frage. Die Bibel sagt wiederholt und deutlich, daß Gott unter seinem Volk veränderte wirtschaftliche Beziehungen haben will. Die Kollekte des Paulus war einfach eine Anwendung der Grundprinzipien des Jubeljahres. Die besondere Art der Ausführung war verschieden, weil das Volk Gottes jetzt eine übernationale Gemeinschaft war und in verschiedenen Ländern lebte. Aber das Prinzip war das gleiche. Da die Griechen in Korinth jetzt Teil des Volkes Gottes waren, sollten sie mit den armen Judenchristen in Jerusalem ihren Besitz teilen, „damit Gleichheit herrsche"!

Folgerungen

Wir haben die wirtschaftlichen Beziehungen betrachtet, die Gott für sein Volk vorsieht. Was bedeutet diese biblische Offenbarung für die reichen Christen der nördlichen Hemisphäre?

Die gegenwärtigen wirtschaftlichen Gepflogenheiten, wie sie weltweit im Leib Christi praktiziert werden, sind unbiblisch, sündig, ein Hinderungsgrund für das Evangelium und eine Schändung des Leibes und Blutes Jesu Christi. Der Dollarwert an Nahrungsmitteln, die die Nordamerikaner jährlich in den Mülleimer werfen, entspricht etwa einem Fünftel des gesamten Jahreseinkommens von 120 Millionen afrikanischer Christen. Es ist eine verdammungswürdige Gemeinheit, daß ein kleiner Teil der Christen dieser Welt, die in der nördlichen Hemisphäre leben, jedes Jahr reicher und reicher werden, während andere Brüder und Schwestern in der Dritten Welt Schmerzen haben und leiden, weil ihnen eine minimale Gesundheitsfürsorge, eine minimale Bildung und — in vielen Fällen — sogar die notwendigsten Nahrungsmittel fehlen, um dem Hungertod zu entrinnen.

Wir sind wie die reichen Christen in Korinth, die tafelten, ohne ihre Speisen mit den armen Gliedern der Gemeinde zu teilen (1. Kor. 11, 20—29). Wie sie erkennen auch wir nicht den einen, heute weltweiten Leib Christi. Die tragische Folge davon ist, daß wir den Leib und das Blut unseres Herrn Jesus, den wir anbeten, schänden. Die Christen in den Vereinigten Staaten gaben allein in sechs Jahren (von 1967—72) 5,7 Milliarden Dollar für den Bau neuer Kirchen aus. Würden wir weiter aufwendig ausgestattete, teure Kirchengebäude errichten, wenn Mitglieder unserer eigenen Gemeinde hungerten? Widersprechen wir nicht Paulus, wenn wir leben, als ob afrikanische und lateinamerikanische Glieder am Leib Christi weniger ein Teil von uns sind als die Glieder unserer eigenen Heimatgemeinde?

Das gegenwärtige Auseinanderklaffen von Reichen und Armen innerhalb des Leibes Christi ist ein Haupthinderungsgrund für die Ausbreitung des Evangeliums.

Den hungrigen Menschen der Dritten und Vierten Welt fällt es nämlich schwer, einen Christus anzunehmen, der von Menschen verkündigt wird, die als Symbol für die reichste Gesellschaft der Erde stehen und die deren Reichtum oft auch noch verteidigen. Versäumte Gelegenheiten und vergangene und gegenwärtige Schuld dürfen uns jedoch nicht blind machen für gegenwärtige Möglichkeiten. Wir leben in einer Welt, die in gefährlicher Weise in arm und reich geteilt ist. Wenn nur eine geringe Zahl amerikanischer und europäischer Christen beginnen würde, die biblischen Prinzipien des wirtschaftlichen Miteinander-Teilens auf das weltweite Volk Gottes anzuwenden, würde die Welt ganz und gar aus der Fassung geraten. Es gibt möglicherweise keinen Weg, der heute eine so mächtige evangelistische Auswirkung hätte. Wäre es nicht möglich, daß sich Millionen und Abermillionen Ungläubiger zu Christus bekennen würden? Das Gebet Jesu könnte erhört werden. Die gegenseitige Liebe und die Einheit innerhalb des Leibes Christi könnte die Welt überzeugen, daß Jesus wirklich vom Vater kam (Joh. 17, 20—23).

Die Kirche ist die umfassendste „Körperschaft" in der heutigen Welt. Sie hat die Gelegenheit, in einem entscheidenden Augenblick der Weltgeschichte ein neues Beispiel sozialer und wirtschaftlicher Gemeinschaft zu geben. Weil sie ein Herz für die Armen hatte, wirkte die Kirche in der Vergangenheit bahnbrechend, indem sie Schulen und Krankenhäuser erstellte. Später übernahmen säkulare Regierungen die neuen Modelle. Im späten zwanzigsten Jahrhundert wartet ein in gefährlicher Weise geteiltes Weltdorf auf ein neues Modell von Gemeinschaft, das auch den wirtschaftlichen Bereich erfaßt.

Die Bibel lehrt eindeutig, daß Gott grundlegend erneuerte wirtschaftliche Beziehungen in seinem Volk will. Haben wir den Glauben und den Gehorsam, ein bibelgemäßes Leben zu beginnen?

5. Eigentum und Reichtum in der Bibel

„Im Hause des Frommen ist großer Reichtum" (Spr. 15, 6).
„Selig seid ihr Armen, denn euch gehört das Reich Gottes" (Luk. 6, 20).

Recht auf Privatbesitz?

Das Thema dieses Kapitels läßt einen spontan fragen: Billigt oder verdammt die Bibel den Privatbesitz? Leider ist diese Frage für viele die einzig wichtige. Aber die Bibel packt dieses Problem ganz anders an.

Die Zehn Gebote billigen den Privatbesitz sowohl implizit als auch explizit[1]. Gott verbietet das Stehlen, sogar das Begehren des Hauses, Landes oder der Tiere, die dem anderen gehören (2. Mose 20, 15. 17; 5. Mose 5, 19. 21, vgl. auch 5. Mose 27, 17; Spr. 22, 28). Offensichtlich war auch für Jesus der Privatbesitz legitim. Denn Simon Petrus, einer seiner Jünger, besaß ein Haus, das Jesus immer wieder besuchte (Mark. 1, 29). Jesus befahl seinen Nachfolgern, die Armen zu unterstützen (Matth. 6, 2—4) und Geld zu verleihen, auch wenn es keine Hoffnung auf Rückzahlung gab (Matth. 5, 42; Luk. 6, 34—35). Ein solcher Rat wäre nicht sinnvoll gewesen, wenn Jesus Besitz und Eigentum von Geld nicht gutgeheißen hätte. Wir haben im vorigen Kapitel schon gesehen, daß nicht einmal der wirtschaftliche „Kommunismus" der Jerusalemer Urgemeinde zu einer Verwerfung des Privatbesitzes führte. Überall in der Bibel wird der Privatbesitz vorausgesetzt oder unterstrichen.

Aber das Recht auf Privatbesitz ist *nicht absolut*. Nach biblischer Sicht steht es dem Eigentümer nicht frei, ohne Rücksicht auf die Bedürfnisse der Mitmenschen nach Gewinn zu trachten. Dies zu tun, ist nicht Ratschlag der Bibel, sondern ent-

[1] Hengel, Eigentum und Reichtum in der frühen Kirche, S. 20 ff.

spricht der säkularen „freien" Wirtschaftstheorie eines Adam Smith.

Smith veröffentlichte 1776 ein Buch, das in den vergangenen zwei Jahrhunderten die westlichen Gesellschaften zutiefst formte[2]. Smith behauptete, daß eine unsichtbare Hand jedermann ein gutes Leben garantiere, der sein wirtschaftliches Eigeninteresse im Kontext einer Wettbewerbsgesellschaft verfolge. Angebot und Nachfrage von Waren und Dienstleistungen müßten den einzigen Bestimmungsfaktor von Preisen und Löhnen darstellen. Wenn das Gesetz von Angebot und Nachfrage regiere und jedermann seinen eigenen Vorteil im Rahmen einer nicht gelenkten, auf der Grundlage des Wettbewerbs fußenden Wirtschaftsordnung suche, sei das Wohlbefinden der Gesellschaft gesichert. Land- und Kapitaleigentümer hätten deshalb nicht nur das Recht, sondern auch die Pflicht, soviel Profit wie möglich zu machen.

Eine solche Ansicht mag für erfolgreiche Nordamerikaner oder Europäer sehr attraktiv erscheinen. Und in der Tat wurde diese „Laissez-faire-Wirtschaftstheorie" von einigen als *die* christliche hingestellt. In Wirklichkeit ist sie aber ein Produkt der Aufklärung. Sie spiegelt eine moderne säkulare, keine biblische Sicht wider.

Es ist interessant, einmal auf die schlagenden Parallelen zwischen dieser „Laissez-faire-Einstellung" und der antiken römischen Haltung zum Privatbesitz zu achten. Carl F. H. Henry, der ehemalige Herausgeber von *Christianity Today*, einer führenden evangelikalen Zeitschrift Amerikas, stellt sie dem biblischen Verständnis gegenüber:

> „Die römische oder justinianische Sicht leitet das Recht auf Eigentum vom Naturrecht ab. Es definiert das Eigentumsrecht als die von Bedingungen unabhängige und exklusive Verfügungsgewalt über den Besitz. Es schließt das Recht des Eigentümers ein, den Besitz ganz nach eigenem Gutdünken zu gebrauchen, also unabhängig von den Wünschen anderer."

Henry ist der Überzeugung, daß diese heidnische Sicht „im-

[2] Adam Smith, *The Wealth of Nations* (New York: Modern Library, 1937)

mer noch die stillschweigende Voraussetzung der im Westen gängigen Praxis ist[3]".

Nach biblischer Überzeugung ist Gott der Herr aller Dinge. Er ist der allmächtige Herr der Geschichte. Deshalb ist auch die säkulare Wirtschaft kein neutraler Bereich, der von seiner Herrschaft ausgenommen wäre. Die Wirtschaftsordnung sollte wie jeder Bereich des Lebens seinem Willen und seiner Offenbarung unterworfen werden.

Inwiefern erfordert der biblische Standpunkt, daß Jahwe der Herr allen Lebens ist, eine Korrektur des „Laissez-faire-Glaubens", der voraussetzt, daß das Recht auf Privatbesitz absolut und unantastbar sei? Die Bibel ist der klaren Ansicht, daß Gott allein das absolute Recht über das Eigentum hat. Sie lehrt auch, daß dieser „absolute Eigentümer" entscheidende Grenzen im Hinblick darauf setzt, wie sein Volk Eigentum erwerben und mit ihm umgehen soll.

Der Psalmist drückt Jahwes absolutes Eigentumsrecht so aus: „Die Erde ist des Herrn und was sie erfüllt, der Erdkreis und die darauf wohnen" (Ps. 24, 1). „Denn mein ist der Erdkreis und was ihn erfüllt", sagt ein anderer Psalm (50, 12; vgl. 5. Mose 26, 10; 2. Mose 19, 5). Im letzten Kapitel sprachen wir über das Jubeljahr. Daß Jahwe die Neuverteilung des Landes alle 50 Jahre forderte, hat seinen Grund in seinem absoluten Eigentumsrecht, das den israelitischen Bauern nur ein relatives zugesteht. „Grund und Boden dürfen nicht für immer verkauft werden, denn das Land ist mein, und ihr seid Fremdlinge und Beisassen bei mir" (3. Mose 25, 23; vgl. 5. Mose 10, 14). Da Gott der Schöpfer und Erhalter aller Dinge ist, hat er allein das absolute Eigentumsrecht.

Gott begrenzt das Recht des Menschen, Besitz zu erwerben und zu gebrauchen. Nach dem Alten Testament war das Recht auf Besitz grundsätzlich der Verpflichtung, für die schwächeren Glieder der Gesellschaft zu sorgen, untergeordnet[4]. Dies ist die deutliche Gesetzgebung im Blick auf das Jubeljahr, das

[3] Carl F. H. Henry, „Christian Perspective on Private Property", in *God and the Good,* ed. Clifton Orlebeke und Lewis Smedes (Grand Rapids: Eerdmans, 1975), S. 97

[4] Hengel, *Eigentum und Reichtum in der frühen Kirche,* S. 20

Sabbatjahr, die Getreidenachlese und die Zinsen, von denen im letzten Kapitel gesprochen wurde. Landeigentümer hatten nicht das Recht, alles zu ernten, was auf ihren Feldern wuchs. Sie mußten einiges für die Armen übriglassen. Wenn ein israelitischer Bauer Land erwarb, kaufte er in Wirklichkeit nur das Nutzrecht bis zum Jubeljahr (3. Mose 25, 15—17). Ja, nicht einmal das Nutzrecht war absolut. Wenn ein Verwandter des Verkäufers erschien und Ansprüche auf das Erstkaufrecht erhob, mußte der Erwerber den Kauf des Landes sofort wieder rückgängig machen. Oder wenn einer Land verkaufte, weil er verarmt war, dann aber seine Zahlungsfähigkeit wiedererlangte, hatte er das Recht, das Land sofort wieder zurückzukaufen (3. Mose 25, 25—28). Das Eigentumsrecht des Erwerbers war dem Recht des ursprünglichen Eigentümers, seinen Lebensunterhalt zu verdienen, untergeordnet.

Gott hatte die Absicht, mit seiner Gesetzgebung in seinem Volk großen Reichtum und große Armut zu verhindern. Er wollte, daß jede Familie die Mittel hätte, um ihren eigenen Lebensunterhalt zu verdienen. Diese Menschenrechte selbst der am meisten Benachteiligten, welche immer wieder hinter die Aggressiveren und Wohlhabenderen zurückfielen, waren wichtiger als die Eigentumsrechte derjenigen, die den Marktpreis für erwerbbares Land bezahlen konnten. Die Rechte, die die Voraussetzungen schufen, daß Arme und Benachteiligte ihren Lebensunterhalt verdienen könnten, hatten Vorrang vor den Rechten der Wohlhabenderen, Gewinne zu machen (vgl. Neh. 5).

Diese Einstellung gegenüber dem Besitz kommt von einer hohen Einschätzung des Menschen in Israel. Alttestamentler haben gezeigt, daß Israel, im Unterschied zu anderen antiken Zivilisationen wie Babylon, Assyrien und Ägypten, alle Bürger vor dem Gesetz für gleich erachtete. In anderen Gesellschaften bestimmte der soziale Status des Gesetzesübertreters (königliche Beamte, arme Menschen, Priester), wie die Übertretung beurteilt und bestraft wurde. In Israel waren alle Bürger vor dem Gesetz gleich. Wegen dieser hohen Wertung des Menschen schien das Eigentum vergleichsweise unbedeutsam.

„Mit der Gleichstellung vor dem Gesetz geht eine Ehrfurcht vor dem Leben Hand in Hand. Während in den Nachbarstaaten Israels Delikte wie Diebstahl, Raub u. a., also solche, die mit Eigentum zu tun haben, häufig mit dem Tode bestraft wurden, war dies im Gesetz des Alten Testaments nicht mehr der Fall. Das Leben des geringsten Menschen war mehr wert als der größte Besitz.[5]"

Das läßt sich zeigen am Beispiel der Sklaven. Überall in antiken Zivilisationen wurden sie als bloßer Besitz angesehen. Dem Besitzer stand es völlig frei, den Sklaven nach seiner augenblicklichen Laune zu behandeln. Aber in Israel war der Sklave ein Mensch, kein Ding. Bestimmte Gesetze garantierten ihm gewisse Rechte (2. Mose 21, 20; 26—28; 5. Mose 23, 15—16). „Die Tatsache, daß nach der Ordnung Gottes das Leben eines jeden Menschen, auch des ärmsten, von größerem Wert ist als alle materiellen Güter, ist eine Schranke für alle Wirtschaftsformen. Also entspricht es dieser Ordnung nicht, daß Menschen aus der Not ihrer Mitmenschen Profite machen.[6]"

„Darum sorget nicht . . .!"

Jesus ruft seine Nachfolger auf zu einem frohen, sorgenfreien Umgang mit dem Besitz:

„Er aber sprach zu seinen Jüngern: ‚Deshalb sage ich euch: Sorget euch nicht um das Leben, was ihr essen sollt, noch um den Leib, was ihr anziehen sollt! Denn das Leben ist mehr als die Speise und der Leib mehr als die Kleidung. Betrachtet die Raben: sie säen nicht und ernten nicht, sie haben weder Vorratskammer noch Scheune, und Gott ernährt sie doch. Wieviel mehr wert seid ihr als die Vögel! Wer aber von euch kann durch sein Sorgen seiner Lebenslänge eine Elle zusetzen? Wenn ihr nun auch nicht das geringste vermögt, was sorgt ihr euch um das übrige? Betrachtet die Lilien, wie sie weder spinnen noch weben; ich sage euch aber: Auch Salomo in all seiner Pracht war nicht gekleidet wie eine von diesen. Wenn aber Gott das Gras auf dem Feld, das heute steht

[5] Walther Eichrodt, „The Question of Property in the Light of the Old Testament", in *Biblical Authority for Today*, ed. Alan Richardson und W. Schweitzer (London: SCM Press, 1951), S. 261

[6] ebendort, S. 271

und morgen in den Ofen geworfen wird, so kleidet, wieviel mehr euch, ihr Kleingläubigen! Und ihr – fraget doch nicht, was ihr essen und was ihr trinken sollt, und seid nicht in Unruhe! Denn nach allen diesen Dingen trachten die Völker der Welt; euer Vater aber weiß, daß ihr dieser Dinge bedürft. Vielmehr suchet sein Reich, dann wird euch dies hinzugefügt werden'" (Luk. 12, 22–31; vgl. auch 2. Kor. 9, 8–11).

Jesu Worte treffen den Kapitalisten genauso wie den Marxisten. Marxisten, weil sie den Götzen Mammon anbeten, indem sie behaupten, daß ökonomische Kräfte die entscheidende Wirkursache des Geschichtsverlaufs sind; die Kapitalisten, weil auch sie den Götzen Mammon anbeten, indem sie den wirtschaftlichen Erfolg als höchstes Gut vergötzen[7]. Ja, diese Worte Jesu treffen auch den „normalen", bürgerlichen Christen. Ich muß gestehen, daß ich sie nicht ohne ein Gefühl von Unbehagen lesen kann. Die Schönheit und der Anspruch dieses Abschnittes überwältigen mich zwar jedesmal. Aber er erinnert mich auch immer daran, daß ich trotz ständiger Bemühungen diese Art der sorgenfreien Einstellung zum Leben, die Jesus beschreibt, nicht habe.
Was ist das Geheimnis dieser Einstellung? Viele Menschen kleben an ihrem Besitz, anstatt andere an ihm teilhaben zu lassen, weil sie sich um die Zukunft sorgen. Aber ist eine solche Haltung letztlich nicht Unglaube? Wenn wir wirklich glauben, daß Gott der ist, als den ihn Jesus gezeigt hat, dann können wir anfangen, ohne Angst vor der Zukunft zu leben. Jesus lehrte, daß Gott unser liebender Vater sei. Das Wort „Abba" (Mark. 14, 36) ist ein zärtliches, intimes wie „Papa". Wenn wir wirklich glauben, daß der allmächtige Schöpfer und Erhalter des Kosmos unser liebender Vater ist, dann können wir unser angstvolles Sorgen um unseren irdischen Besitz ablegen.
Sorgenfrei zu leben, setzt eine uneingeschränkte Bindung an Jesus als Herrn voraus. Es geht darum, daß wir wirklich zuerst das Reich der Himmel suchen. Jesus war sehr radikal. Wir können „nicht Gott dienen und dem Mammon" (Matth. 6, 24). Mammon ist freilich kein mysteriöser heidnischer Gott.

[7] Vgl. 1. Timotheus 6, 17–19

Das Wort Mammon ist einfach das aramäische Wort für Reichtum und Besitz[8]. Wir müssen uns, wie der reiche Jüngling und Zachäus, zwischen Jesus und dem Reichtum entscheiden. Wie der Kaufmann im Gleichnis Jesu, so müssen auch wir zwischen dem Reich der Himmel und unserem Leben im Wohlstand wählen. „Das Reich der Himmel ist gleich einem Kaufmann, der schöne Perlen suchte. Als er aber *eine* kostbare Perle gefunden hatte, ging er hin, verkaufte alles, was er hatte, und kaufte sie" (Matth. 13, 45. 46; vgl. auch V. 44). Entweder bedeuten uns Jesus und sein Reich so viel, daß wir bereit sind, alles zu opfern, auch unseren Besitz, oder wir machen mit Jesus nicht ernst.

Wenn Jesus wirklich Herr ist und wir unser Vertrauen in einen liebenden, himmlischen Vater setzen dürfen, dann können wir Mut fassen, ohne Angst um unseren Besitz zu leben! Ein solcher sorgenfreier Umgang mit Besitz ist allerdings nicht bloß eine innere geistige oder geistliche Haltung. Er bedeutet auch konkretes Handeln. Gleich nach den zu Herzen gehenden Sätzen Jesu über das sorgenfreie Leben der Raben und Lilien sagt Jesus:

„Verkaufet euren Besitz und gebet ihn als Almosen; machet euch Beutel, die nicht veralten, einen unerschöpflichen Schatz in den Himmeln, wo kein Dieb sich naht und keine Motte Zerstörung anrichtet! Denn wo euer Schatz ist, da wird auch euer Herz sein" (Luk. 12, 33—34).

Wenn es arme Leute gibt, die Hilfe brauchen, wird ein von Sorgen freier Jünger Jesu helfen, auch wenn es bedeuten sollte, Besitztum zu verkaufen. Menschen sind weit wichtiger als Besitz. „Schätze im Himmel sammeln" bedeutet genau dasselbe. In der jüdischen Literatur werden Taten eines Menschen oft als Schätze beschrieben, die im Himmel aufbewahrt werden. Man sammelt im Himmel Schätze, wenn man auf Erden Gerechtigkeit verwirklicht. Hilfe für die Armen ist eine der grundlegendsten Taten im Sinne dieser Gerechtigkeit. Jesus meint natürlich nicht, daß wir aufgrund unserer Hilfe

[8] A. W. Argyle, *Matthew*, „The Cambridge Bible Commentary" (Cambridge: Cambridge University Press, 1963), S. 58

für die Bedürftigen gerettet würden. Aber er möchte diejenigen, die ihm nachfolgen, dazu bringen, daß ihnen am Besitz so wenig liegt, daß sie ihn gerne zum Zwecke der Hilfe Armer und Unterdrückter verkaufen. Solches Handeln gehört wesensmäßig zu einem frohmachenden Leben eines sorgenfreien Umgangs mit Eigentum.

Aber eine schwierige Frage bleibt: Meinte Jesus wirklich, daß wir unseren ganzen Besitz verkaufen sollten? Wie wörtlich müssen wir es nehmen, was er Lukas 6, 30 sagt: „Jedem der dich bittet, gib, und von dem, der dir das Deine nimmt, fordere es nicht zurück!" Jesus redete in der typisch jüdischen, etwas überzeichnenden Sprache, wenn er etwas betonen wollte. Mit dem Satz Lukas 14, 26 meinte er nicht, daß man seinen Vater und seine Mutter wirklich hassen müsse, um sein Jünger zu sein. Aber wir sind mit Jesu Worten so vertraut geworden und haben uns so daran gewöhnt, ihren Aufruf zu radikaler Jüngerschaft und unbedingtem Gehorsam abzuschwächen, daß wir den eigentlichen Inhalt dieser Worte verkennen. Zwar haben die Nachfolger Jesu auch weiterhin Privatbesitz gehabt. Aber Jesus macht dennoch deutlich, daß das Maß des Anteilgebens, das er im Blick hatte, auch das Verkaufen von Eigentum einschließt. Die ersten Christen in Jerusalem nahmen das sehr ernst. Wenn Christen heute in den Wohlstandsländern erfahren wollen, was Jesus mit einem von Sorge um Eigentum und Besitz freien Leben meinte, dann werden sie dasselbe tun müssen.

Auch andere Teile des Neuen Testaments behandeln diese Fragen. Bischöfe durften nicht solche Männer werden, die Geld liebten (1. Tim. 3, 3; Tit. 1, 7). Auch Diakone durften nicht „schändlichen Gewinn suchen" (1. Tim. 3, 8). In vielen Kirchen heute ist jedoch der geschäftliche Erfolg eines der Hauptkriterien für die Besetzung von Ausschüssen u. ä. Ist das nicht eine krasse Verdrehung dessen, was die Bibel über den Stellenwert des Besitzes sagt? Auch diejenigen, die reich sind, sollten aufpassen, daß sie ihre Hoffnung nicht auf die unsichere Grundlage des Reichtums stellen. Stattdessen sollten sie auf Gott vertrauen und großzügig geben (vgl. 1. Tim. 6, 17—18). „Euere Lebensführung sei ohne Geiz, indem ihr euch genügen laßt an dem, was vorhanden ist, denn er selbst hat gesagt: ‚Ich will meine Hand gewiß nicht von dir abziehen und dich sicherlich nicht verlassen'" (Hebr. 13, 5). Wenn für unsere Zukunft gesorgt ist, dann nicht aufgrund unseres Besitzes, sondern weil sie in den Händen eines lebendigen, allmächtigen Vaters ist. Wenn wir wirklich auf ihn trauen und uns seiner Herrschaft ohne Vorbehalt unterstellen, können wir uns vertrauensvoll auf Jesu Freiheit vom Sorgen um Besitz und Eigentum einlassen.

Der reiche Kornbauer

Die meisten Christen in der nördlichen Hemisphäre schenken dem, was Jesus über die großen Gefahren des Reichtums sagt, einfach keinen Glauben. Wir wissen alle, daß Jesus den Reichtum für eine extrem große Gefahr hielt, ja für so gefährlich sogar, daß es nach seiner Meinung einem reichen Menschen schwer sei, überhaupt Christ zu sein. „Es ist leichter, daß ein Kamel durch ein Nadelöhr geht, als daß ein Reicher in das Reich Gottes kommt" (Luk. 18, 24. 25). Doch wir glauben Jesus nicht. Christen in den Vereinigten Staaten leben in der reichsten Gesellschaft, die es in der Weltgeschichte je gab — aber umgeben von einer Milliarde hungernder Mitmenschen. Dennoch fordern wir, daß unsere Regierungen eine immer weiter expandierende wirtschaftliche Entwicklung erreichen, damit unser Einkommen jedes Jahr steigt. Wenn Jesus so „unkapitalistisch" war, daß er den Reichtum für eine gefährliche Sache hielt, dann müssen wir seine Botschaft entweder ignorieren oder uminterpretieren.
Und dennoch hat er es gesagt! Matthäus, Markus und Lukas bewahrten alle das ernste Wort: „Wie schwer kommen die Begüterten in das Reich Gottes!" (Luk. 18, 24; Mark. 10, 23; Matth. 19, 23). Der Kontext dieses Satzes zeigt, warum Reichtum gefährlich ist. Jesus sagte dieses Wort zu seinen Jüngern, gleich nachdem der Reiche Jüngling beschlossen hatte, lieber seinen Reichtum festzuhalten, als Jesus nachzufolgen (Luk. 18, 18—23). Reichtum ist gefährlich, weil uns seine verführe-

rische Kraft sehr häufig dazu bringt, Jesus und sein Reich zurückzuweisen.

Das sechste Kapitel des 1. Timotheusbriefes unterstreicht und verstärkt die Lehre Jesu. Christen sollten sich an Nahrung und Kleidung genügen lassen (1. Tim. 6, 8). Denn:

„Die aber, welche reich werden wollen, fallen in Versuchung und in eine Schlinge und in viele törichte und schädliche Begierden, die die Menschen in Untergang und Verderben stürzen. Denn eine Wurzel aller bösen Dinge ist die Geldgier; und etliche, die sich ihr ergaben, sind vom Glauben abgeirrt und haben sich selbst mit vielen Schmerzen durchbohrt“ (1. Tim. 6, 9. 10).

Das Streben nach Reichtum veranlaßt die Menschen, alles um des geschäftlichen Erfolgs willen zu tun. Die Heilige Schrift warnt davor, weil die Folge jetzt angstvolles Sorgen und einst Gericht sein wird.

Daß wirtschaftlicher Erfolg in Versuchung führt, Gott hinter sich zu lassen, war schon im Alten Testament ein viel behandeltes Thema. Bevor das Volk Israel das verheißene Land betrat, warnte Gott es vor den Gefahren des Reichtums:

„Hüte dich alsdann, des Herrn, deines Gottes, zu vergessen, daß nicht, wenn du dich sattessen kannst und schöne Häuser baust und darin wohnst, wenn deine Rinder und Schafe sich vermehren und Silber und Gold sich dir häuft, und alles was du hast, sich mehrt, daß nicht dein Herz sich alsdann überhebe und du des Herrn, deines Gottes, vergessest ... und daß du nicht bei dir selber sprechest: ‚Meine Kraft und die Stärke meiner Hand hat mir diesen Reichtum erworben“ (5. Mose 8, 11—17).

Ein Überfluß an Reichtum kann uns leicht dazu führen zu vergessen, daß Gott die Quelle aller Güter ist. Wir vertrauen dann auf uns selbst und auf unsern Reichtum, anstatt auf den Allmächtigen unser Vertrauen zu setzen.

Aber Reichtum verführt uns nicht nur dazu, Gott zu vergessen. Oft sind auch Krieg und Vernachlässigung der Armen Folgen des Trachtens nach Reichtum:

„Woher kommen Streitigkeiten und woher Kämpfe unter euch? Nicht daher: aus euren Lüsten, die in euren Gliedern streiten? Ihr begehrt und erhaltet nicht; ihr tötet und eifert und könnt nicht erlangen; ihr kämpft und führt Krieg und erhaltet nicht ...“ (Jak. 4, 1. 2).

Ein Überblick über die Weltgeschichte würde diese Aussage bestätigen.
Die Heilige Schrift enthält eine Fülle von Beispielen, die zeigen, daß sich reiche Menschen um die Armen vor ihrer Tür nicht kümmern (Luk. 16, 19–31; Jes. 5, 8–10; Amos 6, 4–7 und Jak. 5, 1–5). Der brasilianische Erzbischof Dom Helder Camara, der sein Leben ganz in den Dienst des Kampfes um Gerechtigkeit für die Armen gestellt hat, unterstreicht Jesu Anliegen:

„Als ich jung war, dachte ich, daß Christus wohl übertrieben habe, wenn er vor den Gefahren des Reichtums warnte. Heute weiß ich es besser. Ich weiß, wie ungeheuer schwer es ist, reich zu sein und Menschlichkeit zu bewahren. Geld hat die gefährliche Auswirkung, daß man die Welt nur noch unter dem Gesichtspunkt des Lohnes sehen kann, und die gefährliche Eigenart, daß es die Hände, Augen, Lippen und Herzen der Menschen erstarren läßt.[9]"

Reichtum ist also deshalb so gefährlich, weil er oft zu einer Vernachlässigung der Armen, zu Streit und Krieg führt und weil er Menschen dazu verführt, sich von Gott loszusagen.

Der Gebrauch des Wortes „Habsucht" im Neuen Testament (es kommt dort 19 mal vor) wirft ein Licht auf das, was die Bibel meint, wenn sie von den Gefahren des Reichtums redet. Das griechische Wort *pleonexia* (deutsch meist mit „Habsucht" wiedergegeben) meint „nach materiellem Besitz streben".
Jesu Gleichnis vom reichen Kornbauern gibt ein lebendiges Bild vom Wesen der Habsucht. Als einmal ein Mensch zu Jesus kam und ihn bat, ihm in einem Streit um eine Erbangelegenheit zu Hilfe zu kommen, lehnte es Jesus ab. Er sah genau, wo das eigentliche Problem lag und warnte deshalb vor der Habsucht: „Sehet zu und hütet euch vor aller Habsucht! Denn auch wenn einer Überfluß hat, beruht sein Leben nicht auf dem Besitz" (Luk. 12, 15). Er durchschaute, daß dieser Mann von der Gier nach mehr materiellen Gütern besessen war. Und dann erzählte er die Geschichte vom reichen Kornbauern.

[9] Camara, *Revolution through Peace* (New York: Harper, 1971), S. 142 f.

„Das Land eines reichen Mannes hatte gut getragen. Und er dachte bei sich selbst: Was soll ich tun, da ich keinen Raum habe, wohin ich meine Früchte sammeln kann? Und er sagte: Das will ich tun: ich will meine Scheunen abbrechen und größere bauen und dorthin all mein Getreide und meine Güter sammeln und will zu meiner Seele sagen: Seele, du hast viele Güter auf viele Jahre daliegen; ruhe aus, iß, trink, sei fröhlich! Aber Gott sprach zu ihm: Du Tor! In dieser Nacht fordert man deine Seele von dir; was du aber bereitgelegt hast, wem wird es zufallen? So geht es dem, der für sich Schätze sammelt und nicht reich ist vor Gott" (Luk. 12, 16--21).

Der reiche Kornbauer ist der Inbegriff eines habgierigen Menschen. Er hat den starken Drang, mehr und mehr Reichtum und Güter zu erwerben, obwohl er sie nicht braucht. Und sein phantastischer Erfolg im Anhäufen von Besitz und Reichtum führt zu der blasphemischen Schlußfolgerung, daß materieller Besitz alle seine Bedürfnisse stillen könne. Aus göttlicher Perspektive ist diese Haltung jedoch eine einzige Torheit.
Man kann das Gleichnis vom reichen Kornbauern als Amerikaner oder Europäer nicht lesen, ohne an die eigene Gesellschaft zu denken. Wir kaufen in verrückter Weise immer mehr komplizierte Geräte, bauen größere und höhere Gebäude und richten schnellere Transportmittel ein, nicht weil uns diese Dinge mehr Lebensqualität bringen, sondern weil wir von einer Besessenheit nach mehr und immer noch mehr getrieben werden. Habsucht, also Streben nach mehr materiellem Besitz, ist das Hauptlaster unserer westlichen Zivilisation geworden.
Das Neue Testament macht über die Habsucht viele Aussagen. Ihrem wahren Wesen nach ist sie Götzendienst. Die Bibel sagt sogar, daß habsüchtige Menschen aus der Kirche ausgeschlossen werden müßten. Auch wird kein Habgieriger das Reich Gottes ererben.
Im ersten Kapitel des Römerbriefes sagt Paulus, daß Gott manchmal die Sünde dadurch bestraft, daß die Sünder die immer zerstörender wirkenden Folgen ihrer Rebellion gegen ihn erfahren müssen. „Und wie sie es verworfen haben, Gott recht zu erkennen, so gab sie Gott in einen verworfenen Sinn dahin, zu tun, was sich nicht geziemt, sie, die erfüllt sind mit jeglicher Art von Ungerechtigkeit, Schlechtigkeit, *Habsucht* . . .

Mord, Hader, Betrug ..." (Röm. 1, 28–29). Habgier ist eine der Sünden, mit denen Gott unsere Rebellion bestraft. Das Gleichnis vom reichen Kornbauern macht deutlich, wie diese Strafe aussieht. Als Menschen, die für die Gemeinschaft mit Gott erschaffen sind, können wir nicht echte Erfüllung im Leben finden, wenn wir sie in materiellem Besitz suchen. Doch wir streben verzweifelt und wie verrückt nach immer mehr Häusern und „Scheunen". Schließlich machen wir unseren Besitz zum Gegenstand der Anbetung. Paulus nennt dies schlicht Götzendienst (Eph. 5, 5; Kol. 3, 5).
Paulus befahl den Korinthern sogar, gegen habsüchtige Mitglieder der Gemeinde Kirchenzucht zu üben (1. Kor. 5, 11). Christen von heute sind überhaupt nicht überrascht darüber, daß er die Korinther aufforderte, ein Gemeindeglied zu exkommunizieren, das mit der Frau seines Vater zusammenlebte (1. Kor. 5, 1–5). Aber wir übersehen, daß Paulus fortfuhr (1. Kor. 5, 11), die Christen zu ermahnen, keine Gemeinschaft mit Menschen zu haben, die zwar vorgeben, Christen zu sein, aber habgierig sind. Laden wir uns nicht auch die Schuld der Habsucht auf, wenn wir einen immer höheren Lebensstandard fordern, wo doch eine Milliarde Mitmenschen hungrig ist? Es ist Zeit für die Kirche, daß sie Kirchenzucht gegen die anwendet, die durch Habsucht schuldig geworden sind[10]. Ob es nicht biblischer wäre, diejenigen, deren habsüchtiges Streben nach immer mehr Geld zu „geschäftlichem Erfolg" geführt hat, der Kirchenzucht zu unterwerfen, als sie in den Kirchengemeinderat zu wählen? Dies wäre ein letztes Mittel, das uns zur Verfügung steht, um deutlich zu machen, daß nach biblischer Lehre habgierige Menschen das Reich Gottes nicht erwerben werden.

„Oder wißt ihr nicht, daß Ungerechte das Reich Gottes nicht ererben werden? Irret euch nicht! Weder Unzüchtige noch Götzendiener noch Ehebrecher noch Lustknaben noch Knabenschänder noch Diebe noch Habsüchtige noch Trunkenbolde noch Lästerer noch Räuber werden das Reich Gottes ererben" (1. Kor. 6, 9–10).

[10] Zur Diskussion über die Kirchenzucht vgl. meinen Artikel „Watching Over One Another in Love", *The Other Side, XI* (Mai/Juni 1975), S. 10 ff., bes. S. 59

Habgier ist nicht weniger Sünde als Götzendienst und Unzucht.
Ein ähnlich starkes, unzweideutiges Wort findet sich im Epheserbrief: „Denn das sollt ihr erkennen und wissen, daß kein Unzüchtiger oder Unkeuscher oder Habsüchtiger, was soviel als ein Götzendiener ist, Erbteil hat am Reiche Christi und Gottes" (Eph. 5, 5). Diese Bibelabschnitte sollten uns alle auf die Knie treiben.

Der „Ring des Geliebten"

Besitz ist gefährlich. Aber er ist nicht an sich böse. Die Bibel beginnt mit der Schöpfungsgeschichte. Das Geschaffene, sagte Gott, war sehr gut (1. Mose 1). Der biblische Glaube weiß nichts von einer Askese um ihrer selbst willen. Nirgends steht, daß es besonders tugendhaft sei, sich von Essen, Besitz oder Sexualität abzuwenden. Zwar sind diese Dinge, wie Augustin sagte, nur „der Ring des Geliebten", nicht der Geliebte selber. Manchmal werden bestimmte Umstände uns nötigen (z. B. ein wichtiger Missionseinsatz oder Bedürfnisse armer Menschen), auf diese Dinge zu verzichten. Aber sie sind dennoch Teil der guten Schöpfung Gottes. Wie der Ring, der dem oder der Geliebten gegeben wird, sind auch sie Zeichen seiner Liebe. Wenn wir sie als gute Beweise seiner Zuneigung schätzen, anstatt sie für den Geliebten selber zu halten, dann sind sie wunderbare Gaben, die unser Leben bereichern.
Gottes Bestimmung für Israels Gebrauch des Zehnten ist kennzeichnend für den Standpunkt der Heiligen Schrift (5. Mose 14, 22—27). Jedes dritte Jahr gab man, wie wir sahen, den Zehnten an die Armen. In den anderen Jahren sollten die Menschen an die Stätte des Gottesdienstes gehen und ein großes Fest veranstalten. Sie sollten fröhlich sein und feiern. „Du sollst vor dem Herrn, deinem Gott, an der Stätte, die er erwählt, daß er seinen Namen daselbst wohnen lasse, den Zehnten deines Korns, deines Weins und deines Öls essen, ebenso die Erstgeburt von deinen Rindern und deinen Schafen" (5. Mose 14, 23). Diejenigen, die von der Gebetsstätte

weit entfernt wohnten, konnten den Zehnten dessen, was sie an Naturalien hätten mitbringen müssen, verkaufen und stattdessen das Geld mitbringen. Man höre, wie Gottes Anweisungen für die festliche Veranstaltung lauten:

„... dann kaufe für das Geld, wonach nur dein Herz gelüstet: Rinder, Schafe, Wein, starke Getränke und was sonst dein Herz begehrt, und iß daselbst vor dem Herrn, deinem Gott, und sei fröhlich, du und dein Haus" (5. Mose 14, 26)!

Gott möchte, daß sein Volk auf diese Weise die herrlichen Güter seiner Schöpfung feiert.

Das Beispiel, das Jesus mit seinem Leben gab, stimmt mit dem Alten Testament genau überein. Gewiß sagte er vieles über die Gefahr des Reichtums. Aber er war kein Asket. Er nahm gerne an Hochzeiten teil und trug sogar dazu bei, daß die Gäste genug zu trinken hatten (Joh. 2, 1—11). Er aß auch mit Wohlhabenden. Offenbar war er von Festen und Feiern genügend begeistert, um seinen Feinden Gelegenheit zu geben, das Gerücht in die Welt zu setzen, daß er ein „Schlemmer und Weinsäufer" sei (Matth. 11, 19). Christliches Asketentum hat zwar eine große Tradition; aber das Leben Jesu stellt seine Grundvoraussetzungen in Frage.

Ein kurzer Abschnitt im 1. Timotheusbrief bringt die biblische Lehre zu diesen Dingen auf eine kurze Formel. Es heißt, daß die Menschen in den letzten Tagen das Heiraten verbieten wollen und fordern, daß man sich von Speisen zu enthalten hätte. Doch ihre Reden sind irreführend, „weil alles von Gott Geschaffene gut ist und nichts verwerflich ist, wenn es mit Danksagung empfangen wird" (1. Tim. 4, 1—4).

Das, was die Bibel über die gute Schöpfung und den Gebrauch ihrer Güter lehrt, widerspricht all dem nicht, was wir bereits besprochen haben. Es bleibt wahr, daß Reichtum gefährlich ist und daß das Volk Gottes Selbstverleugnung praktizieren muß, indem es den Armen hilft und die Hungrigen speist. Aber dieser biblische Auftrag darf die andern Aspekte der Schrift nicht verdrängen. Die Christen müssen heute ja nicht deshalb ihren Lebensstandard senken, weil Essen, Kleidung und Besitz als solche etwas Böses seien. Sie sollen das deshalb tun, weil andere hungern. Die Schöpfung ist gut. Aber der, der uns dieses großartige Zeichen seiner Liebe gegeben hat, erwartet von uns, daß wir es mit unseren Schwestern und Brüdern teilen.

Wohlstand — immer Segen Gottes?

Garantiert Gehorsam Wohlstand? Ist es wahr, daß „im Hause des Frommen großer Reichtum (ist)" (Spr. 15, 6)? Kann man diesen Satz auch umdrehen? Sind Besitz und Wohlstand ein sicheres Zeichen persönlicher Rechtschaffenheit? Die Bibel romantisiert die Armut nicht. Sie ist ein Fluch (2. Sam. 3, 29; Ps. 109, 8—11). Manchmal ist sie auch die Folge von Sünde, aber durchaus nicht immer! Eine der grundlegenden Absichten des Buches Hiob besteht darin zu zeigen, daß Armut und Leiden nicht immer Folge des Ungehorsams sind. Ja, sie können sogar erlösende Funktion haben (Jes. 53). Dennoch sind Leiden und Armut in sich auch nicht gut. Sie sind tragische Zerstörungen von Gottes guter Schöpfung.
Auf der anderen Seite ist Wohlstand gut und wünschenswert. Gott hat seinem Volk Israel versprochen, daß ihm sein Gehorsam den Wohlstand eines Landes bringen werde, in dem Milch und Honig fließen (5. Mose 6, 1—3):

„Und diese Segnungen werden über dich kommen, ... wenn du auf das Wort des Herrn, deines Gottes hörst ... Und Gutes im Überfluß wird der Herr dir geben, an der Frucht deines Leibes, an der Frucht deines Viehs und an der Frucht deines Landes" (5. Mose 28, 2. 11; vgl. auch 5. Mose 7, 12—15).

Daß Gott Gehorsam häufig mit materiellen Gütern belohnt, ist ein klarer biblischer Tatbestand.
Aber diese Segensverheißung wurde immer von einer Fluchdrohung begleitet (5. Mose 6, 14—15; 28, 15—68; 8, 11—20). Wir haben in den letzten beiden Kapiteln gesehen, daß die häufigsten Gebote Gottes an sein Volk die waren, die Hungrigen zu speisen und Armen und Unterdrückten Gerechtigkeit zu verschaffen. Weil Israel dieses Gebot ständig übersah,

traf es Gottes Fluch. Der Wohlstand Israels in den Tagen des Amos und Jesaja war nicht die Wirkung göttlichen Segens. Er war das Ergebnis einer sündhaften Unterdrückung der Armen. Gott hat die Nation deshalb zerstört.

Die Bibel lehrt also, daß Gott Gehorsam mit Wohlstand belohnt. Aber sie sagt nie das Gegenteil. Es ist eine besonders im Westen beheimatete Häresie zu denken, daß Reichtum und Wohlstand immer sichere Zeichen von Rechtschaffenheit und Gerechtigkeit seien. Sie können ebenso das Ergebnis von Sünde und Unterdrückung sein, wie im Falle Israels[11]. Der entscheidende Punkt ist der, ob die Wohlhabenden Gottes Gebot, den Unterdrückten Recht zu schaffen, Folge leisten. Wenn sie es nicht tun, leben sie in Ungehorsam Gott gegenüber.

Die Zuordnung von Gerechtigkeit, Wohlstand und Hilfe für die Armen wird in der Heiligen Schrift ausdrücklich gelehrt. Das Bild, das in Sprüche 31 von der guten Hausfrau gezeichnet wird, ist eine eindrückliche Illustration. Sie ist eine kluge Geschäftsfrau, die Felder kauft und Handel treibt (V. 14. 16. 18). Sie ist eine rechtschaffene Frau, die den Herrn fürchtet (30). Ihr Gehorsam und ihr Fleiß bringen ihr ganz offensichtlich Wohlstand. Aber materielle Güter verhärten ihr Herz nicht gegenüber den Armen. „Liebreich bietet sie ihre Hand dem Elenden, streckt sie dem Armen entgegen" (V. 20).

In Psalm 112 heißt es:

„Wohl dem Manne, der den Herrn fürchtet, an seinen Geboten so recht seine Lust hat! ... Reichtum und Überfluß ist in seinem Haus ... Mild und barmherzig ist der Gerechte. Glücklich der Mann, der mild ist und leiht, und seine Sachen ausrichtet nach dem Recht ... Er streut aus ... er gibt den Armen" (Ps. 112, 1. 3—5. 9).

Der Rechtschaffene verteilt seine Güter großzügig an die Armen. Er stellt für die Unterdrückten Gerechtigkeit her. In dem hier geschilderten Leben kommt der Wohlstand vom Gehorsam und nicht von Unterdrückung.

[11] Vgl. oben S. 54—57

Gottes Wille ist Wohlstand mit Gerechtigkeit. Das heißt aber nicht, daß reiche Menschen, die Weihnachtspäckchen machen und Spenden geben, Gottes Auftrag schon erfüllt hätten. Gottes Wille ist strukturelle Gerechtigkeit für die Armen. Solche Gerechtigkeit aber — das haben wir gesehen — hat keine geringeren Dimensionen als das alttestamentliche Jubeljahr und Sabbatjahr mit dem Erlassen von Schulden. Sie kann nicht ohne die Dimension wirtschaftlicher Strukturen gedacht werden, die übermäßigen Reichtum genauso wie große Armut im Blick haben und ausgleichen. Gerechtigkeit bedeutet nichts Geringeres als ein deutliches Sich-Gegenseitig-Helfen auf wirtschaftlichem Gebiet — innerhalb des Volkes Gottes und darüber hinaus. Ein Wohlstand, der von dieser Gerechtigkeit nichts aufweist, ist ein klares Zeichen von Ungehorsam.

Wie schon erwähnt, lehrt das Alte Testament, daß materieller Besitz manchmal auch Folge göttlichen Segens ist. Ist aber dieser Gedanke mit Jesu Aussage „Selig seid ihr Armen, denn euch gehört das Reich Gottes" (Luk. 6, 20) in Einklang zu bringen? Sieht Jesus die Armut selbst als eine Tugend, als ein Ideal an? Und weiter, wie ist das Verhältnis der lukanischen Version der Seligpreisung zu der des Matthäus, wo es heißt: „Selig sind die Armen *im Geiste*" (Matth. 5, 3)?

Die Redeweise vom „frommen Armen" ist ein geprägter Sprachgebrauch. Die Geschichte dieses Ausdrucks zeigt, daß schon die Psalmen das besondere Ziel von Gottes Gunst und Schutz oft in den Armen sahen, und zwar genau deshalb, weil sie von den Reichen unterdrückt wurden (vgl. z. B. Ps. 8). Als Griechenland und dann die Römer Palästina eroberten, durchdrang die hellenistische Kultur mit ihren Wertvorstellungen die jüdische. Diejenigen, die Jahwe die Treue hielten, kamen vielfach in finanzielle Not. Auf diese Weise kam es dazu, daß der Ausdruck „der Arme" den Juden beschrieb, der seinem Glauben treu blieb. „Er wurde praktisch gleichbedeutend mit „fromm" und „gottesfürchtig". Er spiegelt eine Situation wider, wo die Reichen hauptsächlich diejenigen waren, die ihre eigene Überzeugung an die hereindrängende Kultur verraten haben und ihren Glauben durch neue heidnische Gedanken haben verderben lassen. Die Armen waren die

Frommen, die Treuen gleichzeitig die Unterdrückten, die Reichen, aber zugleich die Mächtigen, Unfrommen, Weltlichen, ja sogar solche, die vom Glauben abfielen[12].

In einer solchen Lage sind die Rechtschaffenen oft arm, hungrig und traurig, und dies nicht nur im Geist, sondern auch in den leiblichen Dimensionen! Matthäus hat Jesu Worte nicht „spiritualisiert". Er hat nur einen anderen Aspekt dessen aufgegriffen, was Jesus urspünglich meinte. Jesus redet von denen, die die Treue hielten und so nach Gerechtigkeit hungerten, daß sie sogar ihre materiellen Güter opferten, wo es nötig wurde. Jesus sagt also nicht, daß Armut und Hunger als solche wünschenswert wären. Aber in einer sündigen Welt, wo Erfolg und Wohlstand oft nur möglich sind, wenn man Gottes Gesetz mißachtet, sind Armut und Hunger dann Segen. Das Reich Gottes ist genau für diese Menschen bestimmt.

Der Abschnitt Markus 10, 29–30 kann zu noch mehr Klarheit verhelfen. Jesus verhieß, daß die, die um des Königreiches willen alles verlassen, noch in diesem Leben hundertfältig empfangen werden. Er dachte damit sogar an Häuser und Land, Teile der guten Schöpfung, die auf unsere Lebensfreude abzielen. Im gleichen Satz sagt er jedoch Verfolgungen an. Manchmal, vielleicht immer, ist es so, daß die Mächtigen und Reichen diejenigen verfolgen, die es wagen, Jesus ohne Vorbehalte nachzufolgen. Hunger und Armut sind oft die Konsequenzen. In einer solchen Zeit sind die armen und hungernden Jünger wirklich gesegnet!

Ich habe den Eindruck, daß wir an der Schwelle einer solchen Epoche stehen. Es könnte nämlich bald die Zeit kommen, in der diejenigen, die das predigen, was die Bibel über Armut und Besitz lehrt, Verfolgungen erdulden müssen. Wenn die „Umverteilungskriege", von denen Heilbroner sprach[13], Wirklichkeit werden, wenn sich Wohlstandsländer für den Krieg entscheiden, um sich ihren ungerechten Anteil an Nahrung und Rohstoffen weiterhin zu sichern, dann wird es in den Wohlstandsländern unvermeidlich zu Verfolgungen kommen.

[12] Ziesler, *Christian Ascetism*, S. 52

[13] Vgl. oben S. 24

In einer solchen Zeit werden Christen weiterhin betonen, daß Besitzrechte nicht absolut sind. Sie werden mutig darauf bestehen, daß das Recht der Individuen und Nationen, Land und Rohstoffe nach eigenem Gutdünken zu gebrauchen, durch das Recht aller Menschen auf Nahrung und angemessenen Lebensunterhalt eingeschränkt ist. Sie werden dann gründlicher als heute verstehen, was Jesus mit der Sorglosigkeit im Blick auf Geld und Besitz meinte. Wenn sie dann sehen, wie ihre Mitchristen Sicherheit und Wohlstand statt Treue und Verfolgung wählen, dann werden sie deutlich erkennen, wie gefährlich Besitz und Reichtum sind. Sie werden gewiß nicht die guten Gaben der Schöpfung verachten. Aber wenn sie zwischen Besitz und Reich Gottes zu wählen haben, dann werden sie getrost den „Ring des Geliebten" hergeben.

6. Das Böse in den Strukturen

„Nun wohlan, ihr Reichen, weinet und jammert über die Drangsale, die über euch hereinbrechen! Euer Reichtum ist verfault und eure Kleider sind von Motten zerfressen. Euer Gold und Silber ist verrottet, und ihr Rost wird zum Zeugnis wider euch sein und euer Fleisch verzehren wie Feuer. Ihr habt Schätze gesammelt in den letzten Tagen. Siehe, der Lohn der Arbeiter, die eure Felder abgemäht haben, welcher von euch zurückbehalten worden ist, schreit laut, und das Rufen der Schnitter ist vor die Ohren des Herrn der Heerscharen gekommen. Ihr habt auf Erden wollüstig und üppig gelebt; ihr habt eure Herzen gesättigt am Tage der Schlachtung; ihr habt den Gerechten verurteilt, getötet, er widersteht euch nicht" (Jak. 5, 1–6).

In den frühen Fünfzigerjahren war das Gymnasium „Northeast High School" in Philadelphia durch seine großartigen akademischen Leistungen und die schon traditionellen sportlichen Erfolge sehr berühmt. Als zweitälteste Schule in der Stadt hatte sie hervorragende Lehrer und eine gute Tradition. Außerdem hatte sie fast nur Schüler weißer Hautfarbe. Mitte der Fünfzigerjahre zogen allerdings immer mehr Schwarze in die Wohngegend. Die Massen flohen in Scharen in eine weiter außerhalb der Stadt liegende Gegend Philadelphias, die ganz weiß war. Es war nur natürlich, daß ein neues Gymnasium dort draußen in diesem sich neu entwickelnden weißen Gebiet der Stadt nötig wurde.

Als die modern eingerichtete neue Schule 1957 vollendet wurde, nahm sie einfach den Namen der alten mit und zusammen mit ihm ihre ehrwürdige Tradition und ihr akademisches und sportliches Ansehen. Die alte Schule bekam den neuen Namen „Edison High". Die neue Schule nahm auch alle Auszeichnungen, sportlichen Trophäen und Preise mit, ebenso die Schulfarben, Schullieder und alles Geld. Aber das schlimmste war, daß den Lehrern freigestellt wurde, zur neuen „Northeast High School" zu gehen. Zwei Drittel taten es. Die schwarzen Studenten, die nun „Edison High" besuchten, behielten das alte, schnell verfallende Gebäude, hatten häufig

Lehrervertretungen zu verkraften und waren ohne Tradition. Auch brachten die darauffolgenden Jahre keine besseren Lehrer oder angemessene Lernmittel. Der Leistungsdurchschnitt wurde von 1957 an immer schlechter. „Edison High" hat allerdings einen Nationalrekord aufgestellt: Im Vietnamkrieg starben mehr von „Edison High" kommende Schüler als von jedem anderen Gymnasium der Vereinigten Staaten!
Wer ist für solche Sünden verantwortlich zu machen? Lokale, bundesstaatliche oder andere Politiker, die eine solche Rassentrennung, die sich schulpolitisch so gravierend niederschlägt, für Jahrzehnte zementiert haben? Die Eltern, die höchstens ein teilweises Bild von dem gewonnen haben, was vor sich geht? Die Verantwortlichen der umliegenden christlichen Gemeinden? Die weißen Schüler selbst, deren hervorragende Ausbildung und Arbeitsplätze deshalb möglich wurden, weil die schwarzen Schüler an „Edison High" unzureichende Ausbildungsmöglichkeiten und schlechte Lehrer hatten? Wer trägt die Schuld? Viele würden es wahrscheinlich ablehnen, nach einem Schuldigen zu suchen. „So geht es halt im Leben!" Und sie hätten mit diesem hilflosen Satz recht. Denn eingefahrene Geleise hinsichtlich der Arbeitsplatzbeschaffung und der Wohnungspolitik haben ganz automatisch zu „Edison High" geführt. Doch mit dieser Auskunft können wir uns im Blick auf die Frage nach der Verantwortlichkeit nicht zufriedengeben. Die Frage an uns ist: Laden wir nicht Schuld auf uns, wenn wir uns an sündigen gesellschaftlichen Strukturen und Verhaltensgewohnheiten beteiligen, die in unfairer Weise den einen zugute kommen und den anderen schaden?

Die Bibel über das strukturelle Böse

Was die Bibel zur Frage der gesellschaftlichen Ungerechtigkeit und zum Bösen in den Strukturen lehrt, wird in der Kirche heute oft verschwiegen.
Was sagt die Bibel zum Thema „das Böse in den Strukturen", und inwiefern wirft das ein Licht auf das Verständnis der Schrift von Armut und Hunger?

Christen beschränken den Bereich der Ethik oft auf das Problem der „persönlichen" Sünden. Vor wenigen Jahren gab es einmal eine Studie, deren Ergebnis war, daß von den über 1500 erfaßten Pfarrern die theologisch konservativen über Sünden wie Drogenmißbrauch und sexuelle Verfehlungen deutlich sprechen[1]. Aber sie versagen im Blick auf die Notwendigkeit, auch über die strukturellen Sünden zu predigen — z. B. den in der Gesellschaft herrschenden Rassismus, die ungerechten wirtschaftlichen Strukturen und solche militärischen Einrichtungen, die Menschen genauso zerstören wie Alkohol und Drogen.

Es besteht ein großer Unterschied zwischen bewußten und beabsichtigten persönlichen Taten (wie z. B. einen Freund belügen oder Ehebruch begehen) und der Beteiligung an ungerechten sozialen Strukturen. Sklaverei ist ein Beispiel für das zweite, ebenso das System der Kinderarbeit im letzten Jahrhundert, als zehnjährige Kinder zwölf bis sechzehn Stunden pro Tag arbeiten mußten. Sowohl Sklaverei als auch Kinderarbeit waren legal. Aber sie machten Millionen von Menschen kaputt. Sie waren Sünde in Gestalt von Strukturen und Institutionen. Im zwanzigsten Jahrhundert haben gerade wir Evangelikalen unsere eigenen guten Traditionen aus dem neunzehnten Jahrhundert, nämlich die Teilnahme an der Bekämpfung gesellschaftlicher Mißstände im Vergleich zu der Betonung individueller Sünden vernachlässigt, anstatt beide Aspekte in rechter Weise zu verbinden. Der Bibel geht es um beides. Das Wort des Herrn erging folgendermaßen:

„Wegen der drei Freveltaten Israels, wegen der vier, nehme ich es nicht zurück: weil sie den Unschuldigen um Geld verkaufen und den Armen wegen eines Paars Schuhe. Sie treten in den Staub das Haupt der Geringen und drängen die Elenden beiseite. Sohn und Vater gehen zur Dirne, meinen heiligen Namen zu entweihen" (Amos 2, 6. 7).

Exegeten des Alten Testaments haben gezeigt, daß hinter dem Satz: „weil sie den Unschuldigen um Geld verkaufen und den Armen wegen eines Paars Schuhe" eine legale Institution

[1] *Psychology Today*, April 1970, S. 38 ff

stand[2]. Die Mißhandlung der Armen war *legal!* Gott verdammt in einem Atemzug sowohl sexuelle Sünden wie „rechtmäßige" Unterdrückung der Armen. Beides ist gleichermaßen im Gottesverhältnis unmöglich.
Dasselbe offenbart Gott durch seinen Propheten Jesaja:

„Wehe denen, die Haus an Haus reihen und Acker an Acker rücken, bis kein Platz mehr ist und ihr allein Besitzer seid mitten im Lande! Denn vernehmen ließ sich in meinen Ohren der Herr der Heerscharen: Fürwahr, viele Häuser sollen öde werden, große und schöne, damit niemand darin wohne ... Wehe denen, die früh am Morgen schon dem Rauschtrank nachjagen, die bis tief in die Nacht der Wein erhitzt" (Jes. 5, 8—11).

Genauso kraftvoll ist die knappe, fast zynische Aussage in den Versen 22 und 23 desselben Kapitels:

„Wehe denen, die Helden sind im Weintrinken und Kraftmenschen im Mischen des Rauschtranks! Die dem Schuldigen Recht geben um Bestechung und dem Unschuldigen sein Recht absprechen!"

Hier werden wieder in einem Atemzug Sünden derer genannt, die als Wohlhabende und Bodenspekulanten die Armen ausbeuten, als auch diejenigen gewarnt, die sich der Trunkenheit hingeben. Große wirtschaftliche Ungleichheit ist vor Gott ein gleich großer Greuel wie Trunkenheit.
Manche der tief im gesellschaftskritischen Engagement stehenden jungen Leute sind der Ansicht, daß sie, solange sie für die Rechte von Minderheiten und gegen Militarismus kämpfen, moralisch ohne Tadel seien, egal wie oft sie mit dem einen oder andern Mädchen aus ihrer Bewegung gerade einmal eine Nacht zubringen. Auf der anderen Seite meinen andere, vorwiegend Ältere, daß sie, solange sie nicht rauchen, trinken und lügen, moralisch rechtschaffen seien, obwohl sie in rassisch getrennten Stadtteilen leben und Aktionäre von Gesellschaften sind, die die Armen auf dieser Erde ausbeuten. Gott hat jedoch gezeigt, daß es genauso sündhaft ist, Arbeiter um ihren gerechten Lohn zu bringen, wie eine Bank auszurauben. Bei

[2] John Bright, *A History of Israel* (Philadelphia: Westminster Press, 1959), S. 241, A. 84

einer Wahl seine Stimme für einen Rassisten abzugeben, weil er Rassist ist, ist genauso sündhaft, wie wenn einer mit der Frau seines Nachbarn schläft. Stillschweigende Teilnahme an der Verschmutzung der Umwelt als Teilhaber einer Fabrik ist genauso schlimm, wie wenn man seine Lungen durch starkes Rauchen beschädigt.

Gott tut sein Mißfallen an sündhaften *Institutionen* deutlich in Amos 5, 10—15 kund. (Um diesen Abschnitt recht zu verstehen, ist es wichtig zu wissen, daß Israel die Gerichtsverhandlungen am Stadttor abhielt.)

„Sie hassen den, der im Tor für das Recht eintritt, und verabscheuen den, der die Wahrheit redet ... Ich weiß, eurer Freveltaten sind viele, und zahlreich sind eure Sünden, die ihr den Unschuldigen bedrängt und Bestechung nehmt und den Armen im Gericht unterdrückt ... Suchet das Gute und nicht das Böse, damit ihr lebet ... Hasset das Böse und liebet das Gute und stellet Recht her im Tor ..."

„Es ströme wie Wasser das Recht" (Amos 5, 24) — das ist kein abstrakter Wunsch. Dem Propheten geht es um die Gerechtigkeit im gesellschaftlichen System. Er will sagen: Macht Schluß mit der korrupten Rechtsordnung, die es erlaubt, daß die Wohlhabenden sich freikaufen können, während die Armen lange Strafzeiten verbüßen müssen.

Auch sind es nicht nur die unehrlichen und bösartigen Menschen *in* den Rechtsordnungen, die angeklagt werden. Es ist ganz deutlich, daß die Bibel Rechtsordnungen selber als einen Greuel vor Gott bezeichnen kann:

„Du hast ja nicht Gemeinschaft mit dem Richterstuhl der Bösen, die das Gesetz mißbrauchen und Unheil schaffen. Aber sie rotten sich zusammen wider den Gerechten und verurteilen unschuldig Blut. Aber der Herr ist mein Schutz, mein Gott ist der Hort meiner Zuversicht. Und er wird ihnen ihr Unrecht vergelten und sie um ihrer Bosheit willen vertilgen; der Herr, unser Gott, wird sie vertilgen" (Ps. 94, 20—23, nach Luthers Übers.).

Gott möchte, daß sein Volk etwas davon weiß, daß Regierungen Böses durch Gesetze legalisieren können, daß sie imstande sind, unschuldiges Blut unter dem Schein des Rechts zu verurteilen.

Gott läßt dasselbe durch den Propheten Jesaja verkündigen:

„Wehe denen, die ungerechte Satzungen aufsetzen, und den Schreibern, die immerfort Qual schreiben, die Armen vom Gerichte zu verdrängen und den Elenden meines Volkes das Recht zu rauben ... Was wollt ihr tun auf den Tag der Ahndung und auf das Unwetter, das von ferne kommt? Zu wem wollt ihr fliehen um Hilfe, und wohin wollt ihr euren Reichtum flüchten? Beugt sich einer nicht unter den Gefangenen, so wird er unter den Erschlagenen fallen. Bei alledem hat sich sein Zorn nicht gewandt, und noch ist seine Hand ausgereckt" (Jes. 10, 1—4).

Es ist leicht möglich, Unterdrückung zu legalisieren. Damals wie heute ersannen Gesetzgeber ungerechte Gesetze und führte eine Bürokratie die Ungerechtigkeiten aus. Doch Gott ruft über sie sein göttliches „Wehe" aus, wenn sie ihr öffentliches Amt dazu mißbrauchen, ungerechte Gesetze zu machen und unfaire Rechtsentscheidungen zu fällen. Legalisierte Unterdrückung ist vor Gott ein Greuel! Deshalb ermahnt er sein Volk, nicht im Bunde mit Regierungssystemen zu stehen, die Unrecht gesetzmäßig verankern.

Der gerechte Herr der Welt wird die ungerechten Herrscher und die ungerechten gesellschaftlichen Institutionen zerstören (vgl. 1. Kön. 21). Ihm geht es auch um wirtschaftliche Strukturen und Rechtsordnungen. Gott nimmt es nicht hin, daß Hunderte, Tausende und Millionen von Menschen durch sie zerstört werden.

Es gibt noch eine andere Seite an dem sich in struktureller Gestalt äußernden Bösen, das es besonders gefährlich macht. Die strukturelle Gestalt des Bösen ist so unscheinbar, daß man von ihr leicht gefangen werden kann und sie kaum erkennt. Gott läßt seinen Propheten Amos eines der härtesten Worte sprechen, die in der Heiligen Schrift stehen. Es ist gegen die kultivierten, freundlich-höflichen Damen der oberen Gesellschaftsschicht seiner Zeit gerichtet:

„Hört dieses Wort, ihr Basankühe auf dem Berge Samariens, die ihr die Geringen bedrückt und die Armen zermalmt und zu euren Männern sagt: ‚Schafft her, daß wir zechen!' Gott der Herr hat bei seiner Heiligkeit geschworen: Siehe, es werden Tage über euch kommen, da holt man euch heraus mit Haken und eure Brut mit Angeln" (Amos 4, 1. 2).

Die angesprochenen Damen werden wohl nur wenig direkten Kontakt mit den verarmten Bauern gehabt haben. Sie dürften niemals wirklich bemerkt haben, daß ihre herrlichen Kleider und feurigen Partys nur möglich waren, weil sich die Bauern in Schweiß und Tränen abrackerten. Vielleicht sind sie sogar gelegentlich zu einzelnen Bauern nett gewesen, wenn sie sie trafen. (Vielleicht gaben sie ihnen einmal im Jahr „Weihnachtsgeschenke".) Doch Gott nannte diese privilegierten Frauen „Kühe", weil sie aus sozialen Mißständen Nutzen zogen. Daher waren sie vor Gott schuldig[3].

Wenn man ein Angehöriger dieser privilegierten Klasse ist, die von dem strukturellen Bösen profitiert und man nichts dazu tut, daß sich diese Strukturen ändern, dann macht man sich vor Gott schuldig. Denn gesellschaftliche Übel sind vor Gott genauso Unrecht wie individuelle Verfehlungen. Sie betreffen sogar mehr Menschen — und sind doch schwerer zu erkennen!

Die Propheten machten auch deutlich, wie Gott auf unterdrükkende gesellschaftliche Strukturen antwortet. Die Armen sind ihm ein so großes Anliegen, daß er die gesellschaftlichen Strukturen zerstört, die die Armut dulden und sogar noch fördern. Immer wieder erklärte Gott, daß er die Nation Israel auslöschen würde — und zwar wegen seinem Götzendienst *und* seiner schlechten Behandlung der Armen.

Dieses *„und"* ist entscheidend. Wir dürfen nicht so gefangengenommen werden von horizontalen Problemen sozialer Gerechtigkeit, daß wir vertikale Verfehlungen wie den Götzendienst nicht mehr wahrnehmen. Moderne Christen haben offensichtlich manchmal einen unbezähmbaren Drang, von einem Extrem ins andere zu fallen. Aber die Bibel möchte unsere Einseitigkeit korrigieren.

Die folgenden Amoszitate könnten durch viele ähnliche aus anderen Büchern der Bibel ergänzt werden.

„Darum, weil ihr den Geringen zertretet und Abgaben vom Korn von ihm nehmt — wohl habt ihr Häuser aus Quadern gebaut, doch ihr werdet nicht darin wohnen; wohl habt ihr köstliche Weinberge gepflanzt, doch ihren Wein werdet ihr nicht trinken" (Amos 5, 11).

[3] Vgl. auch Jesaja 3, 13—17

„Wehe euch, die ihr auf Elfenbeinbetten liegt, ausgestreckt auf euren Lagern, die ihr Lämmer eßt von der Herde und Kälber aus der Mast … euch aber nicht härmt um den Schaden Josephs. Darum schwört nun Gott der Herr bei sich selbst: Allen voran sollen sie in die Verbannung wandern, und es vergeht der Jubel derer, die auf den Lagern sich streckten, spricht der Herr, der Gott der Heerscharen" (Amos 6, 4–7).

„Höret dies, die ihr den Armen zertretet und die Elenden im Lande betrückt, die ihr denkt: ‚Wann geht der Neumond vorüber, daß wir Getreide verkaufen? Wann der Sabbat, daß wir Korn feilbieten, daß wir das Maß kleiner und den Preis größer machen und betrügerisch die Waage fälschen, daß wir um Geld die Bedürftigen kaufen und den Armen um ein Paar Schuhe und auch den Abfall des Kornes verhandeln" (Amos 8, 4–6).

„Siehe, die Augen Gottes des Herrn sind auf das sündige Königreich gerichtet: Ich will es vom Erdboden vertilgen" (Amos 9, 8).

Innerhalb einer Generation, nachdem diese Worte gesprochen wurden, war das Nordreich Israel vom Erdboden verschwunden.

Die wohl großartigste Aussage über das Werk Gottes, das das Böse in Gestalt von Strukturen zerstört, findet sich im Neuen Testament im Lobgesang der Maria, dem Magnifikat.

Maria rühmt dort den Herrn:

„Er hat Gewaltige von den Thronen gestoßen und Niedrige erhöht. Hungrige hat er mit Gütern erfüllt und Reiche leer hinweggeschickt" (Luk. 1, 52. 53).

Der Herr der Geschichte reißt sündige Gesellschaften nieder, in denen die reichen Klassen von dem Schweiß, der Plackerei und dem Leiden der Armen leben.

Das strukturelle Böse in unserer Zeit

Was bedeuten diese biblischen Aussagen für die Wohlstandsgesellschaften der westlichen Länder? Beuten wir die Armen der Welt genauso aus, wie es die Reichen in den Tagen des Amos taten?

Ich glaube ja. Der schon genannte Stanley Mooneyham, ein führender Evangelikaler Nordamerikas, spricht von der

„Schlinge, die die Industriestaaten des Westens um den Hals der Wirtschaft der Länder in der Dritten Welt gelegt haben". Er sagt: „Der Kern der Probleme Armut und Hunger liegt in Wirtschaftssystemen, die den Menschen mißachten, mißhandeln und ausbeuten ... Wenn die Hungernden Brot haben sollen, ... dann müssen einige dieser Wirtschaftssysteme drastisch umgestellt werden und andere völlig von der Bildfläche verschwinden[4]." Wir müssen im folgenden fragen, inwieweit diese Einschätzung richtig ist.

Ich zitiere diese beunruhigende Aussage nicht mit dem Gefühl der Schadenfreude oder der Genugtuung darüber, eine Gelegenheit zur Geißelung der Wohlstandsgesellschaft zu haben, sondern mit dem Gefühl des Schmerzes über die Qualen und Ängste, denen die Armen ausgesetzt sind. Auch will ich nicht so tun, als ob die 214 Millionen Amerikaner oder die 61 Millionen Deutschen für all den Hunger und die Ungerechtigkeit in der heutigen Welt allein verantwortlich seien. Alle Länder der reichen nördlichen Hemisphäre sind daran schuldhaft beteiligt. Auch die wohlhabenden Oberschichten der armen Länder tragen Schuld. Gesellschaftliche Verhaltensmuster aus alter Zeit, überkommene Werte und die vorherrschenden Weltanschauungen in den Entwicklungsländern sind ebenso mitentscheidend für die gegenwärtige Armut[5]. Es wäre naiv, die vielschichtige Wirklichkeit so vereinfacht zu sehen und *einen* Sündenbock finden zu wollen. Dennoch ist es sicherlich unsere erste Aufgabe, den Balken aus dem eigenen Auge zu ziehen. Wir müssen zuallererst verstehen und verändern, was *wir* falsch machen. Wie also und worin sind wir ein Teil der sündigen gesellschaftlichen Strukturen, die den Hunger in der Welt mitverursachen? Wir werden unsere Aufmerksamkeit vier Bereichen widmen: dem Welthandel, dem Verbrauch von Rohstoffen, dem Nahrungsverbrauch und Import von Nahrungsmitteln und schließlich den Profiten durch Investitionen.

[4] Mooneyham, *Hungry World*, S. 128, 117
[5] Vgl. besonders Gheddo, *Why Is the Third World Poor?*

Die erste Feststellung, die wir machen müssen, ist die, daß die Industriestaaten sich ein sorgfältig ausgedachtes System internationaler Handelsbeziehungen aufgebaut haben, das dem eigenen wirtschaftlichen Vorteil dient. Von der Gesamtsumme, die von den reichen zu den armen Ländern fließt, kommen 80 Prozent aus dem Außenhandel; nur 20 Prozent stammen aus der Entwicklungshilfe und aus ausländischen privaten Investitionen[6]. Deshalb sind günstige internationale Handelsbedingungen für die Entwicklungsländer so wichtig.

Die ungerechten Handelsbedingungen zwischen den reichen und armen Nationen gehen zurück bis in die Kolonialzeit. Wir wissen, daß nicht alle Seiten des Kolonialismus schädlich waren. Doch die Mutterländer verwalteten ihre Kolonien v. a. mit dem Interesse, für das eigene Land möglichst viel Gewinn herauszuschlagen. Die Zerschlagung der Textilindustrie Bengalens durch die Briten ist ein gutes Beispiel dafür. Als Großbritannien das erste Mal von einem Teil Indiens Besitz ergriff, war die Textilindustrie Bengalens so weit fortgeschritten wie die Großbritanniens. England erließ jedoch sofort ein Zoll- und Steuergesetz, das es den Briten erlaubte, ihre Waren zollfrei nach Indien einzuführen, während umgekehrt hohe Importsteuern die bengalischen Fabrikanten daran hinderten, auf dem britischen Markt konkurrenzfähig zu sein. Das Ergebnis war natürlich, daß die britische Textilindustrie aufblühte und die indische zurückging[7].

Zölle und andere Importbeschränkungen sind immer noch ein wesentlicher Teil der heutigen ungerechten internationalen Wirtschaftsordnung. Die Kennedy-Runde, die die Zollverhandlungen 1960 führte, senkte die Zölle der Waren, die zwischen den reichen Staaten gehandelt wurden, um 50 Prozent. Aber sie machte keine Anstalten, die Zölle für Waren

[6] Paul A. Laudicina, *World Poverty and Development: A Survey of American Opinion* (Washington: Overseas Development Council, 1973), S. 51

[7] Simon, *Bread for the World*, S. 41

aus den ärmeren Ländern zu senken. Die Situation der armen Länder wurde dadurch schlechter[8].

Die Industrienationen belasten verarbeitete Produkte und Fabrikerzeugnisse der armen Länder mit sehr hohen Zöllen. Je weniger verarbeitet und fabrikerzeugt, desto geringer die Zölle. Der Grund ist einfach: Tief verwurzelte Interessen an der Verarbeitung und Fabrikherstellung (sowohl von seiten der Arbeiterschaft als auch der Unternehmer) sind es, die zu dem Wunsch führen, möglichst billiges Rohmaterial zu kaufen und dann von dem Verarbeitungs- und Herstellungsprozeß im eigenen Land zu profitieren[9].

Die Folge ist jedoch, daß man damit die armen Länder um Millionen von zusätzlichen Arbeitsplätzen und um Milliarden von zusätzlichem Exportgewinn bringt.

In letzter Zeit sind „freiwillige" Ausfuhrbeschränkungen für Fabrikartikel seitens der armen Länder häufiger geworden. Die Industriestaaten drohen mit Zollschranken für bestimmte Fabrikerzeugnisse dieser Länder, wenn sie nicht „freiwillig" ihr Exportvolumen begrenzen. Die Folgen: weniger Arbeitsplätze und geringere Exportgewinne!

Der Versuch Brasiliens, eine Industrie zur Kaffeeverarbeitung aufzubauen, ist ein Beispiel dafür. Kaffee brachte Brasilien ungefähr die Hälfte seines gesamten Exportgewinns. Zwischen 1953 und 1961 stieg der Kaffee-Export um 90 Prozent an. Aber der Gesamtgewinn aus Kaffee sank um 35 Prozent. Im Jahr 1966 traf Brasilien die Entscheidung, seinen eigenen Kaffee zu verarbeiten, um dadurch mehr Arbeitsplätze zu schaffen und für das Volk größere Gewinne zu erzielen. Als jedoch Brasilien schnell 14 Prozent des US-Markts bestimmte, bezichtigte die amerikanische Kaffee-Verarbeitungs-Industrie Brasilien des „unfairen Wettbewerbs". Was tat die amerikanische Regierung? Sie drohte sofort, die laufenden finanziellen Hilfen zu streichen und das internationale Kaffee-Handelsabkommen nicht zu erneuern. Brasilien sah sich gezwun-

[8] James P. Grant, „Can the Churches Promote Development?" *Ecumenical Review*, XXVI (Jan. 1974), S. 26

[9] Vgl. Theodore Morgan, *Economic Development: Concept and Strategy* (New York: Harper, 1975), S. 316

gen, seine eigene junge Industrie mit Exportsteuern zu belasten[10]. Da die USA größeres ökonomisches Gewicht hatten, brachte sich Brasilien „freiwillig" um sein eigenes Geschäft.

Viele Wirtschaftswissenschaftler der Dritten Welt beklagen auch, daß das Grundverhältnis zwischen den Preisen für Primärerzeugnisse, die von ihr exportiert werden und den Preisen von Fabrikerzeugnissen, die von Industriestaaten exportiert werden, ungerecht ist. (Obwohl Veränderungen im Gange sind, sind doch die meisten Exportgüter der Entwicklungsländer weiterhin keine Fabrikerzeugnisse oder verarbeitete Waren sondern Primärerzeugnisse.) Sie weisen darauf hin, daß die Preise der Primärprodukte völlig unbeständig sind und ihre Wirtschaft zerstören. 1974 fiel z. B. der Preis für Kupfer (von dem der Lebensunterhalt von Millionen Menschen in Zaire, Sambia, Chile und Peru abhängt) um 59 Prozent[11]. Fünfundzwanzig Millionen Menschen sind mit ihrem Lebensunterhalt von Gummi abhängig, dessen Preis im gleichen Jahr um 30 Prozent stürzte.

Noch schwerer ist die Belastung durch die Tatsache, daß die Preise für ihre Primärerzeugnisse im Verhältnis zu den Preisen für Fabrikartikel und andere technisch hochwertige Produkte, die die Entwicklungsländer von den Industriestaaten kaufen müssen, seit Jahrzehnten niedriger werden. Die folgenden Beispiele illustrieren die Auswirkungen.

Die Regierung Tansanias berichtet, daß ein Traktor 1963 fünf Tonnen Sisal kostete. Im Jahr 1970 kostete derselbe Traktor zehn Tonnen Sisal. – Im Jahr 1960 konnte ein Land, das Gummi exportierte, mit 25 Tonnen Gummi sechs Traktoren kaufen. 1975 bekam es für die gleiche Menge nur noch zwei[12].

Es besteht darüber Übereinstimmung, daß in den zwei Jahrzehnten nach 1950 ein bedenkliches Abfallen der Preisrelation im Blick auf Primärprodukte, die Entwicklungsländer exportierten, eintrat. Aber die Meinungen gehen darüber auseinander, ob dieses Absinken andauern wird. Hans Singer, ein

[10] „Brazil vs. the US", *New York Times* vom 7. Januar 1968; „Brazil Agrees to Accept Terms", *Wall Street Journal* vom 20. Februar 1968

[11] Howe, *Agenda for Action, 1975*, S. 98

[12] *New Internationalist*, August 1975, S. 1

über viele Jahre angesehener Volkswirtschaftler bei den Vereinten Nationen, vertritt die folgende Ansicht:

„Es ist eine historische Tatsache, daß seit den siebziger Jahren (gemeint sind die Jahre nach 1870) der Trend der Preisentwicklung in hohem Grade zuungunsten der Verkäufer von Nahrungsmitteln und Rohstoffen und zugunsten der Verkäufer von Fabrikartikeln ausfiel. Man kann über die Zahlen im einzelnen zwar streiten; aber die Tatsache bleibt unbestreitbar bestehen.[13]"

Es gibt Wissenschaftler, die anderer Meinung sind[14]. Soviel aber ist sicher, daß die ungeheuer instabilen Preise der von Entwicklungsländern exportierten Primärerzeugnisse der Wirtschaft dieser Länder schaden. Es ist außerdem wahrscheinlich, daß diese Preise im Verhältnis zu den Preisen der Produkte, die die Industriestaaten an sie verkaufen, gesunken sind.

Der Welthandel ist ein kompliziertes Gewebe von verschiedenen ineinanderwirkenden Faktoren. Aber die Entscheidungen, die zu treffen sind, treten immer deutlicher hervor. Wir könnten mit weniger der raffinierten elektrischen Einrichtungen, kleineren Autos und mehr Inanspruchnahme der öffentlichen Transportmittel auskommen und dadurch unseren vom Überfluß gekennzeichneten Lebensstandard senken. Die Ausgaben für unsere Ölimporte würden entsprechend zurückgehen. Dadurch könnten wir es uns leisten, mit den Entwicklungsländern großzügiger umzugehen.

Der große Erfolg des Ölkartells seit 1973 hat einen wenigstens oberflächlichen Wandel herbeigeführt. Bis 1973 war der Preis für Öl wenig besser als der Preis für andere Rohstoffe, die von der Dritten Welt ausgeführt wurden. Dann erkannten die OPEC-Länder, daß sie die Kontrolle über den Weltmarkt gewonnen hatten. Sie arbeiteten zusammen und konnten die Preise innerhalb von wenigen Jahren um 400 Prozent anheben. Das Ergebnis war nicht nur positiv. Aber es gab den vorher armen OPEC-Ländern das erste Mal eine weniger un-

[13] Hans W. Singer, *International Development: Growth and Change* (New York: McGraw Hill, 1964), S. 165

[14] Vgl. Morgan, *Economic Development*, S. 308—312

gerechte Entschädigung für ihre natürlichen Rohstoffprodukte. Wenn das, was mit den Ölpreisen geschehen ist, auch mit andern Erzeugnissen und Waren aus den armen Ländern geschehen würde, könnten viel mehr Länder, wenn es ihre Führer nur wollten, ihre hungernde Bevölkerung ernähren und in ihrer Entwicklung größere Fortschritte machen[15].
Wichtige Vorschläge für eine neue Weltwirtschaftsordnung sind kürzlich, veranlaßt durch diese neue Situation, gemacht worden. Eine Deklaration mit dem Titel *Erklärung und Aktionsprogramm sowie Richtlinien für wirtschaftliche Rechte und Pflichten von Staaten für eine neue Weltwirtschaftsordnung* wurde von der UNO im April und Dezember des Jahres 1974 angenommen. Die entscheidenden Vorschläge sind folgende[16]:

1. *Preise für Primärerzeugnisse und Rohstoffe.* Diese Preise, darauf bestanden die Entwicklungsnationen, sollten sofort angehoben werden. Des weiteren sollten die Preise für diese Produkte mit denen von Fabrikerzeugnissen, die die armen Länder von den reichen einführen müssen, direkt verbunden werden.
2. *Zölle und andere Handelsbeschränkungen.* Industriestaaten sollten Zölle und andere Handelsbeschränkungen für Produkte aus den Entwicklungsländern abbauen.
3. *Nationale Souveränität über nationale Rohstoffquellen.* Das schließt das Recht der Entwicklungsländer, ausländische Gesellschaften zu verstaatlichen, ein.
4. *Entwicklungshilfe.* Reiche Nationen sollten sowohl Hilfsprogramme als auch langfristige Darlehen für Entwicklungsprojekte gewähren.
5. *Internationale Währungsabsprache.* Die armen Länder forderten ein größeres Mitspracherecht beim internationalen Währungsfond und anderen währungspolitischen Abmachun-

[15] Leider blieb von dem angewachsenen Ölprofit das meiste bei den schon reichen Oberschichten der ja sonst armen Länder hängen, so daß der Durchschnittsbürger sehr wenig davon hatte. In Kapitel 9 gehe ich auf dieses Problem ein.
[16] Vgl. „A Study of the Problems of Raw Material and Development", UN-Dokument A/9556 (Teil II) vom 1. Mai 1974

gen, die den Handel und die Entwicklung der Dritten Welt betreffen. Um den Handel zu fördern und den Ländern bei ihren Zahlungsbilanzproblemen zu helfen, schuf der Internationale Währungsfond einen Spezialfond von sieben Milliarden Mark pro Jahr. James P. Grant, Präsident des *Überseeischen Entwicklungsrates,* zeigt, wie ungleich die Gelder verteilt wurden:

„Bei dem Verteilungsschlüssel, der gefunden wurde, wurden drei Viertel des Kapitals den reichen Ländern praktisch ohne Kosten zur Verfügung gestellt, weil diese Länder das Verteilsystem aufgestellt und bestimmt haben, wem die Gelder des Sonderfonds zugute kommen sollten.[17]"

Die Reaktion der wohlhabenden Länder auf die Vorschläge für eine neue Weltwirtschaftsordnung war anfangs vorsichtig und manchmal sogar von starkem Widerspruch gekennzeichnet. Die Vereinigten Staaten bekämpften diese Vorschläge unter der Hand sogar ein ganzes Jahr lang. Ein Redakteur der bekannten französischen Zeitung „Le Monde" kommentierte pessimistisch:

„Wir sind egoistisch. Wir waren nie bereit, ihnen feste Preise zu garantieren oder für Änderungen im Währungssystem zu sorgen ... und wir sind es immer noch nicht."

Nur ein großangelegtes Engagement der Staatsbürger mit dem Ziel, einschneidende Veränderungen und Opferwilligkeit zu fördern, wird die unerläßlichen Änderungen herbeiführen. Die gegenwärtigen Verhältnisse im internationalen Handel sind ungerecht. In Kapitel sieben bis neun werden wir Änderungsvorschläge prüfen, und zwar auf drei Ebenen: in unserem persönlichen Lebensstil, in der Kirche und im weiten gesellschaftlichen Bereich. An dieser Stelle reicht es zu erkennen, daß gegenwärtige Handelsbedingungen es unmöglich machen, in den reichen westlichen Ländern zu leben und zugleich an den ungerechten sozialen Strukturen nicht beteiligt zu sein.

17 Grant, „Can the Church Promote Development?" S. 26

Rohstoffknappheit

Leider ist der Welthandel nicht der einzige Bereich, in dem wir in strukturelles Böses verwickelt sind. Die reichen Nationen der Welt verbrauchen nämlich einen äußerst ungerechten Anteil der begrenzten, nicht wieder verwendbaren Rohstoffe der Erde. Ist es gerecht, daß 5 bis 6 Prozent der Weltbevölkerung (gemeint sind die USA) ungefähr 33 Prozent der begrenzten Energie- und Mineralienmenge jedes Jahr verbraucht[18]? Tabelle 11 zeigt, daß jeder Bürger der Vereinigten Staaten 342mal und jeder Bürger der Bundesrepublik 165mal soviel Energie pro Jahr verbraucht wie durchschnittlich jede Person in Äthiopien.

Energieverbrauch pro Kopf im Jahr 1973

Land	umgerechnet auf Kohle auf Person u. Kg.	das Vielfache des Verbrauchs von Äthiopien
Bundesrepublik	5 792	165
Großbritannien	5 778	165
UdSSR	4 927	141
Frankreich	4 389	125
Japan	3 601	103
Italien	2 737	78
Mexiko	1 355	39
Brasilien	556	16
Philippinen	291	8
Indien	188	5
Pakistan	149	4
Äthiopien	35	1

Quelle: US-Bureau of the Census, Statistical Abstract of the US 1976, S. 849 f.

Tabelle 11

Wenn der Vorrat an natürlichen Rohstoffen unbegrenzt wäre und andere bald in gleicher Weise davon Nutzen haben könnten, wäre die Lage anders. Aber das ist nicht der Fall. Der Wirtschaftswissenschaftler Lester Brown sagt überdeutlich, wie es steht:

[18] Brown, *In the Human Interest*, S. 92

„Es gehört schon lange Zeit zum allgemeinen Konsensus unter den Industriestaaten, daß die zwei Milliarden Menschen, die in den armen Nationen leben, den Lebensstil der Nordamerikaner nie werden erreichen können, weil es eben nicht genügend Erz, Erdöl und Eiweiß in der Welt gibt.[19]"

Verbrauch von nicht wiederverwendbaren natürlichen Rohstoffen	
Rohstoffe	prozentualer Anteil der USA am Weltjahresverbrauch
Aluminium	42 Prozent
Kohle	22 Prozent
Kupfer	33 Prozent
Eisen	28 Prozent
Blei	25 Prozent
Erdgas	63 Prozent
Nickel	38 Prozent
Erdöl	33 Prozent
Zinn	24 Prozent
Zink	26 Prozent

Quelle: Meadows u. a., The Limits of Growth, S. 56–59

Tabelle 12

Ist es angesichts dessen noch angemessen, das Wirtschaftswachstum immer noch mehr zu vergrößern und einen aufwendigen Lebensstil immer weiter zu „verbessern"[20]? E. F. Schumacher hat es erschreckend deutlich ausgedrückt:

„Es liegt am Tage, daß sich die Welt ein USA nicht mehr leisten kann. Genausowenig Westeuropa oder Japan ... Man stelle sich vor: *Ein* Amerikaner verbraucht — bezogen auf die Rohstoffe — was 50 Indern zum Leben reichen würde! ... Die Armen richten kaum Unheil

[19] Brown, a. a. O., S. 92

[20] Erhard Eppler weist auf eine bemerkenswerte „Gesetzmäßigkeit" hin: „Je ärmer Menschen sind, desto näher liegen Lebensqualität und Lebensstandard, Wohlbefinden und materieller Konsum zusammen. Je reicher Menschen werden, desto deutlicher entfernt sich die aufsteigende Kurve der Lebensqualität." *Ende oder Wende. Von der Machbarkeit des Notwendigen*, Stuttgart 1975, S. 39

an. Bescheidene Menschen tun das nicht! Der Schaden, der in der Welt angerichtet wird, ginge auf, sagen wir, 15 Prozent zurück ...[21]"

Die problematischen Passagiere des Raumschiffs Erde sind die „Erste-Klasse-Passagiere" und sonst niemand!

Kannibalische Eßgewohnheiten

Unsere Eßgewohnheiten sind ein dritter Bereich, wo wir in „struktureller Sünde" gefangen sind. Sie scheinen auf den ersten Blick nur den privaten Bereich zu betreffen. Sie sind jedoch mit dem Gewebe wirtschaftlicher Interessen sehr eng verbunden. Zu ihnen gehören die nationale und internationale Agrarpolitik, die Entscheidungen multinationaler Konzerne, die mit der Landwirtschaftsproduktion befaßt sind und vieles mehr.

Dr. Georg Borgstrom, ein international bekannter Ernährungsexperte und Professor für Ernährungswissenschaft an der Michigan State University, betont, daß man die Weltbevölkerung nicht nur der Zahl der Menschen nach, sondern auch nach dem gesamten Ernährungspotential der Erde errechnen müßte. Er schätzt (aufgrund des Viehbestandes) die verfügbare Eiweißmenge und errechnet von da aus die Zahl der Menschen, die durch sie ernährt werden könnte. Diese Zahl nennt er dann „Bevölkerungsäquivalent"[22]. Demnach hätte die Erde nicht vier Milliarden, sondern 19 Milliarden Bewohner. Ebenso wäre das Ernährungspotential der USA nicht nur für 210 Millionen Menschen ausreichend, sondern für 1,6 Milliarden[23]. Obwohl Indien dreimal mehr Menschen als die USA zu versorgen hat, steht ihm ein weit geringerer Viehbestand zur Verfügung. Indien hätte dann im Sinne des „Bevölkerungsäquivalents" 1,2 Milliarden Menschen bei der

[21] E. F. Schumacher, „Implications of the Limits to Growth Debate — Small Is Beautiful", *Anticipation*, Nr. 13, Dezember 1972, S. 14 (WCC)

[22] Vgl. Georg Borgstrom, *The Hungry Planet* (New York: Collier — Macmillan, 1967), besonders Kapitel 1

[23] ebendort, S. 3

dreifachen Bevölkerung wie die Vereinigten Staaten, also 25 Prozent weniger Eiweiß als sie.

Wem sind die Kühe heiliger?

Die meisten Nordamerikaner sahen die Rezessionsjahre 1972—1974 als „finanziell schwierig" an. Borgstrom meint, daß diese Jahre mit dem Ausdruck „das große Banquett" besser bezeichnet wären[24]. Warum? Wegen des in diesen Jahren phantastischen Anwachsens des Viehbestands in dem reichen Drittel der Welt! Viele der im Wohlstand lebenden Menschen beklagen das schnelle Bevölkerungswachstum in den armen Ländern. In der Tat wuchs die Bevölkerung in den Entwicklungsländern in jenen Jahren um 140 Millionen, während sich die Bevölkerung der reichen Länder um nur 22 Millionen Menschen vermehrte. Aber das ist nur die eine Seite der Wahrheit.

Wenn man das Wachstum des Viehbestands und das Wachstum der Bevölkerung in diesen beiden Jahren ins Verhältnis setzt, dann heben die Reichen das Bevölkerungsäquivalent um 404 Millionen an! Das ist dreimal mehr als das Bevölkerungswachstum in den zwei Dritteln der Welt, die unter Armut leiden. Betrachtet man dagegen das Anwachsen des Viehbestands dieser armen Bevölkerung, dann vermehrte sie sich nur um 280 Millionen im Sinne des „Bevölkerungsäquivalents". Und die Hälfte des hinzugekommenen Viehbestands in den Entwicklungsstaaten fällt auf China, wo dieses Anwachsen mehr durch wiederaufbereitete Abfälle als durch zusätzliches Getreide erreicht wurde. Ein Viertel des vermehrten Viehbestands in den armen Bevölkerungsteilen der Welt wurde in reiche Länder exportiert. Borgstrom kommt zu dem Schluß:

„Die satte Welt — sie macht ein Drittel der ganzen Menschheitsfamilie aus — hat in diesen beiden Jahren praktisch mit 463 Millionen Menschen im Sinne des ‚Bevölkerungsäquivalents' die Ernährungssituation der Erde belastet, wogegen die arme Welt, die zwei Drittel der Menschheitsfamilie darstellt, nur 264 Millionen hinzugefügt hat.[25]"

[24] ebendort, S. 14
[25] ebendort

Kein Wunder, daß mehr und mehr Menschen zu fragen beginnen, ob sich die Welt Staaten wie die USA oder Westeuropa auf Dauer noch leisten kann.
Es ist einfach falsch zu sagen, daß die Bevölkerungexplosion in den armen Ländern die alleinige oder wichtigste Ursache der Welthungersituation sei. Unser immer weiter steigender Wohlstand ist eine mindestens ebenso zentrale Ursache des Problems.
Darüber hinaus importieren die reichen Nationen weit mehr Nahrungsmittel von den armen Ländern als sie an diese exportieren. Arme Entwicklungsländer ernähren eine Minderheit, die im Überfluß lebt! Ich war betroffen von dem Ausmaß der Nahrungsimporte aus den armen Ländern, als ich die Zahlen das erste Mal sah. Tatsache ist, daß die reichen Industriestaaten von 1955 bis 1973 regelmäßig für ungefähr zweimal soviel Dollar Nahrungsmittel von den ärmeren Ländern importiert haben, wie sie an diese exportiert haben.
Westeuropa und Japan sind für diesen hohen Prozentsatz der Nahrungsimporte aus den Entwicklungsländern besonders verantwortlich. Die Wohlstandsländer Westeuropas importieren von diesen Ländern sogar drei- bis viermal soviel Nahrungsmittel wie sie ihnen liefern. Dies ist gar nicht verwunderlich, weil diese reichen Länder, wie wir im zweiten Kapitel sahen, mit wenigen Ausnahmen die größte Bevölkerungsdichte der Welt haben. Sie können gar nicht soviel anpflanzen, um den Nahrungsbedarf ihrer Bevölkerung zu befriedigen. Daher diese hohen Importziffern!
Die Verteilung der weltweit gefangenen Fischmenge ist genauso ungleich. Wenn die Menge der 1973 gefangenen Fische von 65,7 Millionen Tonnen gleichmäßig verteilt worden wäre, hätte jeder Mensch, der auf der Erde lebte, 34 Pfund erhalten[26]. Aber so wurde nicht verteilt! Das reiche Drittel der Weltbevölkerung verbrauchte drei Viertel der gesamten jedes Jahr gefangenen Fischmenge. Japan erhielt, obwohl es nur 3 Prozent der Weltbevölkerung darstellt, 20 Prozent der gesamten Fischfangmenge[27]. Peru hat den größten Fischumsatz

26 Simon, *Bread for the World*, S. 19 f.
27 Borgstrom, „Present Food Production and the World Food Crisis", erschienen am 2. September 1974, S. 5–7

im Sardellenfang in der Welt. Doch von den eiweißhaltigen Sardellen bekommen die Millionen armer Peruaner nicht genug[28]. Stattdessen wird damit der Viehbestand Europas und der USA gefüttert.
Professor Georg Borgstrom hat die Situation zusammenfassend so beschrieben:

„Mit den pflanzlichen Ölen und den daraus gewonnenen Produkten und durch Fische erwirbt die westliche Welt von der hungernden Welt laufend eine Million Tonnen mehr Eiweiß als sie der hungernden Welt mittels Getreide liefert. Mit andern Worten: Die westliche Welt tauscht ungefähr drei Millionen Tonnen Eiweiß in Form von Getreide gegen vier Millionen Tonnen anderer Eiweißträger ein, die alle im Nährwert höher stehen. Dieser Zufluß aus den Ländern, in denen Hunger herrscht, beraubt Millionen von Menschen in Afrika, Lateinamerika und Asien der für sie wichtigsten Mangelware. Die satte Welt verbraucht also auf diese Weise von dem geringen Eiweißvorrat der Welt eine sehr große Menge.[29]"

Und die reiche Minderheit hält ihre an den Überfluß gewöhnte und von ihm gesteuerte Ernährungspolitik durch Importe aus Ländern aufrecht, in denen Millionen hungern. In Anbetracht der hungersterbenden Masse sind wir geradezu zu Kannibalen geworden.

Investitionen und Interessen

Im Frühjahr 1975, als ich am Flugplatz in Philadelphia gerade auf einen Bus wartete, ergab sich zufällig eine Unterhaltung mit einem Mitfahrenden. Er war ein Geschäftsmann, der die meiste Zeit seines Lebens in Lateinamerika verbracht hatte. Er scheint das Bedürfnis zu haben, seinen Ärger und seine Überraschung über die schnell angewachsenen anti-amerika-

[28] Die Tatsache, daß Peru der Ansicht ist, daß es dieses Eiweiß, das das hungernde Volk so nötig braucht, aus Devisengründen verkaufen muß, unterstreicht die Notwendigkeit einer komplexen, nationalen und internationalen Veränderung. Nur dann werden die Armen satt sein.

[29] Georg Borgstrom, *The Food and People Dilemma* (Belmont, Calif.: Duxbury Press, 1973), S. 64

schen Ressentiments der Lateinamerikaner mit mir zu teilen. Da er eine lange Zeit für US-eigene Handelsgesellschaften in Venezuela arbeitete, fragte ich, wie groß die Gewinne seien, die wir mit unseren dortigen Investitionen erzielten. Nach einer kleinen Pause antwortete er: „Wahrscheinlich das Zweihundertfache dessen, was wir investiert haben." Sollte man sich da über anti-amerikanische Ressentiments wundern?

Ganz sicher überschätzte er die Gewinne, sowohl was Venezuela als auch was die anderen lateinamerikanischen Länder angeht. Aber selbst wenn man den Risikofaktor einkalkuliert, waren die Gewinne groß. 1971 berichtete das amerikanische Handelsministerium, daß der Gewinn aus Investitionen in weniger entwickelten Ländern 21 Prozent betrug, ungefähr das Doppelte von dem, was Investitionen in den entwickelten Staaten erbrachten[30].

Diese Investitionen verschaffen den Vereinigten Staaten einen mächtigen Einfluß auf andere Länder, besonders auf die lateinamerikanischen. Es wurde geschätzt, daß die US-Konzerne heute zwischen 70 und 90 Prozent der Rohstoffquellen Lateinamerikas kontrollieren oder entscheidend beeinflussen, wahrscheinlich auch viel mehr als die Hälfte seiner modernen Fabrikindustrie, seines Bankwesens, des Innen- und Außenhandels usw.[31]. Die Folge ist, daß eine große Summe Geld jährlich von den relativ armen Kontinenten zu den reichen fließt. Man hat errechnet, daß *von* Lateinamerika und *in* die USA heute über viermal soviel Kapital fließt wie umgekehrt. Man könnte fast sagen, daß Lateinamerika den Vereinigten Staaten, dem reichsten Land der Welt, Entwicklungshilfe gibt[32]. Der Grund für die Enteignung der Kupferminen, die amerikanischen Firmen gehörten, durch den früheren chilenischen Präsidenten Alliende lag in den großen Gewinnen. (Der amerikanische Geheimdienst CIA gab deshalb ja auch Millionen von Steuergeldern aus, um die dortige demokratisch ge-

[30] U. S. Chamber of Commerce, *Survey of Current Business* (Oktober 1971), S. 35

[31] Gunnar Myrdal, *The Challenge of World Poverty* (New York: Vintage Books, 1970), S. 455

[32] ebendort, zitiert auf S. 322 f.

wählte Regierung zu stürzen.) Alliende machte deutlich, daß es in Chile 700 000 Kinder gebe, die ihr Leben lang physisch und geistig behindert seien, weil sie nicht genügend Eiweiß erhielten. Während diese Kinder in eine für sie dunkle Zukunft hineinwuchsen, zogen US-Kupfergesellschaften aus dem Land hohe Gewinne und führten sie in die Vereinigten Staaten ab. Diese Gewinne hätten das Eiweißdefizit der Chilenen für Jahrzehnte ausgleichen können, wenn sie statt dem amerikanischen Wohlstandsbürger den Armen des Landes zur Verfügung gestanden hätten[33].

Wir alle stehen mitten in diesen bösen Strukturen. Wir alle haben an ihnen Anteil. Die internationalen Handelsbedingungen sind ungerecht. Eine wohlhabende Minderheit verbraucht die meisten der unersetzbaren Rohstoffe der Erde. Der Nahrungsmittelverbrauch hat die gleiche Schlagseite. Ebenso sind die Gewinne aus Investitionen in den armen Ländern ungerechtfertigt hoch. Jeder Nordamerikaner und Europäer zieht für sich aus diesem gesellschaftlich gebilligten Unrecht Nutzen. Nur wenn Sie sich in irgendein isoliertes Tal zurückgezogen haben und selber Gemüse anpflanzen und herstellen, was Sie zum Leben brauchen, haben Sie nicht teil an den ungerechten Strukturen, die mit dem Hunger einer Milliarde unglücklicher Mitmenschen in direktem Zusammenhang stehen.

Die Schlußfolgerung aus alledem ist nicht, daß der internationale Handel oder Investitionen in ärmeren Ländern an sich und immer unmoralisch wären. Die rechte Schlußfolgerung ist vielmehr die, daß offensichtliches Unrecht zu den Grundlagen unseres Wirtschaftssystems gehört. Christen werden, sofern sie sich an der Heiligen Schrift ausrichten, solche Strukturen Sünde nennen.

Dem Leser ohne einen akademischen Grad in Wirtschaftswissenschaft wäre es verständlicherweise lieber, wenn die Weltwirtschaftsfragen weniger kompliziert wären oder wenn man in unserer Zeit *ohne* die Beschäftigung mit einem so komplizierten Thema ein treuer Jünger Jesu sein könnte. Doch es gilt, was der frühere UN-Generalsekretär Dag Hammarskjöld ein-

[33] Brown, *In the Human Interest*, S. 89

mal sagte: „In unserer Zeit führen die Straßen der Heiligkeit notwendig durch die Welt der Taten[34]." In einer Zeit der Hungerkatastrophe erfordert wirksame Nächstenliebe gegenüber unseren Mitmenschen ein gewisses Verständnis der Weltwirtschaft und eine Einsicht in die gesellschaftlichen Strukturen. Die folgende Geschichte aus dem Bananenhandel kann helfen, diese komplizierten Dinge etwas besser zu verstehen.

Warum sind Bananen billiger als Äpfel?

Haben Sie sich schon einmal darüber gewundert, daß Äpfel, die in Nachbars Garten oder im eigenen Land wachsen, genauso viel oder mehr als Bananen kosten, die man doch aus einem anderen Kontinent importieren muß. Am 10. April 1975 erfuhr die Öffentlichkeit, daß *United Brands,* eine der drei großen US-Handelsgesellschaften, die Abmachung getroffen hat, 2,5 Millionen Dollar Bestechungsgelder an hohe Regierungsbeamte von Honduras zu bezahlen. Der Grund war, die Regierung dafür zu gewinnen, die Exportsteuer für Bananen auf weniger als die Hälfte dessen zu senken, was Honduras verlangt hatte[35]. Damit Profite für eine amerikanische Handelsgesellschaft erzielt und die Bananen für die Amerikaner im Preis gesenkt würden, war die Regierung Honduras einverstanden, für Bestechungsgelder die Exportsteuern drastisch zu senken, obwohl das Geld im Lande dringend benötigt wurde. Die Geschichte begann im März 1974. Mehrere Exportländer für Bananen in Mittelamerika taten sich zusammen und verlangten für jede exportierte Kiste Bananen einen Dollar Steuer. Die Bananenpreise sind in den letzten zwanzig von der Inflation gekennzeichneten Jahren *für die Hersteller* nicht gestiegen. Währenddessen stiegen jedoch die Preise für eingeführte Fabrikartikel ständig an. Die Folge war, daß die reale Kaufkraft der exportierten Bananen um 60 Prozent sank. Man muß dabei bedenken, daß mindestens die Hälfte des Export-

[34] *Markings* (New York: Knopf, 1964), S. XXI
[35] *Philadelphia Inquirer* vom 10. April 1975, S. 1 f.

einkommens in Ländern wie Honduras und Panama aus dem Bananenhandel kommt. Kein Wunder, daß sie arm sind! (Ein Drittel der Bewohner von Honduras verdient weniger als 80 Mark im Jahr!)
Was aber taten nun die im Bananenhandel maßgebenden Gesellschaften, als die exportierenden Länder einen Dollar Steuer pro exportierte Bananenkiste forderten? Sie beschlossen einfach, nicht zu bezahlen. Da drei große Handelsgesellschaften den Bananenmarkt beherrschten, saßen sie am längeren Hebel. In Panama veranlaßte die Gesellschaft sofort den Stop des Bananenpflückens. In Honduras ließ sie es zu, daß 145 000 Kisten auf Verladeplätzen verfaulten. Ein Land nach dem andern gab nach. Costa Rica gab sich mit 25 Cents pro Kiste zufrieden, Panama mit 35 Cents, und Honduras, dank der großen Bestechungssumme (die am Ende sogar nur halb gezahlt wurde), verlangte nur noch 30 Cents[36].
Man versteht nun leicht, warum eine Untersuchungskommission der UNO im Jahre 1975 zu dem Schluß kam:

„Die Bananen produzierenden Länder haben ein viel geringeres Einkommen und subventionieren praktisch den Obstverbrauch und dadurch die Entwicklung der industrialisierten Länder.[37]"

Warum fordern die Massen der Armen keine Veränderung? Sie tun es ja! Aber sie haben zu wenig Durchschlagskraft. Denn Diktatoren, die eine kleine, reiche Oberschicht repräsentieren, die mit den amerikanischen Geschäftsinteressen eng verbunden ist, regieren Honduras und viele andere lateinamerikanische Länder.
Die Geschichte Guatemalas (ein Nachbarland von Honduras und ebenfalls Produzent von Bananen für *United Brands*) zeigt, warum Veränderungen so schwer sind. Im Jahre 1954 half der amerikanische Geheimdienst CIA mit, eine demokratisch gewählte Regierung in Guatemala zu stürzen. Der Grund war der: Guatemala hatte eine bescheidene landwirtschaftliche Reform eingeleitet, die ungenutztes Land zu gefährden schien,

[36] Vgl. „Bananas", *New Internationalist*, August 1975, S. 2
[37] „Action", *New Internationalist*, August 1975, S. 32

das der *United Fruit Company* (der frühere Name von *United Brands)* gehörte. Amerikanischer Außenminister war John Foster Dulles. In seinem Rechtsanwaltsbüro war 1930 und 1936 der Vertrag der Handelsgesellschaft mit Guatemala verfaßt worden. Der Chef des amerikanischen Geheimdienstes hieß damals Allen Dulles, der Bruder von John Foster Dulles. Dieser war gleichzeitig der erste Präsident der *United Fruit Company*. Der Staatssekretär des Außenministeriums war einer der gewichtigsten Teilhaber dieser Gesellschaft[38]. In Anbetracht solcher Verfilzungen nimmt es nicht wunder, daß eine Veränderung in Guatemala und in anderen Ländern schwierig ist. Amerikanische Gesellschaften — daran änderte sich bis heute nichts — arbeiten überdies eng mit den wohlhabenden, einheimischen Oberschichten um der beiderseitigen ökonomischen Interessen willen zusammen.

Das sind die Gründe, warum Bananen in den nordamerikanischen und europäischen Supermärkten so billig sind. Jeder von uns profitiert — freilich meist unbewußt — von den Ungerechtigkeiten des Welthandels.

Leider gibt es immer wieder diejenigen, die mit scheinbar plausiblen Gründen schnell bei der Hand sind, diesen Zustand zu rechtfertigen. Ein prominenter amerikanischer Soziologe spottete kürzlich über die, die versuchen, den im Wohlstand lebenden Menschen wegen der wirtschaftlichen Beziehungen mit der Dritten Welt ein „Schuldgefühl" einzuflößen:

„Gut, nehmen wir einmal an, unsere Schuldgefühle belasten uns zu sehr und wir beschließen, Reformen durchzuführen ... Wir machen den Obstplantagen Mitteilung, daß unsere Speisezettel ohne Bananen auskommen ... Man dürfte jedoch von der Freude, die dort entstehen sollte, wenig zu hören bekommen, weil diese Länder von einer ungeheuren Arbeitslosigkeit und wirtschaftlichen Krise heimgesucht würden.[39]"

Man fragt sich, ob man die Haltung, die hinter solchen Sätzen steht, naiv oder bösartig nennen soll. Es geht ja nicht darum,

[38] Carl Oglesby und Richard Shaull, *Containment and Change* (New York: Macmillan, 1967), S. 104

[39] „America's World Role: Should We Feel Guilty?" *Philadelphia Inquirer* vom 18. Juli 1974, S. 7A

daß wir den Bananenimport stoppen, sondern daß wir angemessene Preise zahlen und hierzulande genauso wie in Mittelamerika eine Strategie entwickeln, die den Völkern zu einem menschenwürdigen Leben verhilft.
Das Beispiel mit den Bananen zeigt, wie wir alle in die internationalen Wirtschaftsstrukturen hineinverwoben sind. Die Worte des Jakobusbriefes, die am Anfang dieses Kapitels zitiert sind, sprechen eine deutliche Sprache. Sie wollen ganz bestimmt auch heute zu uns sprechen, uns aufwecken und uns mit unangenehmen Fragen konfrontieren.

Die Buße des Zachäus

Was ist unsere Antwort? Die für Christen einzig mögliche Antwort auf Sünde ist Buße. Teils unbewußt, teils aber auch bewußt, werden wir in das komplexe Gewebe „institutionalisierter Sünde" hineinverwoben. Gott sei Dank, daß wir Buße tun können, daß Gott barmherzig ist und vergibt.
Buße nach der Bibel heißt allerdings mehr, als eine dicke Träne weinen oder einmal in der Woche ein Beichtgebet sprechen. Biblische Buße ist Umkehr. Sie betrifft den ganzen Lebensstil. Gott ist bereit, uns unsere Sünde der Beteiligung an dem schrecklichen wirtschaftlichen Unrecht zu vergeben und bietet uns seine Gnade an. Sie besteht darin, daß uns ein Neuanfang geschenkt wird, einen radikal veränderten Lebensstil zu leben, dessen Motivation die Indentifikation mit den Armen und Unterdrückten ist.
Sünde ist nicht nur eine Unannehmlichkeit oder Tragödie, womit wir unseren Mitmenschen Schaden zufügen. Sie ist eine schwere Verfehlung gegen den allmächtigen Herrn des Himmels und der Erde. Wenn Gottes Wort wahr ist, dann sind wir alle, die in den wohlhabenden Nationen leben, in Sünde gefallen. Wir profitieren von einem Unrecht, das Grundlage unserer Gesellschaft geworden ist. Manchmal sind wir uns dessen nur halb bewußt, manchmal kümmern wir uns um diese Dinge nur halben Herzens, und immer sind wir geneigt, sie zu verdrängen. Wir haben uns gegen Gott und unsere Mitmenschen schwer versündigt.

Doch das ist nicht Gottes letztes Wort. Wenn es das wäre, könnten wir es gar nicht ertragen, unsere Beteiligung an diesen Sünden der Gesellschaft zuzugeben. Wenn es keine Vergebung gäbe, wäre das Eingeständnis unserer Komplizenschaft mit dem Bösen dieses Ausmaßes ja ein Verzweiflungsakt. Aber unsere Hoffnung besteht darin, daß der, der unsere Anklageschrift verfaßt hat, der ist, der für uns Sünder starb. Buße heißt nicht, daß man ein geistliches Gesetz wiederholt, oder daß man am Ende einer Evangelisationsversammlung „nach vorne" tritt. Sie ist auch nicht das Gemurmel eines liturgischen Bekenntnisses. Das alles kann helfen. Aber es ist kein Ersatz für den inneren Vorgang, der zu einem neuen Lebenskonzept führt.
Buße heißt wörtlich „Umkehr". Das griechische Wort dafür, *metanoia*, bedeutet völlige Sinnesänderung. Darauf legte Luther so großen Wert. Das Neue Testament verbindet Buße mit einem erneuerten Lebensstil. Johannes der Täufer, der die Heuchelei der Pharisäer, die die Taufe wünschten, erkannte, nannte sie „Otterngezücht". „Bringet darum Frucht, die der Buße gemäß ist", ermahnt er sie (Matth. 3, 8). Und Paulus klärt den König Agrippa darüber auf, daß er überall, wo er predige, die Menschen dazu aufruft, „daß sie Buße tun und sich zu Gott bekehren sollen, indem sie Werke vollbringen, die der Buße gemäß sind" (Apg. 26, 20).
Zachäus sollte unser Modell sein. Als ein im Dienst der römischen Besatzungsmacht stehender Steuerbeamter war er mit seinem Leben in die sündigen Wirtschaftsstrukturen verflochten. Aber er dachte nicht daran, daß er zu Jesus kommen und all die wirtschaftlichen Gewinne, die die sündigen Strukturen ihm einbrachten, weiterhin einstreichen könnte. Zu Jesus kommen hieß für ihn, seine Komplizenschaft mit dem sozialen Unrecht aufzukündigen. Es hieß, öffentlich Wiedergutmachung zu leisten und ein neues Leben anzufangen.
Was heißt wahre, in biblischem Sinne getane Buße für Wohlstandschristen, die in den sündigen Strukturen ihrer Gesellschaft gefangen sind? Teil III wird dieser Frage nachgehen.

Teil III

Die Machbarkeit des Notwendigen – Anleitung zu einer neuen Praxis

Wo müssen wir uns ändern?
Ein bekanntes Institut aus Washington rief kürzlich einen großen Kreis von prominenten Kirchenführern zu einer Konferenz zusammen, um mit ihnen über das Problem der Welthungersituation zu diskutieren. Die Konferenz äußerte ihr großes Interesse und tiefe Anteilnahme. Sie sprach sich auch dafür aus, daß einschneidende Änderungen auf gesellschaftlicher Ebene stattfinden müßten. Aber ihre Worte wirkten hohl; denn man traf sich in einem sehr teuren, exklusiven Ferienort in Colorado. Der einfache Lebensstil im persönlichen Bereich gehört zu einem sozialen Engagement hinzu!
Aber eine auf den persönlichen Bereich beschränkte Veränderung ist unzureichend. Ich habe einen Freund, der die Stadt verlassen hat, um aufs Land zu ziehen. Er gewinnt fast alle Lebensmittel aus dem eigenen Garten, lebt sehr einfach und stellt an die Armen dieser Erde wirklich keine Anforderungen. Allerdings hat dieser Mann eine große rhetorische und schriftstellerische Begabung, die er dazu gebrauchen könnte, in Kirche und Gesellschaft Impulse zu Veränderungen zu geben. Doch er tut es nicht.
Wir brauchen Veränderungen auf drei Ebenen. Der einfache Lebensstil *im persönlichen Bereich* ist entscheidend, damit unser Interesse und unsere Anteilnahme an den Hungernden symbolische Kraft erhält, wirksam wird und Förderung erfährt. Die *Kirche* muß sich ändern, damit das Zusammenleben der Menschen in ihr ein neues Modell für eine geteilte Welt darstellt. Die *Strukturen der Gesellschaft* müssen — hier und anderswo — überdacht und verbessert werden.

7. Die „progressive Selbstbesteuerung" und andere unbescheidene Vorschläge zu einem einfacheren Lebensstil

„Im Angesicht Gottes und einer Milliarde hungernder Mitmenschen müssen wir die Werte neu überdenken, die wir unserem gegenwärtigen Lebensstandard beimessen und müssen für einen gerechteren Erwerb und eine gerechtere Verteilung der Güter eintreten. (Chicago Declaration)[1]

Die Armut von Millionen erschüttert uns alle. Wir sind verstört über die Ungerechtigkeit, die diese Armut verursacht. Wer im Wohlstand lebt, muß einen einfachen Lebensstil entwickeln, um großzügiger zur Hilfe und Evangelisation beizutragen. (Lausanner Verpflichtung)[2]

Wir, die wir in den wohlhabenden westlichen Ländern wohnen, haben ein großes Problem. Wir glauben nämlich, daß wir mit 15 000, 20 000 oder 25 000 Mark, die wir im Jahr verdienen, gerade noch hinkommen. Wir stehen in einem unglaublichen sozialen Wettstreit. Wenn unser Einkommen im Jahr um weitere 1000 Mark steigt, dann sind wir überzeugt, daß wir diese zusätzliche Summe *brauchen,* — um bequemer zu leben!

Wie können wir dieser Täuschung entgehen? Wie werden wir auf die verzweifelte Lage der Armen dieser Erde reagieren? Zehntausend Menschen mußten heute wegen ungenügender Ernährung sterben. Eine Milliarde ist geistig zurückgeblieben oder körperlich mißgebildet, weil die Nahrung unzureichend war. Das Problem besteht, wie wir wissen, darin, daß die der Welt zur Verfügung stehenden Güter nicht gleich verteilt sind. Nordamerikaner und Europäer leben wie auf einer Insel des Reichtums mitten im großen Meer einer hungernden Menschheit.

[1] Ronald J. Sider, ed., *The Chicago Declaration* (Carol Stream: Creation House, 1974); deutsch in: Ulrich Laepple, „Die evangelikale Bewegung Amerikas und die Chicago-Declaration. Schuld und Verpflichtung im Zusammenhang mit dem sozialen und politischen Auftrag", *Theologische Beiträge 5* (1974), S. 227 ff.

[2] *„Alle Welt soll sein Wort hören."* Lausanne-Dokumente Bd. 1, Neuhausen—Stuttgart, 1976, S. 14

Was ist zu tun, wieviel ist zu geben? Sollen wir den christlichen Millionären gratulieren, die treu ihren Zehnten geben? Im vierten Kapitel sprachen wir über das biblische Gebot des Jubeljahres und über die Kollekte des Apostels Paulus für die in Armut geratene Jerusalemer Gemeinde. Wir sahen, daß Gott Extreme auf der Seite des Reichtums wie der Armut nicht billigt.

Wieviel sollen *wir* geben? Wir sollten so geben, daß unser Leben das, was 3. Mose 25 und 2. Korinther 8 steht, widerspiegelt. Paulus' Rat an die Korinther läßt sich heute mit größerem Recht auf die Christen in der nördlichen Hemisphäre anwenden: „Dies sage ich nämlich nicht, damit andere Erleichterung haben, ihr aber Bedrängnis, sondern aufgrund von Gleichheit: in der jetzigen Zeit soll euer Überfluß für den Mangel jener dienen, damit auch der Überfluß jener für euren Mangel dient, auf daß Gleichheit entsteht" (2. Kor. 8, 13–14).

Der Gott des Westens und sein Prophet

Warum fällt es uns so schwer, die Sorgen anderer zu unseren eigenen zu machen? Ein Grund dafür wird deutlich an der Geschichte vom Reichen Jüngling. Als er Jesus fragte, wie man das ewige Leben erlange, sagte ihm Jesus, daß er all seine Habe verkaufen und sie den Armen geben soll. Doch dieser Mann lief weg, weil er große Besitztümer hatte. Uns wird gewöhnlich gesagt, daß es in der Geschichte darum gehe, daß Christus, wenn wir ihm nachfolgen wollen, allein das Zentrum unserer Gefühle und Pläne sein müsse. Ob der Götze Reichtum, Ruhm, Karriere, akademische Auszeichnung oder Mitgliedschaft in irgendeiner elitären Gruppe heiße — wir müßten gewillt sein, um Christi willen davon Abstand zu nehmen. Reichtümer seien nur zufällig gerade das Problem dieses Menschen gewesen. Jesus gebiete uns also nicht, all unseren Besitz zu verkaufen. Er ermahne uns nur zum totalen Gehorsam ihm gegenüber.

Diese Auslegung ist sowohl richtig als auch unzureichend. Wenn man nämlich nicht *mehr* sagt, dann übergeht man das

Faktum, daß Reichtum und Besitz die am meisten verbreiteten Götzen sind, die wir Reichen aus dem Westen heute haben. Ich denke, daß Jesus es ernst meinte, wenn er hinzufügte: „Wahrlich, ich sage euch: Ein Reicher wird nur schwer in das Reich der Himmel kommen. Wiederum aber sage ich euch: Es ist leichter, daß ein Kamel durch ein Nadelöhr geht als ein Reicher ins Reich Gottes" (Matth. 19. 23—24).

Ein beispielloser materieller Luxus hat uns betört. Die Werbung überzeugt uns ständig davon, daß wir einen unnötigen Luxusartikel nach dem andern benötigen. Der Lebensstandard ist der Gott des Amerikas wie des Europas des zwanzigsten Jahrhunderts, und der Werbefachmann ist sein Prophet. Wir wissen alle, wie subtil die materialistischen Versuchungen sind und wie überzeugend und vernünftig sie sich darstellen. Nur durch Gottes Gnade und mit großen Anstrengungen können wir der Lawine von Luxusgütern entgehen, die unsere christliche Leidenschaft schon fast erstickt hat. Wir alle sind davon betroffen. Vor ein paar Jahren gab ich ungefähr fünfzig Dollars (ca. 125 Mark) für einen zusätzlichen Anzug aus. Das ist natürlich nicht viel. Außerdem redete ich mir ein, daß es sich um eine kluge Geldanlage handelte (dank der Preisermäßigung von 75 Prozent). Aber dieses Geld hätte ein hungerndes Kind in Indien ein Jahr lang ernährt. Wir müssen uns allen Ernstes fragen: Dürfen wir überhaupt wagen, uns um die laufende Mode zu kümmern, wenn das bedeutet, daß wir damit die Möglichkeiten, hungrigen Nächsten zu helfen, aufgeben? Dürfen wir es wagen, uns mehr um die gesicherte wirtschaftliche Zukunft unserer Familie zu sorgen als darum, einen christlichen Lebensstil ohne Kompromisse zu leben?

Ich möchte nicht so tun, als ob eine ehrliche und echte Antwort auf solche Fragen leicht sei. Unsere Verantwortung ist nicht immer so klar und eindeutig. Eines Tages, als ich gerade eine Vorlesung zum Thema Armut vorbereitete, kam ein armer Mann in mein Arbeitszimmer und wollte fünf Dollars. Er war Trinker. Er hatte nichts zu essen, keine Arbeit, kein Zuhause. Der Christus der Armen begegnete mir in diesem Mann. Aber ich hatte keine Zeit. Ich mußte doch eine Vorlesung über die christliche Sicht der Armut vorbereiten. Ich gab ihm wenigstens ein paar Dollars. Aber das war ja gar nicht, was er wirklich brauchte. Er brauchte doch jemanden, mit dem er sprechen konnte, jemanden, der ihn mochte. Er brauchte meine Zeit. Er brauchte mich. Aber ich hatte zu viel zu tun. „Was ihr meinen geringsten Brüdern nicht getan habt, das habt ihr auch mir nicht getan . . ."

Wir Christen brauchen einige kräftige, konkrete Anstöße, um dem Materialismus zu entkommen, der durch die diabolisch raffinierten und unaufhörlichen Radio- und Fernsehwerbungen in unsere Köpfe sickert. Wir haben eine Gehirnwäsche erfahren, infolge derer wir glauben, daß größere Häuser, besser florierende Geschäfte und luxuriösere Einrichtungen wertvolle Lebensziele seien. Je mehr wir verdienen, desto mehr meinen wir zu brauchen, um ordentlich und achtbar leben zu können. Wir müssen diesen Zirkel irgendwie aufsprengen, weil er uns dazu führt, gegen unsere bedürftigen Brüder und Schwestern und damit gegen unsern Herrn zu sündigen.

„Progressive Selbstbesteuerung"

Die „progressive Selbstbesteuerung" ist eines der zahlreichen Modelle, das helfen kann, diese materialistische Fessel zu zersprengen. Ich wende es an, weil es sich in meiner Familie bewährt hat. Natürlich ist es nicht das einzig mögliche. Auch ist es keine biblische Norm, die man andern gesetzlich vorschreiben könnte. Wir sind uns dessen allerdings sehr bewußt, daß es sich nur um einen bescheidenen Anfang handelt.

Als meine Frau, Arbutus und ich uns 1969 entschieden, eine abgestufte Skala für unsere Gaben zu machen, setzten wir uns zusammen und versuchten herauszubekommen, was wir wohl in einem Jahr zum Leben brauchten. Wir wollten einen Betrag finden, der uns zwar eine angemessene Bequemlichkeit, aber nicht alle Luxusartikel erlaubte. Ich glaube, daß wir auf den Ausgangsbetrag ziemlich willkürlich kamen. Die Autoren der Studie *Grenzen des Wachstums* schlugen als Grundlage einen Lebensstandard vor, den sich jedermann in der Welt erlauben kann, ohne daß eine schnelle Erschöpfung unserer Rohstoffquellen und eine baldige ökologische Katastrophe eintritt[3]. Vielleicht könnte ihre Zahlenangabe von 4000 Mark pro Person und Jahr eine vernünftige Ausgangsbasis darstellen. Ein anderer, radikalerer Weg wäre, die Definition von Armut für den Grundbetrag heranzuziehen, die die amerikanische Regierung gegeben hat. Im Jahre 1976 hätte das bei einer vierköpfigen Familie einen Betrag von 10 360 Mark (pro Jahr) ergeben.

Aus irgendwelchen Gründen landeten wir bei einer Zahl von 16 000 Mark. (Zwei heranwachsende Jungen und eine neu dazugekommene Tochter machten kürzlich eine Erhöhung auf 17 000 Mark nötig.) Wir faßten den Entschluß, von diesem Grundbetrag den Zehnten abzugeben. Für alle dazukommenden 2000 Mark über den Grundbetrag hinaus wollten wir, so wurde entschieden, unsere Gaben jeweils um 5 Prozent erweitern. Tabelle 13 zeigt, wie das bei einem Einkommen von 26 000 Mark und einem Grundbetrag von 16 000 Mark aussieht.

Einkommen im Jahr	Gaben (in Prozenten)	Gaben (realer Betrag)
16 000 DM	10 Prozent	1 600 DM
plus 2 000 DM	15 Prozent	300 DM
plus 2 000 DM	20 Prozent	400 DM
plus 2 000 DM	25 Prozent	500 DM
plus 2 000 DM	30 Prozent	600 DM
plus 2 000 DM	35 Prozent	700 DM
zus. 26 000 DM		zus. 4 100 DM

Tabelle 13

Da stellen sich natürlich eine Menge von Fragen. Soll man das Brutto- oder das Nettogehalt zugrunde legen? Bauern und Geschäftsleute müssen natürlich mit Nettobeträgen arbeiten. Die meisten von uns werden sich jedoch weniger selbst bluffen, wenn sie den Zehnten vom *Brutto*einkommen abgeben.

[3] Vgl. Donella H. Meadows, *u. a. The Limits to Growth*, 2. Aufl. (New York: Universe Books, 1974), S. 165

Sodann: Soll man die Ausgangszahl aus Gründen der Inflation jedes Jahr erhöhen? Zuerst taten wir dies. Doch dann entschieden wir, daß ein fester Sockelbetrag, der die Inflation nicht berücksichtigt, ein guter Weg wäre, an einem einfachen Lebensstil noch entschlossener festzuhalten. (Das geht sogar, wenn die Inflation auf 40 Prozent in sieben Jahren steigt!) Eine weitere Frage ist, ob man für jede zusätzliche Person einfach 4000 Mark zu dem Grundbetrag zuzählen soll? Wohl nicht. Eine Einzelperson kann mit 4000 Mark nicht auskommen – aber eine Familie mit sechs Kindern unter zehn Jahren braucht keinen Grundbetrag von 32 000 Mark! Jede Familie muß sicherlich einen eigenen Plan erstellen. Die Summe der Spenden, persönliche Gesamtausgaben und Ersparnisse bei einer Grundsumme von 16 000 Mark sind in der Tabelle 14 aufgeführt.

Einkommen- und Spendentabelle

Gesamt-einkommen	Selbstbesteuerungsrate	Gesamtsumme der Selbst-besteuerung	persönl. Ausgaben und Ersparnisse
16 000 DM	10 Prozent (von 16 000 DM)	1 600 DM	14 400 DM
18 000 DM	15 Prozent (d. letzt. 2 000 DM)	1 900 DM	16 100 DM
20 000 DM	20 Prozent (d. letzt. 2 000 DM)	2 300 DM	17 700 DM
22 000 DM	25 Prozent (d. letzt. 2 000 DM)	2 800 DM	19 200 DM
24 000 DM	30 Prozent (d. letzt. 2 000 DM)	3 400 DM	20 600 DM
26 000 DM	35 Prozent (d. letzt. 2 000 DM)	4 100 DM	21 000 DM
28 000 DM	40 Prozent (d. letzt. 2 000 DM)	4 900 DM	23 100 DM
30 000 DM	45 Prozent (d. letzt. 2 000 DM)	5 800 DM	24 200 DM
32 000 DM	50 Prozent (d. letzt. 2 000 DM)	6 800 DM	25 200 DM
34 000 DM	55 Prozent (d. letzt. 2 000 DM)	7 900 DM	26 100 DM
36 000 DM	60 Prozent (d. letzt. 2 000 DM)	9 100 DM	26 900 DM
38 000 DM	65 Prozent (d. letzt. 2 000 DM)	10 400 DM	27 600 DM
40 000 DM	70 Prozent (d. letzt. 2 000 DM)	11 800 DM	28 200 DM
42 000 DM	75 Prozent (d. letzt. 2 000 DM)	13 300 DM	28 700 DM
44 000 DM	80 Prozent (d. letzt. 2 000 DM)	14 900 DM	29 100 DM
46 000 DM	85 Prozent (d. letzt. 2 000 DM)	16 600 DM	29 400 DM
48 000 DM	90 Prozent (d. letzt. 2 000 DM)	18 400 DM	29 600 DM
50 000 DM	95 Prozent (d. letzt. 2 000 DM)	20 300 DM	29 700 DM
52 000 DM	100 Prozent (d. letzt. 2 000 DM)	22 300 DM	29 700 DM

Tabelle 14

Die nachfolgenden Vorschläge können vielleicht denen helfen, die ihren eigenen Weg mit der „progressiven Selbstbesteuerung" finden wollen. Erstens, sprechen Sie die Sache mit der ganzen Familie durch. Sie muß jedem einsichtig sein, damit die Familie zu einer gemeinsamen Entscheidung gelangen kann. Zweitens, schreiben Sie Ihren Plan am Anfang des Jahres genau auf. Es tut nicht weh, ja es ist spannend, ihn theoretisch auszuarbeiten. Und wenn Sie sich dann nach den abstrakten Zahlen richten, dann tut es weniger weh, wenn Sie gleich jeden Monat die Spende abführen. Drittens, sprechen Sie Ihr Vorhaben mit einem christlichen Freund oder Ehepaar durch, das ihr Interesse und Ihre Anteilnahme an Fragen der sozialen Gerechtigkeit teilt. Viertens, diskutieren Sie mit denselben Leuten auch über die größeren Ausgaben. Es ist für einen etwas objektiveren Beobachter leichter, Scheingründe für diese oder jene Entscheidung herauszufinden, als es für Sie möglich ist. Fünftens, versuchen sie jedes Jahr die Summe der Ausgaben zu verringern. Das Ziel sollte sein, die Summe der Ausgaben (nicht den Grundbetrag, von dem man ja ein Zehntel abgibt) soweit zu verringern, bis Sie einen Lebensstandard haben, den alle Menschen auf der Welt teilen könnten.
Wie der scharfsichtige Leser sicher schon bemerkt hat, handelt es sich bei der „progressiven Selbstbesteuerung" um einen ziemlich zurückhaltenden Vorschlag. Tatsächlich ist er so zurückhaltend, daß man fast von einer Treulosigkeit Paulus gegenüber sprechen könnte. Dennoch ist er radikal genug, so daß seine Durchführung den Dienst und das Leben der Kirche revolutionieren würde! Viele Christen experimentieren mit weit radikaleren Möglichkeiten, um den Kampf gegen den Wohlstand zu gewinnen.

Wohngemeinschaften

Das Gemeinschaftsmodell, das den einfachsten Lebensstil erlaubt, ist wohl die Wohngemeinschaft. Haushaltsführung, Mobiliar, Haushaltsgeräte, Werkzeuge und Auto — alles, was normalerweise einer einzigen Familie zur Verfügung steht, kann zehn oder zwanzig Leuten nützen. Das Leben in einer Wohngemeinschaft setzt riesige Mengen an Geld und Zeit für verschiedene neue Tätigkeitsbereiche frei.

Viele christliche Wohngemeinschaften wurden aus der Absicht heraus begonnen, einen umweltbewußteren und mit weniger Ungerechtigkeiten belasteten Lebensstil zu entwikkeln. Aber nicht alle begannen mit dieser Absicht. Die Erlöserkirche in Houston, Texas, ist ein interessantes Beispiel, weil dort der einfache Lebensstil im Sinne einer Wohngemeinschaft „einfach passierte". Diese Innenstadtgemeinde war fünfzehn Jahre zuvor noch praktisch tot. Dann wurde die Situation dadurch neu, daß viele in Not geratene Menschen besondere Zuwendung und Pflege brauchten. Leben in einer Wohngemeinschaft schien hier die einzig mögliche Antwort zu sein. Was geschah, war nichts weniger als eine geistliche Erneuerung der Gemeinde.

Im Jahre 1976 lebten dort 350 Menschen in Wohngemeinschaften in nahezu 35 verschiedenen Haushalten. Jeder Haushalt hat acht bis fünfzehn Glieder. In einem typischen Haushalt von elf Personen sind zwei Lohnempfänger; sie haben ihren Beruf außerhalb. Der Rest steht für die zahlreichen kirchlichen Tätigkeiten zur Verfügung.

Vom Einkommen jedes einzelnen Haushalts gehen 20 Prozent an die Kirche. Was übrigbleibt, erlaubt den Mitgliedern einen ausreichenden Lebensstil. 1974 benötigten die Haushalte ungefähr 4000 Mark pro Person und Jahr für alle Ausgaben.

In dem einen Haushalt, den ich 1976 besuchte, erhielten Erwachsene 2,50 DM pro Woche für unvorhergesehene Ausgaben. Jerry Barker erklärt, wie sich dieser einfache Lebensstil herausgebildet hat.

„Es wurde bald deutlich, daß die Nöte, mit denen wir konfrontiert wurden, eine Menge Geld erforderten. Deshalb kürzten wir die Ausgaben für eine Reihe von Dingen, an die wir uns gewöhnt hatten. Wir kauften keine neuen Wagen, neue Fernsehgeräte und ähnliches mehr. Ja, wir dachten gar nicht mehr daran! Wir fuhren nun unsere Wagen bis sie buchstäblich auseinanderfielen; dann kauften wir einen Gebrauchtwagen, um den alten Wagen zu ersetzen. Wir kündigten einige unserer Versicherungen, damit die finanzielle Belastung etwas geringer wurde. Wir fanden eine solche Geborgenheit in unserem Verhältnis zu unserm Herrn, daß es uns nicht mehr so wichtig erschien, Sicherheit für die Zukunft zu haben ... Wir machten daraus nie ein Gesetz und hielten dies nie für einen unabdingbaren Bestandteil christlichen Lebens. Es war nur eine Sache des möglichst wirksamen Einsatzes an Geld, das wir zur Verfügung hatten, besonders weil wir so viele extra Leute zu unterstützen hatten. Wir lernten, sehr sparsam zu leben. Wir hörten auf, Steaks und teueren Braten oder ähnliches zu essen und stellten uns auf einfache Kost um ... Wir aßen oft Sachen, die uns Leute brachten — einen Karton Lebensmittel oder einen Sack voll Reis ...[4]"

Der Lebensstandard christlicher Wohngemeinschaften ist verschieden. Aber fast alle diese Menschen leben weit einfacher als die Durchschnittsfamilien in Nordamerika oder Deutschland. Eine Bruderschaft in Chicago z. B. hat ihre Eßgewohnheiten nach der städtischen Wohlfahrt ausgerichtet. Wohngemeinschaften haben heute schon eine große symbolische Bedeutung, die in gar keinem Verhältnis zu ihrer doch noch geringen Anzahl steht. Sie stellen unscheinbar, aber deutlich, das Leben im Überfluß in Frage, das sich die Gesellschaft leistet.

Christen, die sich der Bibel verpflichtet wissen, probieren heute eine ganze Reihe von Möglichkeiten aus, um einen einfachen Lebensstil zu finden. Die Epoche weltweiten Hungers, in der wir uns befinden, verlangt auch drastische Änderungen! Aber wir müssen äußerst vorsichtig sein, damit wir nicht der Gesetzlichkeit und Selbstgerechtigkeit anheimfallen. Kein einziges Modell ist *der* Wille Gottes für jeden. Nicht der ist vor Gott notwendig gerechter, der von 4000 Mark pro Jahr weniger lebt als einer seiner Mitchristen. „Wir müssen uns auch vor einer geistlichen Großtuerei und Bevormundung hüten ... Wir möchten unsere Erfahrungen nicht verallgemeinern. Gott liebt die Vielfalt.[5]"

[4] Michael Harper, *A New Way Of Living* (Plainfield, N. J.: Logos International, 1973), S. 93

[5] Walter und Ginny Hearn, „The Price Is Right", *Right On,* Mai 1973, S. 1 u. 11

Es geht auch anders!

Hier geht es um Hinweise, nicht um Regeln. Freiheit, Freude und Lachen gehören zum einfachen Leben.

1. Reduzieren Sie Ihren Etat für Lebensmittel durch:
   Anbau von Gemüse u. ä. in Ihrem Garten. Hacken ist besser als mähen;
   Ersetzen Sie tierische durch pflanzliche Eiweiße. Es gibt verschiedene Kochbücher, die einem sagen, wie man köstliche fleischlose Gerichte zubereitet. Den Hauptteil Ihres täglichen Eiweißbedarfs können Sie sieben- bis achtmal billiger als z. B. mit Rindfleisch decken;
   regelmäßiges Fasten;
   Aufstellen eines monatlichen Etats; halten Sie sich dann auch daran.
2. Stellen Sie den eigenen Lebensstil in Frage, nicht den Ihres Nachbarn.
3. Senken Sie den Energieverbrauch dadurch, daß Sie:
   Ihren Thermostat zu Hause und am Arbeitsplatz (wenn Sie die Möglichkeit dazu haben) im Winter auf 20° C oder weniger stellen;
   öffentliche Transportmittel mit Ihrer Stimme bei der Gemeinderatswahl unterstützen;
   Fahrräder benützen; für Wegstrecken unter einem Kilometer Ihre Füße gebrauchen;
   aus dem Geschirrabwaschen ein „Familientreffen" machen, anstatt daß Sie einen Geschirrspülautomaten kaufen.
4. Widerstehen Sie der Verbrauchermentalität, indem Sie das Werbefernsehen einfach ausschalten;
   eine Liste von solchen Werbungen machen, die unredlich sind;
   diese Produkte boykottieren.
5. Kaufen und renovieren Sie ein altes Haus in der Innenstadt und überreden Sie einige Freunde dazu, dasselbe zu tun, damit Sie eine christliche Gemeinschaft bilden können.

6. Tragen Sie zur Reduzierung des Verbrauchs von nicht wiederaufzubereitenden Rohstoffen in unserer Gesellschaft bei, indem Sie ...
solche Waren nicht kaufen, die aufgrund des geschäftlichen Interesses auf kurze Lebensdauer angelegt sind;
Haushaltsgeräte, Werkzeuge, Rasenmäher, Sportausrüstungen, Bücher, sogar das Auto gemeinschaftlich benutzen (was leichter ist, wenn Sie in der Nähe anderer oder zusammen mit andern Christen wohnen, die einen einfachen Lebensstil leben möchten);
einen Geräteschuppen in Ihrer Kirche für Sachen, die nur gelegentlich gebraucht werden, einrichten: für Gartenscheren, Matratzen für unerwartete Gäste, Rasenmäher, Campingausrüstung, Leiter usw.
7. Haben Sie ein oder zwei Kinder „aus eigener Produktion". Aber dann adoptieren Sie!
8. Achten Sie darauf, wieviel sie für rein statusbedingte Posten ausgeben, streichen Sie den Betrag dann.
9. Lehnen Sie es ab, mit der neuesten Mode zu gehen. (Eigentlich muß keiner der Leser dieses Buches die nächsten zwei bis drei Jahre etwas zum Anziehen kaufen, außer vielleicht Schuhe.)
10. Freuen Sie sich an den Dingen, die nichts kosten.
11. Leben Sie einmal einen Monat lang von dem vom Sozialamt vorgegebenen Fürsorgebetrag.
12. Geben Sie Ihren Kindern mehr Liebe und Zeit als immer nur mehr Sachen!

Das genügt für den Anfang.

Geben mit Verstand!

Wenn zehn Prozent aller Christen in Deutschland die „progressive Selbstbesteuerung" akzeptieren und danach leben würden, könnten riesige Summen Geld für die Arbeit für Gottes Reich frei werden. Wohin soll man das Geld aber am ehesten geben?
Christen sollten sicherlich nicht all ihr Geld, das sie als Spende auf die Seite gelegt haben, für die Minderung des Hungers

in der Welt ausgeben. Christlicher Unterricht und Evangelisation sind ungemein wichtig und verdienen eine ständige Unterstützung. Meine Familie versucht, ungefähr genauso viel für die Unterstützung der Evangelisation wie für die Projekte zugunsten sozialer Hilfe zu geben. (Am liebsten sind uns die Projekte, die beides miteinander verbinden.) Wir geben regelmäßig auch Gelder an nichtkirchliche Organisationen. Es ist angemessen, einen Teil der Spendengelder auch für politische Kampagnen und Initiativen, die der sozialen Gerechtigkeit dienen, einzusetzen.

Welche Hilfs- und Entwicklungsorganisationen arbeiten am besten? Dieses Problem ist ungeheuer wichtig. Aber jeder muß das selber entscheiden. Doch möchte ich versuchen, wenigstens einige allgemeine Kriterien zu nennen, die eine Entscheidungshilfe in der Frage sein sollen, wohin man die Spenden zugunsten der Armen und Hungernden in andern Ländern geben kann[6].

1. Unterstützen die Organisationen Projekte in der Dritten Welt, die den ganzen Menschen betreffen und Evangelisation, soziale Veränderung, Ausbildung, landwirtschaftliche Entwicklung u. a. miteinander verbinden?
2. Werden die Gelder wirklich für einheimische Projekte verwandt? Genauer:
   a) Sind die Leiter und die meisten Mitarbeiter des Projekts in den Entwicklungsländern Einheimische? (Sie sollten es sein!)
   b) Übernehmen die Projekte unreflektiert westliches Gedankengut, Material und westliche Technologie, oder entwickeln sie sorgfältig Programme, die der Kultur der Entwicklungsländer entsprechen?
   c) Entsprang das Projekt den wirklich bedrängenden Bedürfnisse der Leute dort, oder wurde es von außen, etwa von einem ausländischen „Experten", initiiert.
3. Stehen die Projekte im Rahmen einer längerfristigen Unterstützung, oder handelt es sich nur um eine Hilfe in einer akuten Notsituation?

[6] Ich bin John F. Alexander hinsichtlich der Ausarbeitung dieser Kriterien sehr zu Dank verpflichtet

4. Sind die Programme von der Art, daß sie der Bevölkerung helfen zu verstehen, daß Gott sündhafte soziale Strukturen verändert haben möchte und daß sie an dieser Veränderung mithelfen können?
5. Sind diese Programme aus einer christlichen Gemeinschaft erwachsen und stärken sie diese Gemeinschaft?
6. Werden sich die Programme später selber tragen, nachdem man einen Grundstock investiert hat?
7. Helfen die Projekte den Ärmsten in den ärmsten Entwicklungsländern?
8. Ist die landwirtschaftliche Entwicklung eingeschlossen? (Das muß nicht immer, sollte aber in den allermeisten Fällen so sein.)
9. Wird das Ergebnis eher mehr Gerechtigkeit sein oder dauernde Abhängigkeit von Spenden?
10. Einige wichtige Fragen im Blick auf westliche Hilfsorganisationen sind schließlich noch angebracht:
    a) Gibt die Organisation mehr als 10 oder 15 Prozent ihres Gesamtetats für Werbung und Verwaltung aus?
    b) Sind Leute aus der Dritten Welt, Vertreter von Minderheiten und Frauen im Mitarbeiterstab und in der Leitung?
    c) Ist eine jährliche Buchprüfung durch ein unabhängiges Institut vorgesehen?
    d) Sind die Ausschußmitglieder und die Mitarbeiter integre Personen? Bekommen die Ausschußmitglieder ein Gehalt? (Das sollte nicht der Fall sein!)
    e) Stehen die Gehälter der Mitarbeiter mit den Grundüberzeugungen der Bibel in Einklang?
    f) Verweigert die Organisation die Antwort auf diese Fragen?

Wir haben uns in diesem Kapitel fast ausschließlich mit finanziellen Gaben befaßt. Es gibt natürlich noch andere Wege zu helfen. Sich selber zu geben, ist genauso wichtig! Es gibt Christen, die eine schlechter bezahlte Arbeit in Kauf nehmen, weil die Gelegenheit, Menschen zu helfen, dort größer ist. Manche verringern ihre Überstundenzahl, um anderen dadurch einen

Arbeitsplatz zu verschaffen. Tausende von Christen haben zwei oder mehr Jahre dafür gegeben, in Entwicklungsländern zu arbeiten.

Es herrscht ein großer Bedarf an einfühlsamen Menschen, die mit der Bevölkerung auf dem Lande zusammenleben und den Armen zeigen, daß Gott möchte, daß sie mithelfen, die ungerechten und bedrückenden Strukturen zu verändern. Auch landwirtschaftlich geschulte Leute, die in der Übergangszeit ihr technisches Können einsetzen würden, sind sehr gefragt. „Eine Person mit praktischen Fähigkeiten, die bereit ist zu arbeiten und in einem abgelegenen Dorf zu leben, wiegt in der Regel ein Dutzend Universitätsprofessoren und Industriebosse auf, die das Land besuchen[7].“ Wenn Zeit Geld ist, dann bedeutet das, daß Zeit zu opfern, genauso wichtig ist wie finanzielle Opfer.

Ich bin davon überzeugt, daß ein einfacheres Leben ein Gebot der Bibel ist — gerade für uns Christen aus den reichen Ländern. Aber wir müssen uns über die Gründe eines solchen Lebensstils im klaren sein. Wir sind *nicht* zuerst einem einfachen Lebensstil verpflichtet, sondern kennen nur eine einzige Verpflichtung: die Treue zu Jesus und zu seinem Reich. Doch das Haupt dieses Reiches ist der Gott der Armen! Und Hunderte von Millionen dieser Armen leiden an Hunger.

Eine Welt des Hungers ruft die wohlhabenden Menschen auf, ihren Lebensstandard zu senken. Aber eine allgemeine Zustimmung zu dieser Feststellung reicht nicht aus, um den täglichen Verführungen der Werbemaschinerie zu entgehen. Jeder von uns braucht einen *spezifischen, konkreten* Plan. Die „progressive Selbstbesteuerung“ und das Leben in Wohngemeinschaften sind zwei angebotene Modelle — und es gibt noch viele andere. Aber vermeiden Sie um alles in der Welt Gesetzlichkeit und Selbstgerechtigkeit. Haben Sie den Mut, selber konkrete Schritte in Richtung auf einen verantwortlichen persönlichen Lebensstil zu unternehmen. Wagen wir es, unseren Lebensstandard von der Not der Armen her bestimmen zu lassen, oder ist uns der Lebensstil unserer Überflußgesellschaft Maßstab?

[7] Minear, *New Hope for the Hungry*, S. 79

8. Sozietäres Leben als Voraussetzung für einen christlichen Nonkonformismus

Extra ecclesiam nulla salus. —
„Die neue Gemeinschaft vollzieht ihr neues Leben im gemeinsamen Hören dieser sie erweckenden, zusammenbringenden und zusammenhaltenden Botschaft ..., in einem neuen bruderschaftlichen Sozialleben, das die menschenfeindlichen Trennungen der alten Welt außer Kraft setzt, in dem alle Glieder füreinander einstehen und ‚alle Dinge gemeinsam haben'." (Helmut Gollwitzer)[1]

Die Kirche sollte aus Gemeinschaften bestehen, die „Widerstand aus Liebe" leisten. Stattdessen besteht sie leider zu einem großen Teil aus angepaßten und gemütlichen Clubs. Eine tiefgreifende Reformation der Kirche ist eine Voraussetzung für eine neue Hinwendung zu Jesus und seiner Sendung, die Unterdrückten zu befreien.
Wenn die Analyse in den vorausgegangenen Kapiteln auch nur annähernd richtig ist, dann ruft der Gott der Bibel die Christen von heute auf, in grundsätzlicher Unangepaßtheit in unserer Gesellschaft zu leben. Die reichen nordamerikanischen und europäischen Gesellschaften werden von Materialismus, Sex, wirtschaftlichem Erfolg und militärischer Macht regiert. Dinge bedeuten mehr als Personen. Arbeitsplatzsicherung und die jährliche Lohnerhöhung sind wichtiger als verhungernde Kinder und unterdrückte Bauern. Die Mahnung des Apostels Paulus trifft uns heute alle: „Erlaubt es der Welt nicht, euch in ihre eigene Form zu pressen" (Röm. 12,2, eigene Übers.)! Die biblische Offenbarung ruft uns dazu auf, vielen der gängigen Maßstäbe unserer materialistischen, ehebrecherischen Gesellschaft zu widerstehen.
Doch das ist unmöglich — jedenfalls wenn wir es als einzelne versuchen! Für Menschen, die ihr Christsein nicht in einer Gemeinschaft leben, ist es kaum möglich, den widerchrist-

[1] Helmut Gollwitzer, Vortrupp des Lebens, München 1975, S. 111

lichen Werten, die sich aus unseren Radios, Fernsehern und von den Litfaßsäulen über uns ergießen, zu widerstehen. Die Maßstäbe unserer im Wohlstand lebenden Gesellschaft sikkern langsam und kaum merkbar in unsere Herzen und Sinne. Die einzige Möglichkeit, Widerstand zu leisten, besteht für uns in der tiefen Verankerung in einer christlichen Gemeinschaft. Hier kann Gott unser Denken von Grund auf umformen. Hier suchen und finden wir unsere Identität, bei Brüdern und Schwestern, die den biblischen Wertvorstellungen ebenfalls ohne Vorbehalt verpflichtet sind.

Daß wirklicher Gehorsam nur im Wirkungsfeld einer christlichen Gemeinschaft möglich ist, sollte uns nicht überraschen. Der Kirche des ersten Jahrhunderts war es möglich, die dekadenten Wertvorstellungen der römischen Zivilisation zu entlarven, weil sie etwas von der christlichen Bruderschaft wußte und sie selber in einer tiefen Weise erfuhr. Für die ersten Christen war *koinoia* keine affektierte „Gemeinschaft" von vierzehntägig stattfindenden, von der Kirche getragenen Kegelpartien. Es war eine Gemeinschaft, in der man vorbehaltlos am Leben des andern Gliedes am Leibe Christi Anteil nahm.

Christliche Gemeinschaft hieß bedingungslose Verfügbarkeit und uneingeschränkte Verläßlichkeit, mit der die andern Schwestern und Brüder rechnen durften, und zwar sowohl hinsichtlich der emotionalen Solidarität als auch was das Geld und die geistliche Hilfe anlangt. Wenn *ein* Glied litt, litten sie alle mit; wenn *eines* Freude hatte, freuten sie sich alle mit (1. Kor. 12, 26). Wenn einer in wirtschaftliche Not kam, halfen die anderen ohne Zögern. Und wenn ein Bruder oder eine Schwester in Sünde fiel, wiesen die andern den in die Irre Gegangenen liebevoll zurecht (vgl. Matth. 18, 15—17; 1. Kor. 5; 2. Kor. 2, 5—11; Gal. 6, 1—3). Die Schwestern und Brüder fühlten sich einander verpflichtet, sorgten füreinander, und jeder konnte mit der Hilfe des andern rechnen.

Die Kirche des ersten Jahrhunderts lebte natürlich nicht immer und überall nach dem neutestamentlichen Bild des Leibes Christi. Da gab es tragische Versäumnisse und Verfehlungen. Doch das Netz von kleinen Hausgemeinden verbreitete sich

über das ganze Römische Reich und erfuhr das Einssein in Christus in so realer Weise, daß sie fähig wurden, einer mächtigen, heidnischen Zivilisation zu widerstehen und sie schließlich zu erobern.
John Wesleys erste methodistische „Klassen" hatten von dem Geist, der in der frühen Christenheit lebendig war, etwas erfaßt. Man traf sich wöchentlich in Häusern, betete zusammen, hörte auf das ermahnende Wort, kümmerte sich in Liebe umeinander, half sich gegenseitig, unter der Herrschaft Christi zu leben. Die überwältigende Mehrheit der Kirchen heute bietet jedoch nicht die Voraussetzungen dafür, daß Brüder und Schwestern sich gegenseitig ermutigen, ermahnen und belehren können. Wir brauchen dringend neue Modelle und einen neuen Rahmen, um in dieser Weise füreinander dazusein.

Eine Einsicht aus der Soziologie

Die neuen Forschungen zur Wissenssoziologie unterstreichen die Wichtigkeit der christlichen Gemeinschaft für biblisch motivierte „Nonkonformisten". Wissenssoziologen haben versucht herauszubekommen, welcher Zusammenhang zwischen Überzeugungen einerseits und den sozialen Bedingungen andererseits besteht, in denen sie entstanden sind. Dabei haben sie entdeckt, daß die Frage, ob gewisse Gedanken einleuchten oder nicht, von der sozialen Unterstützung, die sie erfahren, abhängt.

> „Die Menschen sind auf Gedeih und Verderb soziale Wesen. Zu ihrem ‚Sozial-Sein' gehört auch das, was sie denken oder von der Welt zu ‚wissen' glauben. Das meiste, was wir ‚wissen', haben wir von anderen, die für uns glaubwürdig sind, übernommen. Und nur weil es uns andere ständig bestätigen, bleibt ‚Wissen' für uns ständig plausibel.[2]"

[2] Peter L. Berger, *Auf den Spuren der Engel. Die moderne Gesellschaft und die Wiederentdeckung der Transzendenz* (S. Fischer Verlag, Frankfurt 1970), S. 20 f.; vgl. auch Peter L. Berger und Thomas Luckmann, *Die gesellschaftliche Konstruktion der Wirklichkeit* (S. Fischer Verlag, Frankfurt 1969)

Das komplizierte Netz sozialer Interaktion, in dem man die eigene Sicht der Wirklichkeit ausbildet und behauptet, wird „Plausibilitätsstruktur" genannt. Zur Plausibilitätsstruktur gehört der ganze Komplex von Menschen, die einem wichtig sind, spezielle Praktiken, Zeremonielle und Legitimationsversuche, die den Zweck haben, sich der Richtigkeit der eigenen Überzeugung zu vergewissern. Solange diese sozialen Abläufe andauern, neigen wir dazu, die entsprechenden Überzeugungen für wahr und plausibel zu halten.
Daraus entsteht nun das Problem einer sog. „kognitiven Minderheit". Eine kognitive Minderheit ist eine kleine Gruppe von Menschen, die eine Überzeugung festhält, die sich von der Mehrheit in ihrer Gesellschaft tiefgreifend unterscheidet. Da sie ständig mit Menschen zu tun hat, die ihre grundlegenden Überzeugungen in Frage stellen, fällt es den Anhängern einer kognitiven Minderheit sehr schwer, ihre eigenen, davon unterschiedenen Überzeugungen aufrechtzuerhalten. Nach dem berühmten Soziologen Peter Berger kann eine kognitive Minderheit ihre unangepaßten Überzeugungen nur dann aufrechterhalten, wenn sie eine straffe Gemeinschaftsstruktur hat. Er schreibt:

„Wenn er (der Theologe) nicht das Zeug zum Priester in der Wüste hat, gibt es vor dem kognitiven Zusammenbruch nur eine Rettung: er muß Gleichgesinnte finden und sie möglichst eng um sich scharen. Nur in einer starken Gegengemeinde hat kognitives Abweichlertum eine Überlebenschance. Die Gegengemeinde hat probate Mittel gegen nagende Zweifel des Individuums: ob es nicht etwa doch falsch liegt, ob die Majorität nicht doch recht hat usw. Wenn die Gegengemeinde ihre Stützfunktion für den abweichlerischen ‚Wissensvorrat' erfüllen soll, müssen ihre Mitglieder eine verschworene Gemeinschaft sein, eine ‚Gemeinschaft der Heiligen' ...[3]"

Bergers Analyse hat einen direkten Zusammenhang mit dem Problem der Christen von heute, die sich entschlossen haben, die biblische Sicht über die Fragen der Armut und des Besitzes anzuerkennen. Berger beschäftigt sich zwar mit dem Problem der Christen, die die vorherrschende „wissenschaftlich

[3] Berger, *Auf den Spuren der Engel*, S. 35

begründete" moderne These vom Säkularismus bestreiten und den mit der Transzendenz rechnenden biblischen Glauben dennoch festhalten. Aber seine Analyse läßt sich ganz analog auf die Frage anwenden, wie wir Jesu Reich-Gottes-Ethik in einer Welt leben können, die ganz anderen Grundsätzen folgt. Die meisten Zeitgenossen — ob innerhalb oder außerhalb der Kirche — richten sich nach den herrschenden Maßstäben unserer konsumorientierten, materialistischen Gesellschaft. Auf der anderen Seite stehen Christen, die es ernst meinen. Sie richten sich nach den ganz anderen Maßstäben, die in der Heiligen Schrift geoffenbart sind. Es sollte uns nicht überraschen, daß nur ein treuer, kleiner Teil sich diesen Maßstäben verpflichtet weiß. Doch die Tatsache, daß diese Christen eine kognitive Minderheit sind, zeigt, daß eine feste christliche Gemeinschaft notwendig ist.

Das heißt nicht, daß man als Christ den Rückzug in isolierte ländliche Einsamkeit zu wählen hätte. Wir müssen im Gegenteil mitten in der heutigen Gesellschaft leben, um sie in Frage zu stellen, ihr Alternativen entgegenzusetzen und sie vielleicht sogar zu verändern. Aber gerade weil wir zwar nicht *von* der Welt, aber doch *in* der Welt sind, ist der Druck, die biblischen Maßstäbe zugunsten von heute gängigen Überzeugungen hinter sich zu lassen, ungeheuer groß. Daraus resultiert der Ruf und Wunsch nach neuen christlichen Gemeinschaftsformen heute.

Der alte katholische Satz *extra ecclesiam nulla salus* (kein Heil außerhalb der Kirche) enthält eine wichtige soziologische Wahrheit. Es ist gewiß für auf sich gestellte Christen nicht unmöglich, in einer ihnen feindlich gesonnenen Umwelt ihren biblischen Glauben festzuhalten. Wenn aber die Kirche aus Gemeinschaften besteht, die einen „Widerstand aus Liebe" in einer Welt der Sünde leisten, dann muß sie der Frage der Qualität ihrer Gemeinschaft mehr Aufmerksamkeit schenken. Welches sind verheißungsvolle Modelle christlicher Gemeinschaftsformen für unsere Zeit?

Solche Modelle können Kommunen sein, müssen es aber nicht. Kommunen sind nur eine von vielen sinnvollen Formen christlicher Gemeinschaft. Hausgemeinden oder missionarische Gruppen innerhalb von Kirchengemeinden, selbständige Hausgemeinden und ganz kleine Kirchen im traditionellen Sinn bieten alle ausgezeichnete Möglichkeiten, so Kirche zu leben, wie es die Bibel versteht.

Ich bin zutiefst davon überzeugt, daß die überwiegende Mehrheit der Kirchen im Westen nicht mehr versteht und erfährt, was *koinonia* im biblischen Sinne meint. Wie wir früher schon erwähnten, ist es das Wesen christlicher Gemeinschaft, daß Brüder und Schwestern als Glieder am Leibe Christi sich gegenseitig ohne Vorbehalt füreinander verantwortlich zeigen und einer sich auf den andern verlassen kann. Das bedeutet, daß unsere Zeit, unser Geld und wir selber den Geschwistern zur Verfügung stehen.

Eine solche Gemeinschaft ereignet sich kaum in Kirchengemeinden von Hunderten oder Tausenden von Gemeindegliedern. Hierzu bedarf es der Gemeinschaften von Christen ähnlich den Hausgemeinden in der ersten Christenheit. Die Bewegung, die das Römische Weltreich eroberte, bestand aus einem Netz von kleinen Hausgemeinden. Paulus spricht oft von „der Gemeinde im Haus von . . ." (Röm. 16, 5. 23; 1. Kor. 16, 19; Kol. 4, 15; Phil. 2; vgl. auch Apg. 2, 46; 12, 12; 20, 7—12). Erst in der zweiten Hälfte des dritten Jahrhunderts fing die Kirche damit an, Dome zu bauen. Die Struktur der Kirche des ersten Jahrhunderts förderte ein enges Zusammenhalten und eine intensive Bruderschaft[4].

Was passiert, wenn Gott echte christliche Gemeinschaft schenkt? Fröhliches gegenseitiges Anteilnehmen wird das höflich-unverbindliche „Guten Tag. Wie geht's?", das die Christen am Sonntagmorgen austauschen, ersetzen. Brüder und Schwestern werden anfangen, über Dinge miteinander zu sprechen, die sie wirklich bewegen. Sie verbergen nicht mehr

[4] Vgl. Floyd Filson, „The Significance of the Early House Churches", *Journal of Biblical Literature*, LVIII (1939), S. 105—112

ihre Ängste oder die Bereiche, in denen sie Versuchungen und Anfechtungen erfahren, noch das, was sie zutiefst erfreut. Sie beginnen, sich gegenseitig in Frage zu stellen und im Sinne von Matthäus 18, 15–17 und Galater 6, 1–3 zu ermahnen und zurechtzubringen.

In einem solchen Rahmen — vielleicht nur dort — kann die Kirche heute, in einer Epoche weltweiten Hungers, einen tragfähigen Lebensstil für Christen ausprobieren und finden. Im Rahmen von überschaubaren Hausgemeinden können Brüder und Schwestern sich gegenseitig ihren der Wohlstandsgesellschaft angepaßten Lebensstil in Frage stellen. Sie können die Familienetats durchdiskutieren und den Jahreshaushalt bzw. die Jahresausgaben errechnen. Größere Ausgaben wie ein Haus- oder Autokauf und Urlaub können offen und ehrlich im Lichte der eigenen Bedürfnisse und der der Armen der Welt durchgesprochen werden. Man hat Gelegenheit, einander Tips für ein einfacheres Leben zu geben. Was man für die Armen und Hungernden tun kann, was ökologisch gesehen verantwortungsbewußt ist und welcher Art die Spenden zugunsten Notleidender sein sollen — das alles und vieles andere kann offen und ehrlich unter denen besprochen werden, die sich einander als Brüder und Schwestern in Christus versprochen haben.

Welche kirchlichen Modelle sind für diese Art von christlicher Gemeinschaft förderlich?

Kirchengemeinden, die sich aus einer Anzahl von Hausgemeinden zusammensetzen, sind eine geradezu aufregende Alternative zur normalen Kirchengemeinde von heute. Ich möchte als Illustration dazu eine kurze Beschreibung der Gemeinde *Gospel Temple* in Philadelphia geben.

Vor acht Jahren war die Gemeinde eine typische, durchaus nicht ohne Erfolg arbeitende Kirche. Die Gemeinde bestand aus mehreren hundert Menschen und nahm an Zahl zu. Sie hatte einen jungen, dynamischen Pastor und ein attraktives Wochenprogramm. Für jeden Bereich und jedes Alter gab es eine organisierte Gruppe, aber bei allem — jedenfalls nach dem Urteil des Pastors — wenig wirkliche christliche Gemeinschaft.

Im Jahr 1970 wurde das ganz anders. Man warf alle Gemeindeaktivitäten über Bord außer dem Sonntagmorgengottesdienst. Jedermann wurde gebeten, in Hauskreise zu gehen, wo zwölf bis zwanzig Gemeindeglieder sich wöchentlich trafen, um die Bibel zu studieren, zu beten und aneinander Seelsorge zu üben. Einige Jahre lang — so berichtet der Pastor — ließ sie die Furcht nicht los, sie hätten einen gravierenden Fehler begangen. Die Kirchenbank gegen einen Wohnzimmerstuhl einzutauschen und den Leuten von Angesicht zu Angesicht gegenüberzusitzen, war zunächst erschreckend. Aber ein Durchbruch ereignete sich, als die Leiter der Hauskreise bemerkten, daß die meisten nicht wußten, wie man einander in Situationen zur Seite steht, in denen man Hilfe benötigt. Die Leiter fingen an, Vorschläge zu machen: „Ihr beide geht zu Jane Brown und kocht ihr das Mittagessen. Sie ist krank." „Ihr drei geht am Samstag zu Jerry und streicht ihm die Wohnung."

Zusammengehörigkeitsgefühl und gegenseitige Fürsorge begannen sich zu entwickeln. Diese wöchentlichen Versammlungen wurden die Zentren, in denen innerhalb der Gemeinde geistliches Auftanken und Zurüstung geschah. Gegenseitige Seelsorge, Schulung und evangelistische Einsätze spielten sich vorwiegend in diesen Hauskreisen ab bzw. nahmen bei ihnen ihren Ausgang. Das Ergebnis war ein ganz schnelles Anwachsen der Gemeinde. Sobald ein Hauskreis fünfundzwanzig Leute erreichte, wurde er geteilt.

Im Jahre 1974 mußte man den Sonntagsgottesdienst bereits in zwei Wochenendgottesdienste aufteilen. 1976 kamen bei diesen Gottesdiensten dreizehn- bis vierzehnhundert Menschen zusammen. Es gab 50 verschiedene Hauskreise und schließlich vier Gottesdienste an einem Wochenende.

Einer dieser vier Gottesdienste findet weiterhin am Sonntagmorgen statt und zwar in der ursprünglichen Kirche in der Stadt. Für die andern mietet die Gemeinde die Versammlungsräume von verschiedenen Kirchen und hält dort den Wochenschlußgottesdienst am Samstag- und Sonntagabend. Die Gemeinde hat also kostspielige Bauvorhaben vermieden und kann ihr Geld für wichtigere Dinge ausgeben.

Echte christliche Gemeinschaft ist aufgrund dieses drastischen Neuaufbaus entstanden. Dank der überschaubaren Hauskreise geschieht es, daß — nach Aussage des Pastors — alle 800 Gemeindeglieder persönliche Betreuung erfahren können. Die Lasten und Probleme, die ein jeder mit sich herumträgt, sind im kleinen Hauskreis bekannt und werden dort mitgetragen. Gegenseitige finanzielle Hilfe war am Anfang noch nicht einmal im Blick. Aber das änderte sich bald wie selbstverständlich. Zum Beispiel zapften Hauskreismitglieder kürzlich ihre Ersparnisse und ihr Aktienkapital an, um zwei Familien, die Wohnwagen kauften, um eine Wohnungsmöglichkeit (!) zu haben, zinslose Darlehen zu geben. Einmal unterzeichneten Mitglieder eines Hauskreises Papiere für eine zinslose Hypothek zugunsten einer anderen Familie, die in Not geraten war, weil sie die Schulden nicht abzahlen konnte, die ihr durch den Kauf eines Hauses entstanden waren. Die Gläubiger, die schon anwesend waren, um das Haus zu überschreiben, waren völlig perplex. Wenn ein Mitglied eines Hauskreises kleinere Summen von Geld braucht (100 bis 200 Mark), helfen die anderen Mitglieder selbstverständlich aus. Ein Fond der Kirchengemeinde steht für größere Beträge zur Verfügung. Es gibt Pläne für einen eigenen Lebensmittelladen (Lebensmittelkooperative) und ein Geschäft für gebrauchte Kleidung und Möbel. Ein ansehnlicher Teil der karitativen Gaben der Gemeinde (30 Prozent im vergangenen Jahr) wird als wirtschaftliche Hilfe für bedürftige Gemeindeglieder benutzt.

Die Gemeinde *Gospel Temple* hat noch keine ausgeprägten Aktionsprogramme für die Fragen der sozialen Gerechtigkeit und der Situation der Armen in der Welt entwickelt. Aber Anfänge sind gemacht. Der Pastor predigt über diese Dinge. Die Gemeinde hat auch schon mit beträchtlichen Summen einer schwarzen Innenstadtgemeinde ausgeholfen. Immerhin 10 Prozent der Gesamteinnahme der Gemeinde gehen an Organisationen, die sich der Armut in unserer Welt annehmen. Es wäre allerdings wünschenswert, wenn die Gemeinde entschiedener auf einen einfacheren Lebensstil zugehen würde und die Augen für die ungerechten wirtschaftlichen Strukturen geöffnet bekäme. Aber es ist anzunehmen, daß dies im

Laufe der Zeit geschehen wird. Die schöpferischen Veränderungen in den letzten sechs Jahren haben eine Flexibilität und Offenheit für neue Dimensionen christlicher Jüngerschaft hervorgebracht. Und die kleine, überschaubare Hauskreis-Struktur ist ein idealer Rahmen, in dem sich ein neuer, auf hauswirtschaftlicher Sparsamkeit angelegter Lebensstil entwikkeln kann.

Die Gemeinde *Gospel Temple* hat bewiesen, daß eine Gemeinde im herkömmlichen Sinn in ein System von Hausgemeinden umgewandelt werden kann. Das Ergebnis war nicht destruktive Zersplitterung, sondern Wachstum in der Jüngerschaft, Vertiefung christlicher Gemeinschaft und zahlenmäßige Zunahme.

Tausende von Kirchengemeinden haben heutzutage Kreise und Gruppen—Gesprächskreise, Kreativitätsgruppen, Gebetskreise und eine große Anzahl von Aktionsgruppen — denen es auch um Gemeinschaft geht. Doch erfüllen sie die Funktion, die die Hauskreise von *Gospel Temple* verfolgen? Ich glaube nicht.

Obwohl also die unzähligen Gruppen in unseren heutigen Kirchen blühen und gedeihen und gewiß auch nützlich sind, gehen sie doch nur selten weit genug. Vielleicht nehmen ihre Mitglieder auf dem einen oder andern Gebiet des Lebens aneinander wirklich Anteil, aber sie übernehmen nicht oder nur selten die Verantwortung für die Brüder und Schwestern in der Weise, daß sie *in jedem Bereich* des Lebens reifere Christen werden. Sie haben kaum eine Vorstellung davon, was es wirklich heißt, Brüder und Schwestern in Christus zu sein, nämlich unbegrenzte wirtschaftliche Sorge füreinander und Verantwortung für einen einfachen Lebensstil im Blick auf einen selber und die Mitchristen zu tragen. Was die Menschen heute dringend brauchen, ist die Kirche, aber eine Kirche im Sinne des Neuen Testaments. Dort ist von der Kirche als Leib Christi die Rede und das heißt, daß jeder ohne Vorbehalt sich auf den andern verlassen kann, in jeder Hinsicht für den andern da ist und mit ihm rechnen kann.

In den letzten zehn Jahren hat es Tausende von Versuchen mit Wohngemeinschaften gegeben, viele auf betont christlicher Grundlage. Die christliche Wohngemeinschaft ist vor allem für solche Menschen eine Alternative, die mit unserer konsumorientierten Gesellschaft nicht mehr einverstanden sind. Die Reba-Place-Wohngemeinschaft in Evanston, Illinois, begann im Jahre 1957 mit drei Leuten. Heute leben in ihr einhundertfünfzig Menschen in ungefähr einem Dutzend Haushalten zu je zwanzig Personen[5].

Die Reba-Place-Gemeinschaft praktiziert einen „Kommunismus“ in finanzieller Hinsicht. Das Gehalt ihrer Mitglieder fließt in eine gemeinsame Kasse. Eine Zentralkasse bezahlt Ausgaben größerer Art wie Unterkunft, Einrichtung und Fahrtkosten. Jede Familie und alleinstehende Person bekommt monatlich einen bestimmten Betrag für Lebensmittel, Kleidung und Verschiedenes. Der Betrag für Lebensmittel ist der gleiche, der vom städtischen Wohlfahrtsverband von Chicago pro Person veranschlagt wird. Wegen der Größe und Kontinuität der Gemeinschaft ist keine Versicherung — außer der gesetzlich vorgeschriebenen natürlich — nötig. Die Weigerung, der reichen „Versicherungsindustrie“ Geld in den Rachen zu werfen, hat zur Folge, daß man für andere Dinge Geld zur Verfügung hat. Was die Haushaltsarbeit anbetrifft, so braucht man weniger Autos, Waschmaschinen, Rasenmäher, weniger Wärmeeinheiten, Strom, Quadratmeter, weniger Fernsehgeräte, Stereoanlagen, Öfen und Kühlschränke. Der einfache Lebensstil macht es der Reba-Place-Gemeinschaft möglich, für die Bedürftigen in ihrer unmittelbaren Umgebung und in der Welt Geld übrig zu haben.

Aber es handelt sich bei dieser Gemeinschaft nicht nur um einen finanziellen „Kommunismus“. Sie ist ein an einem konkreten Ort befindlicher „Leib“ von Christen. Ein nicht lange

[5] Zur Diskussion über Reba Place vgl. Dave und Neta Jackson, *Living Together in a World Falling Apart*, besonders S. 36—39, 230—233. Zu Namen und Adressen von 24 Gemeinschaften vgl. S. 287—297

zurückliegender Vorfall macht deutlich, wie groß ihre Bereitschaft ist, einander und anderen zu helfen.
Eines Tages kam ein Mann, der ein schwerer Trinker war, und wollte mit Virgil Vogt, einem der Ältesten, reden. Als dieser ihn einlud, Christus anzunehmen und der Gemeinschaft beizutreten, wurde der Mann verlegen und sagte sofort, daß er nur gekommen sei, um Geld für eine Buskarte nach Cleveland zu erbitten. Virgil schreibt:

„‚Gut', sagte ich, ‚wir können Ihnen auch das geben, wenn es wirklich alles ist, was Sie wollen.' Der Besucher war einen Augenblick nachdenklich, dann schüttelte er den Kopf. ‚O. k.', sagte ich. ‚Fast wäre ich in eine dumme Lage gekommen. Denn wenn Sie sich für ein neues Leben mit Christus entschieden hätten, dann hätte ich mich Ihnen als Ihr Bruder mit meinem ganzen Leben verpflichten müssen. Dies Haus, meine Zeit, mein ganzes Geld und alles, was Sie zum Leben brauchen, hätte Ihnen Ihr ganzes Leben lang zur Verfügung gestanden. Aber alles, was Sie wollen, ist ja nur eine Busfahrkarte ...' Der Mann war so verdutzt, daß er aufstand und schnell wegging. Er vergaß sogar, das Geld mitzunehmen. Am Sonntag darauf saß er neben mir im Gottesdienst."

Reba Place und andere Wohngemeinschaften bieten einen Rahmen, in dem Verbindlichkeit und Verantwortung für die Brüder und Schwestern Wirklichkeit werden können.
Die Bibel und die Tageszeitung stellen uns vor die gleichen Fragen und Anforderungen. Christen sind in einer Epoche weltweiten Hungers gehalten, einen einfachen Lebensstil zu leben und ungerechte wirtschaftliche Strukturen zu verändern. Das ist in einer Gesellschaft wie der unsren keine leichtzunehmende Sache. Nur wenn Christen ihr Leben fest in einer christlichen Gemeinschaft verwurzeln, können sie das durch und durch unangepaßte Leben führen, das die Heilige Schrift meint und das in unserer Zeit so notwendig ist. Die einzige Hoffnung, so scheint mir, ist eine Rückkehr zur Sicht des Neuen Testaments von der Kirche als Leib Christi. Wenn dies geschieht, wird der Herr der Kirche vielleicht mehr solche Gemeinschaften, nach welchem Modell auch immer, schaffen, die „Widerstand aus Liebe" leisten und die mächtigen heidnischen Zivilisationen in Ost und West erobern, die den Mammon vergötzen.

Wenn wir uns das, was die Bibel zu diesem Problem sagt, als Kirche zu Herzen nehmen, dann werden wir eine der häufigsten Schwächen des christlichen sozialen Handelns in der Vergangenheit vermeiden können. Sie bestand darin, daß den Regierungen zugeschoben wurde, was die Kirche nicht mehr fertigbrachte: ihre Glieder zum sozialen Einsatz zu bewegen.

Die heutigen Bewegungen, die im Raum der Kirche zugunsten der Hungernden und der unter ungerechten Strukturen Leidenden entstanden sind, stehen in derselben Gefahr. Wir dürfen uns als Gruppen von Christen in Nordamerika und Europa nur dann das Recht herausnehmen, die Politiker in Washington, London oder Bonn auf ihre Verantwortung für eine neue Weltwirtschaftsordnung hinzuweisen, wenn wir selber im Blick auf den weltweiten Leib Christi das leben, was die Bibel im Blick auf die wirtschaftlichen Beziehungen innerhalb des Volkes Gottes selbst lehrt.

Wir müssen als Christen bekennen, daß wir in der Frage der wirtschaftlichen Beziehungen unseren Brüdern und Schwestern in der Dritten Welt nicht in dem Maße geholfen haben, wie es gut und richtig gewesen wäre. Wir haben schwer versagt. Während unsere Mitchristen dort sich nach minimaler medizinischer Versorgung oder auch Bildung sehnen und gerade soviel zu essen haben, daß sie nicht verhungern, werden die Christen in der nördlichen Hemisphäre reicher und reicher — wie die korinthischen Christen, die ihre üppigen Mahlzeiten einnahmen, ohne den armen Brüdern und Schwestern der Gemeinde davon abzugeben (1. Kor. 11, 20—29). Wie ihnen mangelt es auch uns an einem klaren Blick für die Wirklichkeit des Leibes Christi.

Wie wir im nächsten Kapitel sehen werden, bedeutet die Betonung eines einfachen Lebensstils im persönlichen und kirchlichen Bereich in keiner Weise eine Geringschätzung der Aufgabe, auch öffentlich-politische Veränderungen zu erreichen. Gewiß sind wir verpflichtet, Organisationen zu unterstützen, die sich für solche Veränderungen einsetzen. Gewiß sollen wir uns politisch dafür einsetzen, daß den wohlhabenden Ländern, die in internationalen Gremien an einer Neustrukturierung eines internationalen Währungsfonds arbeiten, weitgehende Zugeständnisse abverlangt werden. Gewiß haben wir auch auf politischem Wege darauf zu drängen, daß eine neue Richtung im Blick auf Handelsabkommen, Zollbestimmungen und ähnliches eingeschlagen wird. Aber unsere Versuche, die säkulare Gesellschaft umzugestalten, werden nur dann aufrichtig und ehrlich genannt werden können, wenn unsere kirchliche Praxis auf lokaler, überregionaler und weltweiter Ebene erkennen läßt, daß wir selber bereits zu leben wagen, was wir die Regierungen bitten, als Gesetze zu erlassen.

Den Christen muß es um einen radikalen Ruf zur Umkehr gehen, damit die Kirche wird, was sie sein soll. Dies ist die Voraussetzung für eine christliche Strategie, den Hunger in der Welt zu verringern und internationale wirtschaftliche Beziehungen neu aufzubauen. Die Kirche ist die umfassendste „Körperschaft" in der heutigen Welt. Sie hat die Gelegenheit, in einem ernsten Augenblick der Weltgeschichte ein neues, gemeinschaftliches Modell gegenseitiger wirtschaftlicher Hilfeleistung darzustellen. Wenn nur ein Viertel der Christen in der nördlichen Hemisphäre den Mut hätte, das zu leben, was die Bibel unter wirtschaftlicher Gleichheit im Volke Gottes versteht, dann könnten vielleicht die Regierungen unserer geteilten Welt dafür gewonnen werden, die weitreichenden Veränderungen, die zur Vermeidung einer Katastrophe notwendig sind, auf legislativem Wege zu unterstützen.

9. Veränderung in der Gesellschaft

„Gib einem Hungernden einen Fisch – und er wird einen Tag lang satt. Lehre ihn fischen – und er wird nie mehr hungern." (Chinesische Weisheit)

„In den meisten Industrieländern verbreitet der Verlust von einer Million Wählerstimmen bei Regierung oder Opposition mehr Schrekken als der Hungertod von einer Million Menschen in Südasien. Getan wird überall, was die Machtkonstellationen zu erlauben oder zu gebieten scheinen, nicht, was die Zukunft der Menschen sichert." (Erhard Eppler)[1]

Es lebte einmal eine Gruppe von Christen in einer kleinen Stadt am Fuße eines Berges. Eine rutschige Schotterstraße wand sich über Haarnadelkurven und an steilen, abschüssigen Hängen ohne Seitenplanken auf der einen Seite des Berges hinauf und auf der andern ebenso gefährlich hinunter. Schreckliche Unfälle waren an der Tagesordnung. Die Christen der Kirchengemeinde, die durch die vielen Verletzten, die man aus den Autowracks herausgeholt hatte, erschüttert und betroffen waren, fanden, daß man hier etwas tun müsse. Sie sammelten Geld und kauften einen Krankenwagen, um die Verletzten so schnell wie möglich zum nächsten Krankenhaus in die Nachbarstadt zu fahren. Woche um Woche opferten die freiwilligen Helfer der Gemeinde Zeit und Kraft, um rund um die Uhr in Bereitschaft und gegebenenfalls zur Stelle zu sein. Sie retteten vielen das Leben, wenn auch einige zeitlebens Krüppel blieben.

Eines Tages kam ein Besucher in die Stadt, hörte von diesen Aktionen und fragte dann verwundert, warum man diese gefährliche Straße über den Berg nicht sperren könne, um stattdessen einen Tunnel zu bauen. Die freiwilligen Helfer waren zunächst verdutzt, machten aber sofort deutlich, daß dieser Vorschlag (obwohl er technisch möglich gewesen wäre) weder realistisch noch ratsam sei. Schließlich gebe es diese kleine

1 Erhard Eppler, Ende oder Wende, S. 14

Gebirgsstraße schon sehr lange! Außerdem würde man sich durch einen solchen Vorschlag mit dem Bürgermeister übel anlegen, denn ihm gehöre ein großes Restaurant und eine Tankstelle auf halber Höhe der Paßstraße. Ihn könne man für ein solches Projekt also nie und nimmer gewinnen!

Der Besucher war schockiert, daß die wirtschaftlichen Interessen des Bürgermeisters für diese Christen mehr bedeuteten als die vielen Verletzten und Toten. Etwas zögernd machte er den Vorschlag, daß Sprecher der Gemeinde vielleicht mit dem Bürgermeister sprechen könnten. Doch er war selber Mitglied des Kirchengemeinderats. Dann sollten sie eben, fuhr er fort, einen andern Bürgermeister wählen, wenn dieser sich stur stelle. Jetzt war es den Christen zuviel. Zunehmend verärgert und im Brustton der Überzeugung machten sie diesem „Linken" klar, daß die Kirche nichts mit Politik zu tun habe! Die Kirche habe die Aufgabe, das Evangelium zu predigen und den Nächsten zu lieben. Aber ihre Aufgabe sei es nicht, sich mit weltlichen Dingen wie den sozialen und politischen Strukturen zu befassen.

Verwundert, aber auch verbittert, verließ sie der Besucher. Auf seinem Weg ging ihm ständig die Frage durch seinen verwirrten Kopf: Ist es wirklich das Zeichen einer geistlicheren Haltung, Krankenwagen einzusetzen, die blutüberströmte Opfer zerstörerischer sozialer Strukturen auflesen, als diese Strukturen selber zu verändern? —

Eine Zeit des Hungers fordert von uns leidenschaftliches Handeln und Einfachheit im persönlichen Lebensstil. Doch Leidenschaft und einfaches Leben ohne Strukturveränderungen in der Gesellschaft bedeuten kaum mehr als eine vielleicht ehrenvolle aber doch irrelevante Selbstüberwindung oder ein selbstgefälliges Trachten nach persönlicher Vervollkommnung.

Weniger Fleisch zu essen oder ein Vegetarier zu werden — davon wird noch kein hungerndes Kind satt! Selbst wenn Millionen von Amerikanern und Europäern ihren Fleischverbrauch einschränken, aber Öffentlichkeit und Politik nicht beeinflussen, wird das Ergebnis nicht notwendig eine Erleichterung der Hungersituation in der Dritten Welt sein. Freilich, wenn das dabei gesparte Geld Organisationen zufließt, die landwirtschaftliche Projekte in armen Ländern fördern, dann bedeutet das natürlich weniger Hunger. Aber wenn man nicht auch die politischen Bedingungsfaktoren zu beeinflussen sucht, wird die Wirkung dessen, daß man weniger Fleisch ißt, einfach die sein, daß Rußland im Jahr darauf mehr Getreide zu einem billigeren Preis kaufen kann, oder daß man die Bauern dazu bringen muß, weniger Weizen anzubauen. Die Politik muß sich ändern! Die Hungerkatastrophe auf unserer Erde erfordert die Änderung von Strukturen!

Da stellen sich sofort vielerlei Fragen ein. Nehmen wir einmal an, Strukturveränderungen seien nötig — ist unser jetziges Wirtschaftssystem grundsätzlich gerecht oder muß es den Christen um eine völlige Neuordnung gehen? Und welches wären dann die Strukturveränderungen, für die Christen in Übereinstimmung mit biblischen Grundaussagen heute eintreten sollen? Sind diese Grundaussagen überhaupt auf die *säkulare* Gesellschaft anwendbar? Israel war doch eine Theokratie! Und schließlich, können wir wirklich erwarten, daß ungläubige Menschen nach ethischen Maßstäben der Bibel leben?

Die Bibel antwortet auf diese Fragen nicht direkt. Wir finden in der Heiligen Schrift keinen umfassenden Entwurf für eine neue Wirtschaftsordnung. Dennoch sagt uns die biblische Offenbarung, daß es Gott und seinem Volk, sofern es treu ist, darum geht, Unterdrückten zur Freiheit zu verhelfen. Auch macht sie nicht wenige Aussagen über das, was Gerechtigkeit in gesellschaftlichem Horizont bedeutet.

Gewiß muß die biblische Wahrheit zu Fragen sozialer Gerechtigkeit — darauf wiesen wir schon hin — zuerst unter Gottes Volk selber zur Auswirkung kommen. Als neues Gottesvolk[2] sollte die Kirche eine neue Gesellschaft sein, die die biblischen Maßstäbe zu Fragen gesellschaftlicher Gerechtigkeit in ihrem eigenen Zusammenleben heranzieht.

Doch diese biblischen Maßstäbe müssen dann allerdings auch auf die säkularen Gesellschaften angewandt werden. Der Schöpfer offenbarte bestimmte Prinzipien und Verhaltens-

[2] Galater 6, 16; 3, 6—9; 1. Petrus 2, 9. 10

regeln für das gesellschaftliche Zusammenleben, weil er wußte, was dem dauerhaften Frieden und Glück seiner Geschöpfe dienlich ist. Dauerhafter Friede und harmonisches gesellschaftliches Zusammenleben aller Menschen sind nur gewährleistet, wenn sie sich nach diesen biblischen Prinzipien ausrichten.

Die biblische Anschauung vom kommenden Reich gibt das Bild für die gesellschaftliche Ordnung ab, wie sie nach Gottes Willen sein soll. Die Kirche ist beauftragt, heute — wenn auch nur unvollkommen — ein lebendiges Modell dessen darzustellen, was das Reich Gottes hinsichtlich eines vollkommenen Friedens und vollkommener Gerechtigkeit am Ende sein wird. Das heißt, daß eine säkulare Gesellschaft umso mehr Friede, Glück und Harmonie erleben wird, je näher sie an die biblischen Aussagen über soziale Gerechtigkeit herankommt. Selbstverständlich wird das bei sündigen Menschen und in einer durch Sünde gekennzeichneten Gesellschaft nur annäherungsweise geschehen können. Aber soziale Strukturen haben auf Gute wie Böse einen mächtigen Einfluß. Christen sollten deshalb ihren Einfluß auf politischer Ebene geltend machen, um Veränderungen in der Gesellschaft zu erreichen, die über den unmittelbaren eigenen Bereich hinausgehen.

Die Tatsache, daß die biblischen Autoren nicht zögerten, die geoffenbarten Maßstäbe auf Menschen und Gesellschaften außerhalb des Gottesvolkes anzuwenden, unterstreicht das Gesagte. Amos kündigte den Staaten, die an Israel angrenzten, für ihre Bosheiten und ihr ungerechtes Verhalten göttliche Strafe an (Amos 1—2). Jesaja brandmarkte den Stolz und die Ungerechtigkeiten, die sich Assyrien zu Schulden kommen ließ (Jes. 10, 12—19). Das Danielbuch zeigt, daß Gott heidnische Könige wie Nebukadnezar genauso stürzte, wie er die Regierenden Israels zunichte machte, wenn sie versäumten, den Unterdrückten gegenüber Barmherzigkeit zu erweisen (Dan. 4, 27 ff.). Gott vernichtete Sodom und Gomorrha nicht weniger als Israel und Juda, weil sie sich nicht um die Armen und Hungernden gekümmert haben (Hes. 16, 49). Als Herr des Universums unterstellt Jahwe alle Nationen den gleichen Maßstäben hinsichtlich der sozialen Gerechtigkeit.

Aber nun müssen wir uns einer sehr vielschichtigen Frage stellen: Wem würden Veränderungen wie z. B. eine neue Ernährungspolitik oder gerechte internationale Handelsbedingungen nützen? Wäre die ärmste Bevölkerungshälfte in den Entwicklungsländern wirklich viel besser dran? Keineswegs automatisch! Denn die Amerikaner und Europäer tragen nicht die ganze Schuld an der Armut in der Welt von heute. Viele Entwicklungsländer werden von kleinen, wohlhabenden Oberschichten regiert, die den Leiden ihrer Bevölkerung gleichgültig gegenübertreten. Oft sind sie die Besitzer der an Erträgen reichsten Ländereien. Sie pflanzen Obstplantagen für den Export an, um Devisen ins Land zu bekommen und auf diese Weise von den Industriestaaten Luxusgüter kaufen zu können. Zur gleichen Zeit erleiden aber die ärmsten 30 bis 70 Prozent des Volkes die Qual der Armut.

Es ist eine tragische Tatsache, daß mehr Entwicklungshilfe und bessere Handelsbedingungen für die Entwicklungsländer das Los der Ärmsten nicht notwendig verbessern. Solche Veränderungen könnten ja sehr wohl den wohlhabenden Oberschichten zugute kommen, die sich dann am Luxus berauschen und ihre teils verbrecherischen Regime stärken.

Das heißt jedoch nicht, daß Nordamerikaner und Europäer im Blick auf dieses ganze Dilemma ihre Hände in Unschuld waschen könnten. In vielen Fällen bleiben die wohlhabenden Oberschichten an der Macht, weil sie massive militärische Hilfe und diplomatische Unterstützung von den USA und andern Industrienationen erhalten[3]. Die Vereinigten Staaten haben Tausende von Polizeikräften ausgebildet, die unzählige Menschen foltern, welche für soziale Gerechtigkeit in Chile und Brasilien gearbeitet haben[4]. Amerikanische und europäische Konzerne arbeiten sehr eng mit den diktatorischen Regierungen zusammen. Vorkommnisse in Brasilien und Chile machen

[3] Vgl. Carl Oglesby und Richard Shaull, Containment and Change (New York: Macmillan, 1967), S. 72—111

[4] Vgl. Amnesty International, *Bericht über die Folter*, Frankfurt 1975, siehe bes. den Bericht über Chile S. 208 ff.; vgl. auch die Juli/August-Nummern 1976 von *The Other Side* und *Sojourners*.

deutlich, daß die USA und die westeuropäischen Länder Diktaturen, die foltern und für die ärmste Hälfte der Bevölkerung nichts tun, solange unterstützen, wie diese Regierungen ein gutes Investitionsklima für sie darstellen.

Was ist da zu tun? Wir müssen als Bürger eine Außenpolitik fordern, die unzweideutig auf der Seite der Armen steht. Wenn wir wirklich der Überzeugung sind, daß alle Menschen gleich sind, dann muß unsere Außenpolitik neue Wege gehen, um die Interessen aller Menschen und nicht bloß die einer reichen Oberschicht in den Entwicklungsländern oder die unserer eigenen Konzerne zu vertreten. Wir sollten unsere wirtschaftliche und diplomatische Macht gebrauchen, um Veränderungen in den Diktaturen der Dritten und Vierten Welt herbeizuführen, insbesondere derjenigen in Brasilien und Chile, die sich der Folter bedienen. Wir müssen darauf bestehen, daß Entwicklungshilfe nur an solche Länder geht, wo die Regierungen ernsthaft dafür einstehen, daß das Los der Armen in ihrer Bevölkerung verbessert wird. Wir sollten offen gewaltlose Bewegungen unterstützen, die in den Entwicklungsländern an einer politischen Veränderung arbeiten. Die Außenpolitiker der westlichen Demokratien haben die Pflicht, nach Gerechtigkeit und nicht nach Ungerechtigkeit zu trachten. Nur dann werden die vorgeschlagenen Veränderungen in den Bereichen des internationalen Handels, der Ernährungspolitik und Entwicklungshilfe wirklich für die ärmste Milliarde der Menschheit etwas austragen.

Eine grundlegende Änderung der Politik gegenüber den Entwicklungsstaaten ist unerläßlich; aber dies ist immer noch nicht ausreichend. Denn die arme Bevölkerung in den Entwicklungsländern muß ermutigt werden, im eigenen Land einschneidende strukturelle Veränderungen zu fordern. In einer kürzlich erschienenen wissenschaftlichen Untersuchung über Besitztum von Land in Indien beklagte Professor Robert Frykenberg (Universität von Wisconsin) den immer breiter werdenden Graben zwischen reich und arm. Er kommt zu dem Schluß: „Keine noch so große finanzielle Hilfe, wissenschaftliche Anstrengung und Technologie kann den jetzigen Lauf der Dinge aufhalten, wenn keine grundlegende ‚Erweckung' oder ‚Bekehrung' sehr vieler Menschen geschieht ... Ohne revolutionäre Veränderungen wird es nicht gehen, Veränderungen, die in den Herzen und Sinnen der Menschen ihren Anfang nehmen müssen.[5]"

Genau an diesem Punkt kann die christliche Kirche — können besonders die Missionare — eine entscheidende Rolle spielen. Freilich können sie sich am politischen Leben in anderen Ländern nicht beteiligen. Aber sie können und müssen das ganze Wort für den ganzen Menschen lehren. Warum haben Missionare so oft zwar den Römerbrief, aber nicht Amos den Neubekehrten in den armen Ländern ausgelegt? Wenn es stimmt, was wir in Teil II herausgestellt haben, daß die Heilige Schrift überall betont, daß Gott auf der Seite der Armen ist, dann sollten Missionare dieses biblische Thema zu einem der zentralen Anliegen ihres biblischen Unterrichts machen. Für ein solches halten wir zu Recht den Missionsbefehl Jesu, der uns auffordert, „alles was ich euch befohlen habe" zu lehren. Dann aber dürfen wir nicht die biblische Botschaft von der Gerechtigkeit für die Unterdrückten einfach weglassen oder nur halbherzig vertreten.

Missionare, die in anderen Ländern und Kulturen arbeiten, brauchen sich an der Politik des Landes nicht zu beteiligen. Aber sie müssen den Neubekehrten sorgfältig und ohne Abstriche die explosive biblische Botschaft, daß Gott auf der Seite der Armen und Unterdrückten steht, auslegen. Diese werden dann sehr schnell lernen, wie sie die biblischen Maßstäbe in ihren Gesellschaften, in denen sie niedergehalten werden, anwenden. Das Ergebnis wird dann sein, daß sich die gesellschaftlichen Strukturen in den Entwicklungsländern ändern.

Welche grundlegenden biblischen Maßstäbe, die mit Strukturveränderungen in der Gesellschaft zu tun haben, sind hier zu nennen? Die grundsätzlichste theologische Voraussetzung ist die, daß der allmächtige Herr der Welt die Armen und Unterdrückten befreit und die Reichen und Mächtigen um ihrer

[5] Robert E. Frykenberg, ed., *Land Tenure and Peasant in South Asia: An Anthology of Recent Research* (Madison, Wisconsin: Land Tenure Center, 1976), S. 14

ungerechten Taten willen zunichte macht (Luk. 1, 52 f.). Gott ist auf seiten der Armen (vgl. Kap. 3)! Da das Volk Gottes an der Aufgabe dieser Befreiung mitarbeiten soll, läßt es sein Denken und Handeln von den geoffenbarten Maßstäben, die die gesellschaftliche Gerechtigkeit betreffen, prägen.

In Teil II sprachen wir darüber, was die Bibel uns zu Armut und Besitz sagt. Es ist vielleicht angebracht, hier einiges von dem dort Erwähnten in Erinnerung zu rufen. Extreme sowohl hinsichtlich des Reichtums als auch hinsichtlich der Armut gefallen Gott nicht. Es ist der Wille Jahwes, daß solche Strukturen (nicht bloß mildtätige Nächstenliebe) herrschen, die systematisch und stetig den Graben zwischen den Reichen und Armen verkleinern. Obwohl die biblischen Aussagen keine hölzerne, gesetzliche Gleichheit fordern, intendieren sie im wirtschaftlich-finanziellen Bereich eine weitgehende Gleichheit. Menschen sind viel mehr wert als Besitz. Privatbesitz wird zwar nirgends kritisiert. Da aber Gott der alleinige Eigentümer unseres „Besitzes" ist, ist unsere Verfügungsgewalt darüber zweifellos eingeschränkt. Das Recht des Menschen auf die Möglichkeit, einen angemessenen Lebensunterhalt zu verdienen, verbietet jeden Gedanken an ein absolutes Privateigentum.

Dieser biblische Maßstab hängt nun direkt mit der Fragestellung dieses Kapitels zusammen. Einige Länder wie die USA und Rußland haben eine überreiche Menge an Bodenschätzen innerhalb ihrer Landesgrenzen. Haben sie aber das unantastbare Recht, diese Bodenschätze allein für ihre eigenen Bürger zu verwenden, wie es ihnen beliebt? Jedenfalls nicht, wenn es nach der Bibel geht! Wenn wir uns nach der Bibel richten, kommen wir zu dem Schluß, daß das „Menschenrecht", einen angemessenen Lebensunterhalt zu verdienen, höhere Geltung hat als das Recht einzelner Staaten, Rohstoffquellen allein für sich selber auszunutzen. Wir sind nur Verwalter, nicht selbstherrliche Eigentümer. *Gott* ist der alleinige Eigentümer. Er besteht darauf, daß die Güter der Erde gerecht verteilt werden.

Bevor wir nun konkrete Schritte aufzuzeigen versuchen, wie man diese Maßstäbe anwenden kann, muß ich mir eine Vor-

bemerkung gestatten. Es ist wichtig, daß wir uns der großen Differenz zwischen geoffenbarten Maßstäben und zeitgemäßer Anwendung ständig bewußt sind. Die Anwendung biblischer Normen auf sozialökonomische Fragen von heute läßt Raum für eine schöpferische Weite und eine ehrliche Auseinandersetzung unter Christen. Wenn jemand etwas gegen die Art der Anwendung biblischer Ethik auf unsere heutige Gesellschaft einwendet, ist das durchaus etwas anderes als ein Widerspruch gegen die biblischen Maßstäbe selbst. Das heißt freilich nicht, daß alle Anwendungsmöglichkeiten gleichermaßen gelten könnten. Aber diese Tatsache weist uns darauf hin, daß in diesem Fragenbereich Bescheidenheit und Toleranz not tun. Wir können und müssen einander den Blick dafür schärfen, wo wir der biblischen Offenbarung gegenüber untreu und durch unsere wirtschaftlichen Eigeninteressen voreingenommen sind. Die Heilige Schrift ist, wie in allen Fragen, so auch hier die Norm.
Worin können nun die praktischen Schritte – neben den schon erwähnten, die die Außenpolitik betreffen – bestehen?

Faire Handelsbedingungen

Wir haben in Kapitel 6 gesehen, daß die Industrienationen den internationalen Handel in geschickter Weise zugunsten ihres eigenen wirtschaftlichen Vorteils aufgebaut haben[6]. Sie haben Zollschranken und andere Hindernisse errichtet, die die Einfuhr von Produkten verhindern, die die Entwicklungsländer selbst erzeugt haben. Sie haben außerdem nur sehr zögernd die heftigen Preisschwankungen korrigiert, die sie den Entwicklungsländern im Blick auf ihre für den Export bestimmten Primärerzeugnisse aufzwangen. Mindestens 80 Prozent allen Geldes, das von den reichen zu den armen Nationen fließt, steht in Zusammenhang mit dem internationalen Handel. Deshalb würden sich höhere Preise für die Erzeugnisse der armen Länder auf diese ungeheuer günstig auswirken. Der brasilianische Erzbischof Dom Helder Camara spricht

[6] Vgl. oben S. 136–156

für alle Entwicklungsstaaten, wenn er sagt: „Wir brauchen ja gar keine Entwicklungshilfe ... Wenn die reichen Länder in Ost und West – Europa und die USA – nur den Entwicklungsländern gerechte Preise für ihre Bodenschätze erlauben würden, könnten sie ihre Hilfe und Unterstützung für sich behalten.[7]"

Industrienationen haben die Pflicht, die Zollschranken für die Importe aus unterentwickelten Staaten drastisch zu senken oder ganz abzubauen. Die schon lange währende Politik der westlichen Länder, die Importsteuern entsprechend dem Grad der Verarbeitung der hergestellten Produkte zu erhöhen, hat den Aufbau der Industrie in der Dritten Welt verhindert. Die Beschränkung der Importquote hatte dieselbe Wirkung. In einem weithin bekanntgewordenen Falle haben die USA ein Entwicklungshilfeprojekt durchgeführt. Es handelt sich um eine Handschuhfabrik in Lateinamerika. Als die Fabrik fertig war, bestellte eine amerikanische Handelsgesellschaft zwölf Millionen Paar Handschuhe pro Jahr. Aber die amerikanische Zollkommission verfügte prompt eine Importbeschränkung, indem sie nur 20 000 Paar pro Jahr zuließ[8].

Solche Hindernisse durch Zoll- und Mengenbeschränkungen müssen fallen. Aber eine Änderung der Tarifpolitik wird sich nicht einstellen, wenn nicht die Bürger, denen die hungernden Menschen am Herzen liegen, sie fordern. In einem neuen Lehrbuch für *Wirtschaftliche Entwicklung* betont Professor Theodor Morgan, daß die Beseitigung der Zollschranken den Entwicklungsländern sehr nützlich wäre. Aber er schließt mit einer pessimistischen Bemerkung: „Die bisherigen Erfahrungen machen es wahrscheinlich, daß durch den einheimischen Druck in reicheren Ländern, der von Fabriken und Gewerkschaften ausgeht, Zugeständnisse in Zukunft genauso bescheiden sein werden, wie sie es in der Vergangenheit waren[9]."

Diejenigen, die glauben, daß Gott auf der Seite der Armen

[7] Dom Helder Camara, *Revolution through Peace* (New York: Harper, 1971), S. 92

[8] Simon, *Bread for the World*, S. 96

[9] Morgan, *Economic Development*, S. 320

steht, müssen sich einem solchen Pessimismus widersetzen und dafür sorgen, daß die politischen Entscheidungsprozesse in eine andere Richtung gedrängt werden.
Wenn die Industrienationen die Zollschranken für Produkte der Entwicklungsländer fallenlassen, werden zwei Dinge notwendig sein: Die Reichen sollten den Entwicklungsstaaten Vorzugsrechte einräumen und ihnen auf diese Weise erlauben, ihre Zwergindustrie für eine Weile mit Zollmaßnahmen zu schützen. Die Industrienationen brauchen einen Ausgleichsmechanismus (etwa durch die Garantie von Arbeit oder eines bestimmten jährlichen Einkommens für alle), damit die relativ kleine Anzahl derer, die aufgrund der billigeren ausländischen Importe ihre Arbeit verlieren, diese Last nicht allein trägt. Alle Bürger müssen den Preis für die Verringerung der Arbeitsplätze und für die Anpassung der Industrie an die neue Lage bezahlen, wie auch alle von den niedrigen Preisen profitieren werden.
Bestimmte Handelsabkommen können ein weiterer Schritt in Richtung auf eine Erhöhung der Exportgewinne armer Nationen sein, wenn die Preise stabil gehalten werden. Von 1974 bis zum Ende des Jahres 1975 sank der Preis für Kupfer von 1,52 auf 0,53 Dollar pro Pfund[10]. Dieses Maß an Preisschwankungen macht die Wirtschaft der Entwicklungsländer kaputt. Obwohl es unter Volkswirtschaftlern durchaus noch Meinungsverschiedenheiten gibt, erscheinen die gemachten Vorschläge gerecht, realistisch und wünschenswert. Sie sind zwar im Vergleich zum Jubeljahr des Alten Testaments recht bescheiden, würden aber institutionalisierte Mechanismen darstellen, die extreme Ausmaße der Armut und des Reichtums verringern könnten. Selbstverständlich bedürfen wir weiterer einschneidender Maßnahmen, um das Prinzip des Jubeljahrs weitestgehend anzuwenden. Aber selbst die, die wir hier besprochen haben, werden nur dann Realität, wenn die Bürger in den reichen Ländern ihre Regierungen dazu auffordern, den Preis dafür zu bezahlen.
Im Jahr 1976 hielt Gerald L. Parsky, beigeordneter Staatssekretär im US-Finanzministerium, eine wichtige Rede. Er *wider-*

[10] *Time* vom 22. Dezember 1975, S. 22

sprach der Meinung, daß die Vereinigten Staaten spezielle günstige Handelsabkommen für Dritte-Welt-Erzeugnisse abschließen sollten. Er verteidigte dabei eine Regierungsentscheidung aus jüngster Zeit, eine Kakao-Vereinbarung nicht zu unterzeichnen. Warum? Weil wir „unsere wirtschaftlichen Prinzipien" nicht opfern dürften. Später gab er jedoch den wirklichen Grund an. Solche Handelsabkommen „führen unvermeidlich zu höheren Preisen, für die Vereinigten Staaten wie für andere Verbraucherländer[11]". Genau! Denn das Jubeljahr war natürlich nicht im wirtschaftlichen Eigeninteresse der Reichen. Dies ist heute auch nicht der Fall. Gerechtere internationale Handelsbedingungen werden für die an Überfluß gewohnten Verbraucher manchen Verzicht zur Folge haben. Deshalb werden sie nicht geschaffen, es sei denn, daß die Bürger ihren gewählten Regierungsvertretern klar machen, daß sie bereit sind, den Preis für die Gerechtigkeit in der Welt zu bezahlen.

Ernährungspolitik: reformbedürftig!

Es wird geschätzt, daß um das Jahr 1985 der Mangel an Getreide in der Welt pro Jahr 85 bis 120 Millionen Tonnen groß sein wird[12]. Mit andern Worten: es wird für 400 bis 600 Millionen Menschen nicht genug oder kein Getreide zur Verfügung stehen.

Eine neue Ernährungspolitik *heute* bedeutet die Chance, diese gefährliche Aussicht nicht Wirklichkeit werden zu lassen. Der ständig wachsende Bedarf an Nahrung muß gestoppt oder mindestens drastisch eingeschränkt werden. Das heißt: weniger Wohlstand in den reichen Nationen und überall in der Welt durchdachte Bevölkerungspolitik. (Genauso wichtig ist natürlich die Steigerung der Nahrungsproduktion in den Entwicklungsländern, die später besprochen werden soll.)

Norwegen hat bewiesen, daß sich durch eine spezielle Ernäh-

[11] *New York Times* vom 16. Januar 1976, S. 1, 39
[12] C. Dean Freudenberger und Paul M. Minus, Jr., *Christian Responsibility in a Hungry World* (New York: Abingdon, 1976), S. 17

rungspolitik im Lande einiges verändern läßt. Angesichts einer weltweiten Ernährungskrise und aufgrund einer im Lande häufiger werdenden Herzkrankheit beschloß die Regierung zu handeln. So bat sie vor einigen Jahren Vertreter der Medizin, für die Norweger eine optimale Nahrungszusammenstellung auszuarbeiten. Auf dem Hintergrund dieser Empfehlungen begann man eine neue Ernährungspolitik, die beinhaltete, daß mehr Weizen anzubauen, mehr Milch, Fleisch und anderes zu produzieren sei. Durch öffentliche Bildungsprogramme und wirtschaftlichen Anreiz förderte man die Produktion und den Kauf von magerem anstelle von fetterem, durch Getreidefütterung hergestelltem Fleisch. Das Ergebnis war ein dreifaches: bessere Gesundheit und höhere Lebenserwartung, geringeres landwirtschaftliches Handelsdefizit und schließlich ein geringerer Bedarf des in der Welt ohnehin begrenzten Vorrats an Land, Wasser und Kunstdünger[13].

Die andern industrialisierten Nationen sollten dasselbe tun. Die einzige Lösung der Welthungerkrise ist langfristig nur die drastische Senkung der Bevölkerungswachstumsrate und die Steigerung der Nahrungsproduktion in armen Ländern. Aber heute müssen die Wohlstandsländer schon ihren Bedarf an Nahrung einschränken, damit sie davon mehr exportieren können. Ein bekannter Ernährungswissenschaftler hat geschätzt, daß eine 10prozentige Reduktion des Fleischverbrauchs in Nordamerika „ausreichend Getreide freisetzen würde, um 60 Millionen Menschen zu ernähren[14]".

Wir haben hiermit nur die gröbsten Umrisse für eine neue Ernährungspolitik gezeichnet. Ein ausgeführter Plan dieser Art würde eine konkrete Darstellung und Anwendung des biblischen Prinzips darstellen, daß Menschen und Nationen Verwalter und nicht selbstherrliche Besitzer ihrer Güter sind. Das Menschenrecht auf ein gutes Auskommen steht über dem Recht der Nordamerikaner und Westeuropäer, ihre riesigen Reichtümer allein für sich selber zu gebrauchen.

Der hier skizzenhaft entwickelte Plan könnte die Grundlage

[13] Howe, *Agenda for Action*, 1975, S. 79 f.

[14] *Time* vom 11. November 1974, S. 67

für eine Politik der Industriestaaten sein. Aber das wird nur dann geschehen, wenn eine schöpferische Minderheit Zeit und Kraft aufbringt, durch Öffentlichkeitsarbeit politische Entscheidungen zu beeinflussen.

Bomben oder Brot?

Wir sahen im 2. Kapitel, daß Deutschland, wenn man den Anteil seiner Entwicklungshilfe am Bruttosozialprodukt mißt, an siebenter Stelle von unten (!) in der Reihe der siebzehn größeren Staaten, die Entwicklungshilfe geben, rangiert[15]. Glücklicherweise hat sich in punkto Entwicklungshilfe in der letzten Zeit ein neuer Konsensus abgezeichnet. In der Vergangenheit haben Entwicklungshilfeexperten auf eine städtische, kapitalintensive industrielle Entwicklung abgezielt, die auf hochentwickelter, modernster Technologie beruhte. Ein schnelles wirtschaftliches Wachstum sollte angeblich allmählich der ländlichen Bevölkerung zugute kommen. Aber das war nicht der Fall. Heute sind sich fast alle Entwicklungshilfeexperten darin einig, daß die Sache umgekehrt laufen muß. Die Anstrengungen müssen sich auf die verarmten ländlichen Massen richten, indem man versucht, ihr Los durch arbeitsintensive Methoden und durch für sie erlernbare und handhabbare Technologie zu verbessern.
Von der Welternährungskonferenz bis hin zur Weltbank stimmen fast alle Verantwortlichen darin überein, daß die Betonung auf einer umfassenden Entwicklung auf dem Lande liegen muß. Die einzige langfristige Lösung des Hunger- und Unterernährungsproblems in der Dritten Welt ist eine dort stattfindende Steigerung der Produktivität. Das bedeutet Landreform, damit Bauern zu eigenem Land kommen, Ausweitung der landwirtschaftlichen Hilfe (einschließlich Krediten), bessere Saaten, Kunstdünger, Schädlingsbekämpfungsmittel (allerdings nur, wo es nicht zu vermeiden ist), Arbeitsprogramme, um auf dem Land Bauprojekte wie Straßen und

[15] Vgl. Kapitel 2, S. 41

Bewässerungsanlagen durchzuführen, und schließlich landwirtschaftliche Forschung v. a. in tropischen Gebieten.
Es ist ferner besonders wichtig, daß eine wenigstens minimale ärztliche Versorgung, Bildungsmöglichkeiten und eine sichere Nahrungsversorgung für die Landbevölkerung vorhanden sind[16]. Nur dann wird sich die Bevölkerungsexplosion eindämmen lassen. Eine Studie der Weltbank aus jüngerer Zeit kommt zu dem Schluß:

„In allen unterentwickelten Staaten hat eine Politik, der es gelingt die Lebensbedingungen für die Armen zu verbessern und Ausbildungs- und Arbeitsmöglichkeiten für Frauen zu schaffen, die besten Chancen, die Geburtenrate zu senken. Verbesserung der Lebensbedingungen der Armen scheint nötig zu sein, bevor die Geburtenrate in die Nähe derjenigen in den entwickelten Staaten kommt.[17]"

Eine solche Folgerung sollte die Christen nicht überraschen. Denn wenn, wie es die Bibel sagt, Gott in der Geschichte am Werke ist, die armen und unterdrückten Menschen zu befreien, dann sollten wir auch erwarten, daß eine wirksame Entwicklungspolitik eine solche sein würde, die den verarmten Massen Gerechtigkeit bringt. Gleichzeitig liefert dieser neue Ansatz der Entwicklungshilfe eine entscheidende Antwort an die Vertreter der „Rettungsboot-Theorie". Denn eine Entwicklungshilfe, die eine Entwicklung auf dem Lande verfolgt, ist keine törichte Geste, mit der heute Millionen von Menschen unterstützt werden, die morgen sowieso, nur noch schrecklicher, ihrem Schicksal erliegen. Es ist vielmehr so, daß eine Entwicklungshilfe, die die landwirtschaftliche Produktion anreizt und der Landbevölkerung eine wenigstens minimale ärztliche Versorgung und Ausbildung sichert, wohl der einzige Weg ist, die Bevölkerungsexplosion rechtzeitig unter Kontrolle zu bekommen, um eine weltweite Katastrophe zu vermeiden.

[16] Vgl. oben, Kapitel 1, S. 12–16

[17] Timothy King, ed., *Population Policies and Economic Development*, veröffentlicht für die World Bank (Baltimore: John Hopkins University Press, 1974), S. 54; vgl. auch William Rich, *Smaller Families Through Social and Economic Progress* (Monograph, Bd. 7; Washington: Overseas Development Council, 1973), bes. S. 76

Die neue Strategie landwirtschaftlicher bzw. ländlicher Entwicklung zu verfolgen, bedeutet, die Entwicklungshilfe zu steigern. Die Entwicklungsländer haben einfach nicht die geldlichen und sonstigen Mittel, um die Arbeiter auszubilden, die nötige landwirtschaftliche Forschung zu betreiben und andere unerläßliche Aufgaben auszuführen. Wenn diese Veränderungen rechtzeitig durchgeführt werden sollen, um eine uns völlig entgleitende Bevölkerungsexplosion zu verhindern, dann ist Hilfe von außen in höchstem Maße nötig.

Die Welternährungskonferenz von 1974 empfahl, daß für Landentwicklung jährlich 45 Milliarden Mark ausgegeben werden sollten. Ganze drei Viertel dieser Gesamtsumme sollten ihrer Meinung nach von den armen Ländern selbst kommen. Die reiche Welt brauchte dann nur 12 Milliarden pro Jahr an Entwicklungshilfe zahlen. Leider sind wir nicht einmal dieser bescheidenen Bitte nachgekommen.

Auch die Art und Weise, *wie* Entwicklungshilfe gewährt wird, sollte überprüft und verändert werden. Sie muß von militärischer Hilfe streng unterschieden werden. Wir sollten sie nicht auf der Grundlage von kurzfristigen politischen Erwägungen geben. Entwicklungshilfe fließt am besten durch internationale Kanäle, vor allem durch die Hände der Vereinten Nationen. Internationale Kriterien zur Durchführung von Entwicklungshilfe wären höchst wichtig. Arthur Simon, der Direktor einer christlichen Organisation in den Vereinigten Staaten, die sich des Hungers in der Welt annimmt, nannte einige:

„Kriterien wären: a) Bedürftigkeit; b) Nachweis, daß die Hilfe den Massen der armen Bevölkerung zugute kommt; c) Nachweis, daß sie für gründliche Reformen wie Landreform, Steuerreform und für Maßnahmen gegen die Korruption eingesetzt wird, um innerhalb des Landes den Abstand zwischen den Armen und Reichen zu verringern; d) Anstrengungen, Menschenrechte zu sichern und e) Verringerung militärischer Ausgaben.[18]"

Inwieweit die Situation in einem Land diesen Kriterien genügt, sollte für die Höhe der Hilfe maßgebend sein.

[18] Simon, *Bread for the World*, S. 119

Der Ruf der Freiheitsglocke

Die Welt steht an einem entscheidenden Wendepunkt. Die Aufgabe ist klar: den Hunger mindern und die Bevölkerungsexplosion in den Griff bekommen. Aber das kostet Geld. Leider sind den Regierungen Bomben wichtiger als Brot. Die militärischen Ausgaben steigen immer weiter an. Wollen die Menschen in einem Jahr wirklich soviel Geld für Waffen ausgeben (ungefähr 670 Milliarden Mark), wie der ärmste Teil der Bevölkerung der Erde in einem ganzen Jahr verdient? Präsident Eisenhower hatte recht, als er einmal sagte: „Jede Kanone, die hergestellt wird, jedes Kriegsschiff, das vom Stapel läuft, jede Rakete, die abgeschossen wird, bedeutet letzten Endes ein Bestehlen derer, die hungrig sind und nicht gespeist werden, die frieren und nicht gekleidet werden[19]."
Es gibt noch viele andere Vorschläge, um die Entwicklung in der Dritten Welt zu unterstützen. Im Blick auf den Internationalen Währungsfonds muß sich einiges ändern. Manche haben ein internationales Besteuerungssystem vorgeschlagen. Eine Steuer, die man auf den Verbrauch unersetzbarer Rohstoffe legt, könnte sich auf die finanzielle Situation der Entwicklungsländer positiv auswirken. Andere haben erwogen, ob man nicht alle Gebiete der Welt, die nicht im Besitz einzelner Länder sind (z. B. Meere, den Luftraum über den Meeren), der Kontrolle der Vereinten Nationen unterstellen sollte. Schiffe, Flugzeuge und Nachrichtenverbindungen könnten besteuert werden. Minerale und andere im Meer befindliche Schätze könnten angezapft werden, um eine zusätzliche Quelle zu bekommen und die Entwicklungshilfe finanziell effektiver zu machen. Die egoistische Strategie der multinationalen Konzerne, die ein Sechstel der gesamten Weltproduktion kontrollieren, muß im Interesse der Gerechtigkeit für alle umgestaltet werden. Die Verkäufe der fünf größten multinationalen Konzerne übersteigen, zusammengezählt, das Bruttosozialprodukt aller Länder, ausgenommen die vier reichsten. Gesellschaftskritische Arbeit kommt also nicht an dem Problem der multinationalen Konzerne vorbei[20].

[19] zitiert bei Simon, a. a. O., S. 170

Diese Vorschläge zielen auf eine Reform der gegenwärtigen Wirtschaftsstrukturen ab. Eine wachsende Anzahl von Christen fängt jedoch an, noch tiefergreifende Strukturveränderungen zu fordern[21]. Doch ein sorgfältiger Überblick über die sich ausbreitende Diskussion würde uns sowohl über die Grenzen des innerhalb dieses Kapitels Möglichen als auch über die Kompetenzen des Autors hinausführen. Es wird dabei deutlich, daß es an der Zeit ist, die „orthodoxen" Wirtschaftstheorien jeglicher ideologischer Herkunft zu überprüfen.

Wir brauchen in der Bibel gegründete Wirtschaftswissenschaftler, die die wirtschaftlichen Fragen gründlich durchdenken — und zwar unter Einbeziehung der Situation der armen Völker. Ich habe nur eine unvollständige Vorstellung davon, wie ein Jubeljahr heute auszusehen hat. Aber im Zentrum von Gottes Aufruf zum Jubeljahr steht die Forderung nach einer grundlegenden Neuverteilung der Produktionsmittel. Wir müssen konkrete Modelle suchen, damit wir dieses Prinzip in unserem „Weltdorf" anwenden können. Ich hoffe auf eine neue Generation von Wirtschaftswissenschaftlern und Politökonomen, die ihr Leben einer zeitgemäßen Durchführung des Jubeljahres widmen.

Die Freiheitsglocke, die an historischer Stätte in Philadelphia hängt, trägt die Inschrift „Ruft aus die Befreiung für alle im Land". Sie stammt aus dem biblischen Abschnitt über das Jubeljahr (3. Mose 25, 10). Diese Worte verhießen den versklavten Israeliten Freiheit und Land, damit sie ihren Lebensunterhalt verdienen könnten. Heute leben Hunderte von Millionen in der Sklaverei der Armut. Der Gott der Bibel fordert gerechte Strukturen. Die Freiheitsglocke mit ihrer Inschrift läutet den Ruf nach internationaler wirtschaftlicher Gerechtigkeit in die Welt hinaus. Werden die Christen den Mut haben, Strukturveränderungen, die für eine Verwirklichung dieser alten Inschrift nötig sind, zu fordern und daran mitzuarbeiten?

[20] Für weitere Informationen schreiben Sie an das „Interfaith Center", National Council of Churches, 475 Riverside Dr., New York, N. Y. 10027

[21] Vgl. z. B. *The Other Side*, Januar/Februar und März/April 1976

Epilog

Wir stehen an einem der großen Wendepunkte in der Geschichte. Die gegenwärtige Verteilung der Güter dieser Welt darf nicht länger anhalten. Sie wird es auch nicht. Denn entweder werden tapfere Vorkämpfer widerstrebende Nationen von der Notwendigkeit überzeugen können, die Güter dieser Erde gerechter zu verteilen, oder wir werden in eine Ära katastrophaler Konflikte weltweiten Ausmaßes geführt.

Christen sollten zum Vortrupp gehören. Die Kirche Jesu Christi ist die am weitesten verbreitete Bewegung in der heutigen Welt. Alles, was zu tun ist, ist dies: dem Einen, den wir anbeten, wirklich zu gehorchen. Aber Gehorsam bedeutet Nachfolge. Christus ist mit den Armen und Unterdrückten, er sucht Gerechtigkeit für die, die Qualen erleiden. Ihm heute nachzufolgen, heißt, einen einfachen Lebensstil anzunehmen. Es heißt ferner, daß die Kirchen einen Lebensstil suchen müssen, der im Einklang damit steht, daß Christen zu dem Gott der Armen beten. Und es heißt schließlich, daß sich Christen für strukturelle Veränderungen in der säkularen Gesellschaft einsetzen.

Haben wir Christen heute diesen Glauben und diesen Mut? Werden wir mit Modellen vorangehen, die, wenn auch zunächst im Kleinen — auf eine gerechtere Verteilung der Güter der Welt abzielen? Werden wir der Vortrupp im Kampf für die Veränderungen von Strukturen sein?

Ich muß leider bekennen, daß ich die Mehrheit der reichen Christen aller theologischen Richtungen ihre Knie vor dem Mammon und ihrem Lebensstandard beugen sehe. Wenn sie gezwungen wären, zwischen der Verteidigung ihres Wohlstandes und der Jesusnachfolge im Blick auf die Unterdrückten zu wählen, dann würden sie, fürchte ich, dem Reichen Jüngling gleichen.

Dennoch bin ich nicht pessimistisch! Gott hat seinen Willen immer mit Hilfe eines treuen Rests durchgesetzt. In den Nationen des Wohlstandes gibt es Millionen von Christen, die ihren Herrn Jesus Christus mehr lieben als Häuser und Landbesitz. Immer mehr Christen merken, daß ihr Herr sie ruft,

die Hungernden zu speisen und für die Unterdrückten Gerechtigkeit zu suchen.
Wenn in diesem Augenblick der Geschichte einige Millionen Christen in den reichen Ländern es wagen, den Armen in der Welt die Hand zu reichen, werden wir den Lauf der Weltgeschichte entscheidend beeinflussen. Wir müssen zusammen dafür kämpfen, daß wir als Christen, die auf dem Boden der Heiligen Schrift stehen, auch dorthin folgen, wohin die Schrift führt. Wir müssen um den Mut beten, jedes Kreuz zu tragen, jeden Verlust zu erleiden und jedes Opfer auf uns zu nehmen, das ein biblischer Glaube in einer Zeit des Hungers fordert.
Wir wissen, daß unser Herr Jesus Christus lebt! Wir wissen, daß der entscheidende Sieg über Sünde und Tod schon errungen ist! Wir wissen, daß der Herr der Welt ein Ende des Hungers, der Ungerechtigkeit und der Unterdrückung will. Die Auferstehung Jesu ist unsere Garantie dafür, daß trotz der gravierenden Übel, die uns manchmal zermürben und entmutigen, der endgültige Sieg gewiß kommen wird[1]. Als solche, die auf diesem festen Grund stehen, begeben wir uns in die ungerechte Welt hinein und versuchen zu verändern, was wir können — im Wissen, daß der Sieg des Auferstandenen bei seiner Wiederkunft in Herrlichkeit umfassend sichtbar werden wird.

[1] Zur eingehenderen Beschäftigung vgl. meine Aufsätze „The Pauline Conception of the Resurrection Body in 1. Corinther 15, 35—54", *New Testament Studies* XXI (1975), S. 428—439; und „St. Paul's Understanding of the Nature and Significance of the Ressurrection in 1. Corinther 15, 1—19", *Novum Testamentum* (1977), S. 124—141

Literatur zu Hunger und Entwicklungshilfe

Camara, Dom Helder, *Revolution für den Frieden*, Freiburg 1969, Herder-Bücherei Bd. 356, 176 S.

Eppler, Erhard, *Ende oder Wende. Von der Machbarkeit des Notwendigen*, Stuttgart 1975, 125 S.

Gollwitzer, Helmut, *Die kapitalistische Revolution*, München 1974, 132 S.

Leontief, Wassily u. a., *Die Zukunft der Weltwirtschaft. Bericht der Vereinten Nationen*, Stuttgart 1977, 214 S.

Schumacher, E. F., *Die Rückkehr zum Menschlichen, Small is beautiful*, Reinbeck 1977

Scriver, Ansgar, *Das Konzept der Hilfe ist falsch. Entwicklung in Abhängigkeit*, Wuppertal 1977, 114 S.

Theologische Literatur

Bockmühl, Klaus, *Evangelikale Sozialethik. Der Artikel 5 der Lausanner Verpflichtung*. Theologie und Dienst 9, Gießen 1975, 48 S.

Dayton, Donald W., *Discovering an Evangelical Heritage*. New York 1976, 147 S.

Die beiden Hände Christi. Perspektiven zu Evangelisation und sozialer Verantwortung. Beiträge von J. Blunck, K. Bockmühl, B. Klappert, K. Teschner, Wuppertal 1977, 88 S.

Dombois, Hans, *Evangelium und soziale Strukturen*, Witten 1967, 224 S.

Gollwitzer, Helmut, *Vortrupp des Lebens*, München 1975, 128 S.

Gollwitzer, Helmut, *Forderungen der Umkehr. Beiträge zur Theologie der Gesellschaft*, München 1976, 236 S.

Hengel, Martin, *Eigentum und Reichtum in der frühen Kirche*, Stuttgart 1973, 96 S.

Lean, Garth, *Wilberforce — Lehrstück christlicher Sozialreform*, Theologie und Dienst 3, Gießen 1974, 56 S.

Parzany, Ulrich, *Zeugen gesucht! Evangelistischer Ansatz, Soziale Verantwortung und weltmissionarischer Weitblick in der Jugendarbeit*, Wuppertal 1976, 94 S.

Schloemann, Martin, *Wachstumstod und Eschatologie. Die Herausforderung christlicher Theologie durch die Umweltkrise*, Stuttgart 1973, 52 S.

Wallis, James, *Agenda for Biblical People*, New York 1976

Yoder, John H., *The Politics of Jesus*, Grand Rapids 1972/77, 260 S.

Literatur zu Umweltkrise und alternativem Lebensstil

Altner, Günter, *Atomernergie — Herausforderung an die Kirchen. Texte, Kommentare, Analysen*. Neukirchen 1977, 311 S.

Altner, Günter, *Das Kreuz dieser Zeit. Von den Aufgaben des Christen im Streit um die Kernenergie*, Kaiser-Traktate 26, München 1977, 84 S.

Altner, Günter, *Schöpfung am Abgrund. Die Theologie vor der Umweltfrage*, Neukirchen 1974, 212 S.

Basler, E., *Strategie des Fortschritts*, Frauenfeld und München 1972

Bockmühl, Klaus, *Umweltschutz — Lebenserhaltung. Vom Umgang mit Gottes Schöpfung*. Theologie und Dienst 6, Gießen 1975, 51 S.

Die tägliche Revolution. Möglichkeiten des alternativen Lebens in unserem Alltag, fischer alternativ, Magazin Brennpunkte 11, Frankfurt/M. 1978, 176 S.
Eppler, Erhard, *Maßstäbe für eine humane Gesellschaft: Lebensstandard oder Lebensqualität*, Urban-Tb 80, Stuttgart 1974
Illich, Ivan, *Selbstbegrenzung: Eine politische Kritik der Technik*, Reinbeck 1975
Meadows, D., *Die Grenzen des Wachstums — Berichte des Club of Rome zur Lage der Menschheit*, Stuttgart 1972, 183 S.
M. Mesarovic und E. Pestel (Hrsg.), *Menschheit am Wendepunkt*, Stuttgart 1974, 184 S.
Moltmann, Jürgen, *Neuer Lebensstil. Schritte zur Gemeinde*. München 1977, 153 S.
Müller, A. M. Klaus, *Die präparierte Zeit. Der Mensch in der Krise seiner eigenen Zielsetzungen*, Stuttgart 1972
Oltmans, Willem L., *„Die Grenzen des Wachstums". Pro und Contra*. Rowohlt-Tb 6879 Reinbeck 1974, 199 S.
Schaeffer, Francis, *Das programmierte Ende. Umweltschutz aus christlicher Sicht*, Genf/Wuppertal 1973
Seifert, Alwin, *Gärtnern, Ackern — ohne Gift*, München 1976, 207 S.
Wahlert von, Gerd, *Ziele für Mensch und Umwelt. Vorschläge für eine bewohnbare Erde*, Stuttgart 1974
Weidner, Ulrich und Barbara, *Alternativer Lebensstil im politischen Horizont*, Wuppertal 1979
Weizsäcker von, Carl F., *Wege in der Gefahr — eine Studie über Wirtschaft, Gesellschaft und Kriegsverhütung*, München/Wien 1976

Zeitschriften
Der Überblick. Zeitschrift für ökumenische Begegnung und internationale Zusammenarbeit. (Quartalsschrift der Arbeitsgemeinschaft Kirchlicher Entwicklungsdienst. Best. Postf. 9 27, 7000 Stuttgart 1)
Schritte. Magazin für Christen. Hrsg. Ulrich Parzany, Essen (seit Frühjahr 1978; Best. Postf. 5 48, 3490 Gladbeck)
Sojourners (amerikanisches christliches Magazin mit regelmäßigen sozialpolitischen Artikeln; Best. 1029 Vermont Ave, N. W., Washington D. C. 20 005, USA)
The Third Way. Towards a Biblical World View (engl. Magazin u. a. mit Artikeln zu sozialen und politischen Themen; Best. 19 Draycott Place, London SW3 2SJ)

Organisationen, Materialien
Aktionshandbuch Dritte Welt. Herausgegeben vom Bundesministerium für wirtschaftliche Zusammenarbeit. Karl-Marx-Str. 4—6, 5300 Bonn, in Zusammenarbeit mit Brot für die Welt, Misereor und Informationszentrum Dritte Welt (enthält Material für den Unterricht in Schule und Kirche, Aktionstips, wichtige Buchtitel, Organisationen und Adressenlisten).